武汉大学经济发展研究中心学术丛书

ZOMBIE FIRMS

IN

CHINA

中国僵尸企业
问题研究

李旭超　宋　敏　金祥荣　著

社会科学文献出版社
SOCIAL SCIENCES ACADEMIC PRESS (CHINA)

作者简介

李旭超　武汉大学经济与管理学院副教授，经济系党支部书记、副主任，中国中部发展研究院副院长。博士毕业于浙江大学，曾在香港大学担任助理研究员。入选湖北省人才计划"楚天学子"、武汉市人才计划"黄鹤英才"和武汉大学第一批"马克思主义理论研究优秀青年学者"。研究方向包括资源配置效率、创新创业以及公司金融，学术研究成果在《中国社会科学》、《经济研究》、《管理世界》、*Journal of Economic Behavior & Organization*、*Journal of Risk and Insurance* 等权威期刊发表，主持国家自然科学基金项目2项，荣获教育部第九届高等学校科学研究优秀成果奖（人文社会科学）青年奖、浙江省第二十二届哲学社会科学优秀成果奖青年奖和武汉市第十八次社会科学优秀成果奖一等奖，关于高质量发展的多项研究被党和国家领导人以及国家部委等批示和采用。

宋　　敏　教授、博士生导师，武汉大学中国中部发展研究院院长，国家社会科学基金重大项目首席专家。曾担任武汉大学经济与管理学院院长、香港大学中国金融研究中心创始主任、北京大学经济学院金融学系主任。从事公司金融、金融市场、创新经济学领域的研究，成果发表于《中国社会科学》、《经济研究》、《管理世界》、*Journal of Financial Economics*、*The Economic Journal* 等期刊。先后在香港特区政府中央政策组、香港特区政府金融人力资源发展委员会、深圳前海试验区等担任政策顾问，并担任国际金融论坛（IFF）学术执行委员、香港国际金融学会创始主席等职务。

金祥荣　浙江大学教授、博士生导师，宁波大学商学院特聘院长，兼任中国区域科学协会副理事长、浙江省经济学会荣誉会长、浙江省人民政府咨询委员会委员。曾任浙江大学经济学院党委书记、常务副院长。曾获浙江省有突出贡献的中青年专家、浙江省高校教学名师。1993年起享受国务院政府特殊津贴。主要从事政治经济学、产业经济学和国际贸易的教学与科研工作，在《经济研究》《管理世界》《中国社会科学》等刊物发表论文100多篇。

武汉大学经济发展研究中心学术丛书
总序

改革开放后经济高速增长，中国由一个农业国初步转变为工业国，进入中等收入国家的行列。这是中国经济发展进程中重要的里程碑。在新的发展阶段，发展环境、发展要素、发展问题都发生了显著的变化，我们面临新的挑战、新的发展目标和发展任务，需要新的发展动力。

新的实践呼唤新的发展理论。在现代经济学体系中，发展经济学是唯一专注于发展中国家经济增长与发展问题的分支学科。长期以来，武汉大学一直是中国发展经济学的研究重镇。改革开放之初，著名经济学家、武汉大学教授谭崇台最早把发展经济学引入中国。1990 年，谭崇台先生发起创建了武汉大学经济发展研究中心。2000 年，武汉大学经济发展研究中心被教育部确定为人文社会科学重点研究基地。

作为教育部人文社会科学重点研究基地中唯一以发展经济学理论与经济发展研究为己任的研究机构，武汉大学经济发展研究中心肩负着该领域的学术研究、学术交流、人才培养、咨询服务、思想传播等使命。我们计划从今年开始陆续推出五个系列学术产品，即"发展经济学研究""武汉大学经济发展研究中心学术丛书""珞珈智库·经济观察""珞珈经济年度论坛""中国发展经济学年度发展报告"，并统一标识、统一装帧设计。

以发展经济学理论和方法研究中国经济实践，以中国经济发展的经验事实推动发展经济学的理论创新，是武汉大学经济发展研究中心的学术追求。策划出版"武汉大学经济发展研究中心学术丛书"，其目的不仅仅是多角度、多方位地展示和检阅本中心学者研究中国经济发展问题的学术成果，更重要的是，激励学者们在全球经济的视野中把握中国经济，从中国经济增长与结构变迁的经验事实中探寻发展的逻辑，从中国发展故事中凝练具有普遍意义的发展经验与理论，在现代经济学的理论创新中注入中国元素，为开创发展经济学研究的中国时代，贡献我们的力量。

这是中国经济"摸着石头过河"之后千帆竞发的航海时代，这是中国经济学界贡献创新的黄金时期。前行中的每一片迷雾，每一座冰山，每一阵风暴，都考验着中国人的勇气和智慧；航路上的每一次挫折，每一场惊险，每一个欢笑，也都是经济学研究难得的经验素材。生活在深刻变革的时代，研究中国经济增长与结构变迁，我们生逢其时；与伟大的实践同行，推进经济学理论创新，我们责无旁贷！

武汉大学经济发展研究中心

2017 年 6 月 26 日

目　　录

1

第一章 导论

僵尸企业是全球经济健康发展的"病毒",被认为是导致日本经济"失去的 20 年"和欧洲经济在金融危机后复苏缓慢的重要原因(Hayashi and Prescott, 2002；Andrews et al., 2017)。在中国,僵尸企业的存在被认为是影响经济高质量发展的"绊脚石",引起了学术界和政策界的广泛关注；清理僵尸企业也被认为是破除无效供给、化解产能过剩、推动市场出清、提高经济效率的重要途径。2018 年 12 月 4 日,国家发改委等 11 个部门联合发布《关于进一步做好"僵尸企业"及去产能企业债务处置工作的通知》,要求积极稳妥处置"僵尸企业"和"去产能"企业债务,加快"僵尸企业"出清,并要求 2020 年底前完成全部处置工作。

弄清僵尸企业是"怎么来的"和"怎么没的"对于科学且有效地处置僵尸企业、提高市场效率具有理论和政策上的指导意义。国内外文献虽然对僵尸企业进行了丰富的研究和深入的探讨,但也存在认识的误区和视角的盲点。本章旨在通过梳理文献,总结僵尸企业的定义、特点、成因、危害、预防和清理,并指出未来需要进一步研究的问题。

僵尸企业特指那些已经丧失盈利能力、资不抵债,却能依靠外部融资存活下来的企业(Kane, 1987)。Caballero 等(2008)将实际利息支出低于市场给出的利息支出下限的企业定义为僵尸企业,这种定义方法被称为 CHK 方法。Fukuda 和 Nakamura(2011)通过利润标准和"常青贷款"标准修正了 CHK 方法以克服其误判和漏判的缺点,该方法被称为 FN-CHK 方法。李旭超等(2019)重新表述了 FN-CHK 方法,定义并区分了"低资质企业",从而拆解了僵尸企业的生成步骤,更容易认清僵尸企业的本质以及各主体（企业、银行、政府）在不同步骤中发挥的作用。

中国、日本和欧洲的僵尸企业各具不同特征。中国的僵尸企业占比与中国的改革进程、经济周期密切相关，集中于产业政策支持和国有企业比重较大的行业和地区，具有规模大、效率低、杠杆高等特征。但李旭超等（2019）指出，随着改革进程的推进，僵尸企业的所有制构成从以国有企业为主逐渐演变成以非国有企业为主，当下存在大量的民营僵尸企业。日本的僵尸企业数量在 1994 年股市危机后飞速增长，且以中小企业为主，主要集中在建筑、零售、房地产等非制造业、低外部竞争的行业。欧洲的僵尸企业数量在 2008 年国际金融危机后大幅增加，且其平均规模较大、就业人数较多。

关于僵尸企业的成因，银行和政府被认为是两大"推手"。在政府对经济干预程度低并且国有企业较少的日本、欧美等国家和地区，学者往往把僵尸企业的存在归因于银行的"暗中救助"（Bruche and Llobet，2014；Caballero et al.，2008；Fukuda and Nakamura，2011）。对于中国僵尸企业的成因，研究者大多认为其受中国的经济政策、制度等影响，侧重于研究政府的作用。李旭超等（2019）构建了一个包含破产风险、有限责任和经济不确定性的模型来刻画银行处理坏账的决策，如果银行的坏账被推迟处理，与该坏账对应的借款企业就成为僵尸企业。该模型也纳入了政府的补贴和隐性担保，从而在理论上统一了国内外的经验研究。

僵尸企业的危害包括挤占健康企业的市场、融资、投资、就业和创新，危害银行体系的健康，以及损害宏观经济增长和效率（Hayashi and Prescott，2002；Andrews et al.，2017；Peek and Rosengren，2005；Caballero et al.，2008；谭语嫣等，2017；王永钦等，2018；刘莉亚等，2019；肖兴志等，2019）。而且在中国特殊的分税制背景下，僵尸企业也会影响健康企业的税负，因为地方政府通过向具有纳税能力的健康企业多征税来补贴不具盈利能力和纳税能力的僵尸企业（李旭超等，2018；金祥荣等，2019）。

僵尸企业的预防和清理，可以从加强市场机制（并购重组、市场竞争等）、推进制度建设（信息披露制度、金融监管、破产清算程序等）、营造适当的宏观经济环境、充分发挥政府职能（官员的激励、政府的边界以及政策负担等）等方面着手。市场力量和政府干预都是必要的，但必须厘清二者的适用范围及边界，同时适当协作、形成合力。

在文献分析的基础上，本章指出现有研究的以下几方面缺陷：从所有制角度看，主要关注国有僵尸企业，忽视了民营僵尸企业的特征及生成；从僵尸企业成因角度看，主要关注政府的作用，忽视了银行的作用；从僵尸企业的危害看，主要关注行业内或区域内的负面作用，忽视了僵尸企业的危害通过产业链进行跨行业和跨地区的传导；从清理僵尸企业的角度看，主要关注清理僵尸企业的政策设计，忽视了政策本身可能造成的风险。进而，本章着重指出了关于僵尸企业需要进一步研究的问题，包括以下方面：民营僵尸企业的特征及成因；银行对僵尸企业生成和处置的作用，特别是政府与银行的互动；僵尸企业通过产业链对上下游企业造成的危害；僵尸企业与宏观经济及政策的互动；清理僵尸企业可能造成的风险；等等。

第一节 僵尸企业的定义

僵尸企业的概念最早由美国经济学家 Kane（1987）提出，特指那些已经丧失盈利能力、资不抵债，却能依靠外部融资存活下来的企业。

多数相关文献对僵尸企业的识别以 CHK 方法为起点。Caballero 等（2008）认为，僵尸企业往往能以比市场最优惠利率更低的利率获得银行贷款，它们获得了大幅的减息，利息支出要比健康企业低，但理论上只有最优秀的企业才有机会获得市场给予的最优惠利率。因此，给定市场最优惠利率下，如果企业的实际利息支出比市场给出的利息支出下限还要低，说明该企业获得了银行的"利息补贴"（Interest Subsidy），CHK方法便将其定义为僵尸企业。

然而，CHK方法只考虑了企业是否获得了"利息补贴"，故容易产生比较严重的偏误。一方面，在某些情况下，健康企业也有可能获得更低的借款利率，CHK方法可能将健康企业误判为僵尸企业；另一方面，除了"利息补贴"之外，银行还可能通过提供新贷款或贷款展期的方式来补贴企业，因此，仅仅以CHK方法来识别僵尸企业会发生漏判。基于此，Fukuda和Nakamura（2011）对CHK方法进行了修正，简称FN-CHK方法，其有两个标准：（1）利润标准，在CHK方法的基础上，如果一个企业的息税前利润大于计算出的市场最优惠利息支出，则将其认定为健康企业，从僵尸企业中剔除；（2）"常青贷款"标准（Evergreen Lending），如果一个企业盈利能力差且外部负债已经达到了总资产的50%以上仍继续获得银行的贷款，则认定其为僵尸企业。理论上，盈利能力差且债务积压的企业很难获得新的融资（Myers，1977）。因此，如果一个企业的息税前利润小于市场最优惠利息支出，并且它上一期的杠杆率大于50%，但当期负债仍在增加，则将其划分为僵尸企业。

进一步地，李旭超等（2019）对FN-CHK方法进行了重新表述，以刻画和拆解僵尸企业的生成步骤：如果一个企业的息税前利润小于市场最优惠利息支出并且前一期杠杆率大于50%，则将其定义为"低资质企业"，这样的企业杠杆率高、盈利能力差，容易形成银行坏账。"低资质企业"如果被清理而退出市场，则不生成僵尸企业；如果不被清理，反而获得了银行的"利息补贴"或者"常青贷款"，则变成僵尸企业。这样的拆解更容易认清僵尸企业的本质以及各主体（企业、银行、政府）在不同步骤中发挥的作用。

为了清理僵尸企业，政策界也有一套识别标准。2015年12月9日，时任国务院总理李克强在国务院常务会议上首次对"僵尸企业"提出了具体的清理标准，要对持续亏损 3 年以上且不符合结构调整方向的企业采取资产重组、产权转让、关闭破产等方式予以"出清"。因此，可以认为官方标准为：如果一家企业连续 3 年利润为负，则将这家企业识别为僵尸企业。

第二节 僵尸企业的主要特点

一 中国僵尸企业的特点

众多研究中国僵尸企业的文献的数据来源、时间跨度以及识别僵尸企业的方法略有不同，得出的僵尸企业整体数量和规模也有很大差异，然而僵尸企业的趋势性特征（时间趋势）、结构性特征（行业、地区、所有制）以及绩效特征是基本一致的。

根据李旭超等（2019）的研究，中国僵尸企业占比高低与中国的改革进程、经济周期密切相关。1998~2007 年，随着国有企业改革的推进、中国成功加入世界贸易组织（WTO），中国僵尸企业占比快速下降，2008 年的国际金融危机使得僵尸企业占比再次提升，但随着 4 万亿经济刺激计划的推出，僵尸企业占比又很快下降。2011 年之后，随着政策效果的减弱和经济增速的放缓，僵尸企业占比再次回升。

总的来说，重化工业（尤其是黑色金属冶炼和压延加工业、石油加工等行业）、运输设备制造行业以及水力、电力生产供应等行业的僵尸企业占比非常高。这几类企业规模较大，多属于国有控股，其破产会对当地经济和就业形势产生重大的冲击，因此常受到政府的保护，容易成为僵尸企业。而烟草、医药、电子设备制造业的僵尸企业占比非常低。烟草制造行业的利润非常高，医药制造行业准入门槛较高，电子设备制造行业的竞争往往比较激烈且面临较高的创新需求，不利于僵尸企业的存活。劳动密集型行业也出现了较高比例的僵尸企业，比如纺织业、饮料制造业的僵尸企业占比达到了10%左右（何帆、朱鹤，2016；申广军，2016），这是由于僵尸企业雇用了大量劳动力，地方政府受制于保就业的任务而不得不维持这类企业的生存。

中西部地区的僵尸企业占比高于东部地区，这与当地的经济结构以及区域发展政策高度相关。谭语嫣等（2017）将全国分为东北、环渤海、东南、中部、西南和西北六个地区，东北地区的僵尸企业债务份额在2000年（65%）后一直处于最高水平；西北地区在大多数年份僵尸企业债务份额都很高，在2012~2013年快速上涨且直逼东北地区；西南地区在金融危机之后僵尸企业债务份额的上升幅度仅次于东北地区，而经济较发达的东南和环渤海地区僵尸企业的债务份额最低。

从所有制结构来看，僵尸企业与国有企业密切相关。申广军（2016）指出，各行业僵尸企业比例与国有企业比例的相关系数为0.22~0.35，国有企业享有财政支持和金融优惠而更可能变为僵尸企业，国有企业越多的行业越可能产生僵尸企业。随着改革进程的推进，僵尸企业的所有制构成从以国有企业为主逐渐演变成以非国有企业为主。李旭超等（2019）发现，1999年，僵尸企业中民营企业的数量和资产占比分别为46.14%和27.39%，而国有企业数量和资产占比分别为43.68%和61.34%；2013年，僵尸企业中民营企业数量和资产占比分别为78.73%和60.93%，国有企业数量和资产占比分别为5.07%和21.09%。

僵尸企业的经营能力、生产能力、盈利能力和创新能力都低于健康企业，但杠杆、风险高于健康企业。谭语嫣等（2017）发现，僵尸企业的平均利润率（−2.9%）和资产回报率（−1.6%）显著为负，并且僵尸企业的资本产出率、劳动生产率、利润率和资产回报率也显著低于健康企业。一般来说，银行为亏损企业提供融资时应该会更加谨慎，要求更高的风险溢价，但是非僵尸企业的平均利息成本（5.1%）却远远高于僵尸企业（0.8%），平均资产负债率（49.7%）远低于僵尸企业（69.0%）。僵尸企业的资本产出率、劳动生产率、资产回报率明显更低,却以更低的成本吸收了大量金融资源,银行对低效率僵尸企业的倾斜使信贷资源没有得到最优配置。

二 OECD国家僵尸企业的特点

僵尸企业是解读日本经济"失去的20年"的视角之一。Caballero等(2008)运用1990~2004年的日本公司数据,利用CHK方法测算出1990~1993年日本僵尸企业数量占比在5%~15%徘徊。1994年股市危机使日本经济进入"失去的20年",僵尸企业占比飞速增长到25%以上,2002年前后处于22%左右。僵尸企业的问题在非制造业公司更加严重,建筑、零售、房地产行业的僵尸企业占比在1996~2002年的提升幅度都显著大于制造业。日本的制造业企业面临来自全球的竞争压力,在市场机制下"优胜劣汰",在禁止大量补贴的情况下难以得到保护。而建筑和房地产等行业面临的竞争小,并且20世纪90年代中期日本地价下降,更加不利于这些行业的发展。在建筑、房地产、零售等行业僵尸企业的盈利能力显著低于非僵尸企业,而在制造业领域则不是很明显。Imai(2016)指出日本经济主要由中小型企业主导,除去第一产业,99.7%的企业是中小型企业,并且与上市公司相比,中小企业更加依赖银行进行融资。将CHK和FN方法相结合,运用1999~2008年的日本公司的面板数据,发现4%~13%的中小型企业是僵尸企业,2002~2008年资产规模小于1000万日元的非常微型的僵尸企业占到了僵尸企业总量的7%~20%。当经济下行,抵押品土地的价格发生变化(降低)时,中小僵尸企业的银行贷款量并未下降——出现了"常青贷款"的现象,而且银行给予企业贷款的投资营利性并不乐观,也并未促进生产力发展。

其他OECD国家的僵尸企业问题也比较严重。Andrews等(2017)指出,1996~2016年,OECD国家的潜在人均收入增长率呈现整体下降的趋势,TFP增长率也大体呈现下降的趋势,2008年国际金融危机前后尤其显著，原因之一就是僵尸企业的存在。OECD 国家僵尸企业平均占比在 2003~2008 年处于 3%，2009 年迅速提升到 4% 以上，2013 年僵尸企业的占比平均为 5%。以 2007 年为基准，奥地利、法国、德国、格鲁吉亚、荷兰、意大利、比利时、爱尔兰 8 个国家的僵尸企业占比在2013 年增长了 2 倍，英国 2007~2011 年僵尸企业占比一直处于增长状态但是在 2011 年后开始下降，而美国始终保持在与 2007 年基本一致的水平。McGowan 等（2017）发现，僵尸企业一般是规模较大的企业。比利时在 2010 年僵尸企业数量占比大致为 7%，但是就业人数占比为12%，资产占比为 17%；意大利在 2013 年僵尸企业资产占比高达 20%，就业人数占比为 10%，数量占比为 6%；法国在 2007 年僵尸企业数量占比为 2.5%，但是僵尸企业的就业人数占比达到 6%，资产占比为 10%；德国在 2007 年僵尸企业数量占比为 5%，就业人数和资产占比都在 11%左右；瑞典 2013 年僵尸企业数量占比为 4%，就业人数占比达到 7.5%，资产占比为 12%。总的来说，上述 8 个国家在 2007~2013 年的僵尸企业资产占比远远高于数量占比（就业占比处于资产占比和数量占比之间），也充分反映出僵尸企业平均规模较大的特点。

第三节　僵尸企业的成因

银行和政府被认为是促使僵尸企业生成的两大"推手"。现有对日本和欧洲国家僵尸企业的研究往往关注银行的作用，而关于中国的僵尸企业研究更多关注政府的角色。

一　一般性的理论框架：银行、政府与僵尸企业的生成

为了说明银行和政府如何促使僵尸企业的生成，以及两者的互动关系，李旭超等（2019）构建了一个没有跨期折现的 2 期模型（$t = 1$，2），银行风险中性、承担有限责任，并做出股东利益最大化决策。在第

$t = 2$ 期，银行需要偿还面值为 D 的负债（ $0 < D < 1$ ）。第 $t = 1$ 期期末，银行获知有 θ（ $0 \leq \theta \leq 1$ ）的贷款会成为坏账，与坏账相对应的借款企业被定义为"低资质企业"。

在第 $t = 1$ 期，银行决定是否处理坏账。如果处理坏账，能收回 $\rho\theta$，其中 $0 < \rho < 1$。此时，与坏账对应的"低资质企业"因被清理而退出市场，不会成为僵尸企业。此时银行价值为 $V^F = \max[(1-\theta)(1+i) + \rho\theta - D, 0]$。如果坏账在 $t = 1$ 期不被处理，在 $t = 2$ 期市场分别以 P 的概率处于"好年景"和 $1 - P$ 的概率处于"坏年景"，分别能对应收回 $R_H\theta$ 和 $R_L\theta$ 的坏账，则银行价值为 $V^G = P \times \max[(1-\theta)(1+i) + \theta R_H - D, 0] + (1-P) \times \max[(1-\theta)(1+i) + \theta R_L - D, 0]$。

因此，当 $V^G \geq V^F$ 时，银行的最优决策是 $t = 1$ 期不处理坏账，"低资质企业"因未被清理而成为僵尸企业；当 $V^G < V^F$ 时，银行的最优决策是 $t = 1$ 期处理坏账，"低资质企业"因被清理而退出市场，不会成为僵尸企业。而在给定 i、P、R_H、R_L 和 D 等参数的条件下，V^G 和 V^F 的相对大小取决于 θ。存在一个 θ^*，当 $\theta > \theta^*$ 时 $V^G > V^F$，银行的最优决策是 $t = 1$ 期不处理坏账，"低资质企业"继续存活，成为僵尸企业；当 $\theta < \theta^*$ 时 $V^G < V^F$，银行的最优决策是 $t = 1$ 期处理坏账，"低资质企业"退出市场。① θ^* 取决于市场遇到"好年景"的概率 P、$t = 2$ 期市场"好年景"时坏账收回率 R_H、$t = 1$ 期处理坏账时的回收率 ρ、借贷利息率 i 以及银行自身的杠杆率 D。

$\frac{\partial \theta^*}{\partial R_H} < 0$，说明给定其他条件，如果第 2 期市场"好年景"时的坏账收回率 R_H 越高，临界值 θ^* 就越低，那么银行越有可能在 $t = 1$ 期不处理坏账，相对应的借款企业变成僵尸企业。

R_H 包括两部分，即 R_{HM} 和 R_G。R_{HM} 是市场在"好年景"时企业自

---

① $\theta^* = \dfrac{(1-P)(1+i-D)}{(1+i-\rho) - P(1+i-R_H)}$。

身经营导致的偿还比，$\rho < R_{HM}$ 时，即使没有政府补贴或隐性担保（$R_c = 0$），仍然会有僵尸企业生成，即市场本身的不确定性特征会导致僵尸企业生成。

政府对企业的补贴或者隐性担保 R_c 通过影响 R_H 来改变银行对坏账的态度，从而影响僵尸企业的生成。政府为企业提供更高的补贴或者隐性担保会生成更多的僵尸企业。

二　银行在僵尸企业生成过程中的角色

在政府对经济干预程度低并且国有企业较少的日本、欧美等国家和地区，僵尸企业也是长期存在的顽疾。20 世纪 90 年代，日本企业在资产泡沫期扩大债务，并对不动产进行了大量投资，随后资产价格泡沫破灭，生成了大批僵尸企业。在此过程中，银行的"暗中救助"对僵尸企业的生成起到了重要作用（Bruche and Llobet，2014；Caballero et al.，2008；Fukuda and Nakamura，2011）。银行对僵尸企业生成的影响可以归纳为以下四种机制。

第一，银行隐藏损失的考量。Sakuragawa（2002）指出，银行在不透明的会计系统下有动机伪装其真实的资产负债表以满足《巴塞尔协议》的最低资本要求。在这种情况下，没有足够贷款损失准备的银行试图推迟处理不良贷款，以避免在会计意义上减少自己的资本。赵昌文和朱鸿鸣（2017）也指出，银行在经济下行和风险暴露期，由于存在当期业绩考核压力和资本充足率监管压力，倾向于放宽不良贷款确认标准[①]，只要仍在偿付利息，即便已经丧失还本的能力，仍不会被纳入不良贷款。因此，银行有动机通过"常青贷款"维持僵尸企业，因为一旦清理僵尸企业，则不得不将其对应贷款计入不良贷款。Peek 和 Rosengren

---

[①]　关于金融机构放宽不良贷款确认标准的例子，雷薇等（2015）发现，上市银行不良贷款率与逾期 90 天以上贷款占比之间的关系从 2015 年发生了逆转。2014 年及以前，上市银行不良贷款率高于逾期 90 天以上贷款占比，不良贷款的确认标准较逾期 90 天更严格；但是 2015 年以后前者比例显著低于后者，这表明不良贷款的确认标准有显著放宽。

（2005）指出，在日本僵尸企业的生成过程中，出于逐步增长的财政赤字的考量以及民主投票的公众群体不满于政府运用公共基金来救济出现问题的银行的现实情况，日本政府允许甚至鼓励银行去进行"常青贷款"。默许使用会计操纵的政府政策，加上缺乏会计透明度的现状，银行会低估其不良贷款并夸大其资本，使其看起来拥有足够的资本，同时也使银行信贷错配的情况越发严重。Peek 和 Rosengren（2005）还发现额外贷款更容易给予问题更严重的公司，而这些公司在接受贷款以后经营状况依然不佳，难以偿还贷款，由此形成恶性循环变为僵尸企业；并且，现实中资本充足率接近规定的最低标准的银行出于自身利益的考量更有可能去为那些有问题的企业贷款。

第二，当期清算损失和未来不确定性带来的期权价值。Baba（2001）使用实物期权理论，指出与积极清理坏账相比，对未来的不确定性增加了银行观望策略（Forbearance Lending）的期权价值，诱使银行延迟注销不良贷款。这种不确定性主要有四个来源：一是银行通过注销来释放资金进行再投资的回报大小，也就是银行延迟注销不良贷款的机会成本高低；二是企业清算损失不确定，日本企业的主要贷款抵押品是土地，土地价格的不确定性直接影响了企业清算损失；三是可能实施的政府补贴计划；四是不立即注销不良贷款所带来的声誉影响，会导致筹资成本的上升。这些都充满了不确定性，促使银行延迟注销不良贷款。

第三，避免风险通过供应链产生外溢。Yamada（2015）则从"供应链"的角度对僵尸企业的成因提出了新的看法。他运用 2001 年日本上市公司的数据，考察了供应链是否会影响银行贷款的利率水平、供应商和客户的关系是否会影响贷款的价格。结果发现，如果一个公司与它的供应商或者客户都从同一家银行借款的话，当这家公司面临严重的财务困境的时候，银行给予的利息率会下降。这是因为公司可能由于难以偿还应付账款等而对其供应商违约。当公司的产品具有足够的异质性时，其破产清算会使其顾客转换供应商的成本大大增加，因此公司的破产会带来很大的负面影响。但是如果只是这家公司自身陷入财务困境的时候，平均来说，银行贷款的利息率会提高。也就是说，只有当企业陷入困境或是破产会带来广泛传播的负面外溢效应时，银行才会为流动性短缺的公司提供利息补贴或者"常青贷款"。

第四，银企关系密切，关联方利益合谋。Peek 和 Rosengren（2005）指出，在公司与借款者存在合谋的情况下更容易出现信贷错配，比如该银行是财阀的主银行，它们处于一种企业集团（Keiretsu）中时，出于整体利益的考量，银行更有可能为其提供贷款，致使企业"僵尸化"。

三　政府在僵尸企业生成过程中的角色

相对于欧美日僵尸企业的成因，中国僵尸企业的成因大多被认为是受中国的宏观经济政策、制度等因素影响，即政府的作用（聂辉华等，2016）。

第一，维持宏观经济的稳定是产生僵尸企业的原因之一。一方面是保持经济增长的需要，政府为一些僵尸企业提供了援助（聂辉华等，2016）。2008 年为应对国际金融危机，中国政府推出投资总量为 4 万亿元的经济刺激计划，导致了一些行业的过度投资、盲目扩张。稳定经济增长与地方政府追求 GDP 等因素相叠加，催生了相当一批政企不分的地方投融资平台公司，并大量投资收益率低的项目（赵昌文、朱鸿鸣，2017）。另一方面是维持就业的需要。目前，中国社会保障体系仍不完善，一些产业内的国有企业无法及时解决冗员问题，造成亏损或难以扭亏为盈，容易生成僵尸企业。而清理僵尸企业需要一次性或在短期内支付大量的员工安置成本，可能会超过当地财政的承受能力，但维持僵尸企业则可以在相对较长的一段时间内分摊成本，甚至把财政问题金融化，让金融机构承担成本（赵昌文、朱鸿鸣，2017）。

第二，违背比较优势的产业政策、政府补贴、税收优惠促使僵尸企业生成。企业是否具有自生能力与其比较优势息息相关，按照自身的比较优势进行生产的企业更可能具有自生能力，而违背自身发展的要素禀赋优势和技术比较优势则可能削弱或者扼杀企业的自生能力。没有自生能力的企业，要么因利润枯竭而停产，要么依赖政府补贴、税收优惠或银行的救助而成为僵尸企业（申广军，2016）。对于某些具有自生能力的民营企业，不公平竞争可能会挤压其发展空间。这些都会促使僵尸企业的增加。

第三，地方官员的政绩观。首先，有些企业是地方政府的"面子工程""政绩工程"，经营良好时，政府提供各种补贴、支持。其次，有些企业是地方经济的支柱，地方政府为了保证就业和促进经济发展，会采取一些"输血"行为予以救助（聂辉华等，2016）。

第四，因为隐性担保和软预算约束的存在，国有企业相比于民营企业更容易获得贷款。国有企业遇到经营困难时，银行常常采用非市场化思路来解决问题，坚信国有企业可以"大而不倒"，为已经失去盈利能力的国有企业提供贷款，导致一些僵尸企业产生（聂辉华等，2016）。Calderon 和 Schaeck（2016）提出，政府为银行的非存款负债提供担保会促使银行在竞争中处于优势地位，便于以更低成本获得资金，进而增加银行的负债，在一定程度上会促使僵尸银行的生成。Imai（2016）提出，日本地方政府的信用保障系统对中小企业进行担保，增加了中小型僵尸企业。

第四节　僵尸企业的危害

僵尸企业是经济发展的毒瘤，不仅会挤占健康企业的投资、创新、市场份额等，损害银行的效率与稳定，还会抑制宏观经济增长和降低经济效率。

第一，僵尸企业挤占了健康企业的融资和投资。Andrews 和

Petroulakis（2017）指出，僵尸企业的存在会导致健康企业的银行贷款可得性下降，僵尸企业资产占比每上升 1 个百分点，健康企业的银行贷款可得性下降 0.5 个百分点。Hayashi 和 Prescott（2002）认为，日本经济生产力在过去 20 年的下降是因为"常青贷款"和中小僵尸企业的无效率投资，即僵尸企业对投资的挤出效应。Caballero 等（2008）进一步指出，日本大型银行经常进行虚假贷款重组，这些重组使信贷流向濒临破产的僵尸企业。僵尸企业造成的拥挤减少了健康企业的利润，阻碍了健康企业的进入和投资。Andrews 等（2017）指出，当僵尸企业的资产份额降到最低水平后，健康企业的投资会增加，在他们调查的 OECD 诸国中，希腊健康企业的投资大概提高了 4%。谭语嫣等（2017）发现，一个省的僵尸企业占比越高，当地非僵尸企业的投资规模就越小，且这一挤出效应对私有企业尤为明显，但对于国有企业并不显著。刘莉亚等（2019）发现，央行通过公开市场操作调节银行资金成本，实现货币政策意图，当僵尸企业以优惠利率从银行获得贷款时，为弥补资金成本，银行会提高正常企业的贷款利率（"信贷成本转嫁效应"），导致正常企业的融资被挤出。

第二，僵尸企业挤占了健康企业的市场。Ahearne 和 Shinada（2005）指出，日本银行为无效率并且债台高筑的公司提供金融支持，阻碍了更有生产效率的公司获得市场份额，从整体上来看扼杀了经济潜在的重要生产力来源。公司层面和行业层面数据的回归结果表明，日本生产力增长率低的行业往往存在很大比例的僵尸企业，并且这些行业的市场份额再分配走向了错误的方向，日本银行的金融支持在使这种不正当的市场份额重新分配方面发挥了重要作用。

第三，僵尸企业影响了健康企业的税负。一方面，僵尸企业不具有营利性，纳税能力低会减少税源；另一方面，其生存往往依赖财政补贴或外部融资支持。在地方财政收入需要保持稳定、税源减少的情况下，具有盈利能力和纳税能力的健康企业可能会面临更大的税收征管力度和更高的实际税负。李旭超等（2018）、金祥荣等（2019）发现，僵尸企业显著提高了健康企业的实际所得税税率，造成微观企业层面的税负扭曲和结构性问题。财政压力越大的省份，僵尸企业对健康企业实际所得税税率的影响也越大。税负向高效率企业转移，而财政资源通过补贴流向僵尸企业，造成企业层面的资源错配。僵尸企业资产占比越少的行业，其健康企业的实际所得税税率受其他行业僵尸企业的影响越大，造成了行业层面的资源错配。

第四，僵尸企业影响了健康企业的创新，显著降低了非僵尸企业的专利申请量和全要素生产率。王永钦等（2018）基于中国专利申请数据和中国工业企业数据库的生产数据发现，僵尸企业通过扭曲信贷配置、损害行业公平竞争和加剧资源约束等渠道影响健康企业的创新能力，行业内僵尸企业的增加会导致健康企业的专利申请总数、发明专利申请量以及全要素生产率显著降低。全要素生产率不仅取决于科研技术创新，还取决于企业之间的资源配置效率。僵尸企业的存在加剧了资源错配的程度，对纯技术进步效应有显著负向作用，削弱了全要素生产率（李旭超等，2021）。

第五，僵尸企业损害了宏观经济增长和效率。Peek 和 Rosengren（2005）、Caballero 等（2008）将日本经济恢复出现显著性的延迟归咎于僵尸企业。Kwon 等（2015）运用 1981～2000 年的日本制造业数据进行分析发现，日本 20 世纪 90 年代僵尸企业的大量存在扭曲了资源再分配，使得加总的生产率增长指数（Aggregate Productivity Growth，APG）显著下降了 1%。Andrews 等（2017）指出，1996～2016 年，OECD 国家的潜在人均收入增长率呈现整体下降的趋势，TFP 增长率也大体呈现下降的趋势，2008 年国际金融危机前后尤其显著，原因之一就是僵尸企业的存在。李旭超等（2021）发现，僵尸企业资产占比每提高 1 个百分点，省份-行业层面的加总 TFP 增长率降低 0.162 个百分点。将加总 TFP 增长率分解为纯技术进步、资源再配置、企业进入和退出四个效应之和后，发现僵尸企业对纯技术进步效应和资源再配置效应都有显著的负向作用，对企业进入效应的作用为正，而对企业退出效应的作用不显著。

第六，僵尸企业危害了银行体系的健康，造成金融风险。Andrews等（2017）指出，有问题的银行会以提供信贷的方式提高僵尸企业的存活率，同时也会导致自身境况的恶化，实证结果显示，僵尸企业占比的增加会导致银行更加脆弱。

第五节 僵尸企业的预防和清理

那么，如何预防和清理僵尸企业呢？僵尸企业的预防和清理，可以从加强市场机制（并购重组、市场竞争等）、推进制度建设（信息披露制度、金融监管、破产清算程序等）、营造适当的宏观经济环境、充分发挥政府职能（官员的激励、政府的边界以及政策负担等）等方面着手进行。市场力量和政府干预都是必要的，但必须厘清二者的适用范围及边界，同时适当协作、形成合力。

第一，进行资本结构重组。Fukuda 和 Nakamura（2011）指出，解雇员工、卖掉那些未充分使用的固定资产都有利于僵尸企业恢复发展。

第二，发挥市场竞争的"优胜劣汰"作用。蒋灵多等（2018）以外资自由化为例，考察了市场机制是否有利于僵尸企业的妥善处置，结果发现，外资管制放松通过提高僵尸企业复活率而非退出率显著降低了行业僵尸企业占比。市场竞争的加剧促进了对民营僵尸企业的处置，但对国有僵尸企业的处置没有显著影响。除了"推进外资自由化进程，放宽外资市场准入，全面引入负面清单管理模式"之外，应加快国内体制改革进程，更多地让市场机制实现"优胜劣汰"。

第三，优化会计核算规则和信息披露制度。沈剑飞（2017）指出，针对处于持续经营与濒临破产之间的"过渡"状态的企业的处理，负债确认是核心。应当要求其及时披露业务调整方案及或有负债规模，尤其是涉及辞退员工的安置补偿费用等增量负债，只有让债权人及监管部门及时了解这些信息，才能防止企业因隐性债务负担不断加重而最终成为僵尸企业。Fukuda 和 Nakamura（2011）指出，在经济萧条时期，一些出问题的公司往往会隐藏这些非经营性的损失，而当会计透明度提高的时候，非经营性损失增加现象的出现，揭示了企业前期对公众隐藏的损失，这是一种积极的信号；而隐藏非经营性收益往往意味着企业企图卖掉主要资产以获得收益，以此来掩盖目前的经营状况或者推迟重组过程，这是一种消极的信号。

第四，改善金融监管，推进金融改革。Andrews 和 Petroulakis（2017）提出，2010 年 OECD 国家的金融改革提高了银行系统的稳健性，使其变得更加健康，而这促使了僵尸企业占比下降。出于有限责任制度，濒临破产的银行有动机去为濒临破产的企业提供借贷以掩盖坏账损失，"赌"企业的复活。相比于监管者，银行具有知晓自身不良贷款的信息优势。Bruche 和 Llobet（2014）提出了一种方法来引导银行主动揭露它们的坏账并处理这些坏账：监管者可以通过对丧失抵押品赎回权的银行给予一定的补贴、修改贷款或者资产回购（监管者从银行那里购买不良贷款）的方式，增强银行清偿债务的能力并以此阻止其继续为僵尸企业贷款。

第五，优化破产清算程序，降低破产清算成本。Djankov 等（2008）的研究表明，中国企业的破产过程平均持续时间为 1.79 年，破产成本（包括诉讼费、律师费、审计费等）约占资产的 22%，破产效率为 43.6%（即产生 56.4% 的价值损失）。作为对照，企业破产过程持续时间在美国为 2 年，英国为 0.5 年，德国为 0.92 年，日本为 0.58 年，巴西为 3.67 年；破产成本占比在美国为 7%，英国为 6%，德国为 8%，日本为 4%，巴西为 12%；破产效率在美国为 85.8%，英国为 92.3%，德国为 57.0%，日本为 95.5%，巴西为 13.4%。李旭超等（2019）的理论模型认为，破产清算成本是影响银行是否处理坏账的重要因素。

第六，营造适当的宏观经济环境。张一林和蒲明（2018）认为，基于银行债务融资的特性，当经济不确定性较高时，对于一些资不抵债、缺乏自生能力的企业，银行往往会以债务展期的方式为其持续输送资金，导致僵尸企业增多。所以，为使银行有充分意愿执行"优胜劣汰"的"去杠杆"决策，首先要维持经济环境相对稳定。一个良好的宏观经济环境，以及外部的财务支持（如债务减免、资本缩减）都有助于僵尸企业恢复为非僵尸企业。

第七，充分发挥政府的作用。首先，政府激励措施中要减少一些"负面"干预。减少违背比较优势的产业政策、政府补贴、税收优惠政策，降低GDP考核指标，弱化短期激励，增强长期激励，更加公正客观地对待国有企业与非国有企业，减少僵尸企业的产生。其次，政府须增加"正面"干预，加大对清理僵尸企业的财政支持力度。清理僵尸企业需要一次性或在短期内支付大量的员工安置费用，成本较大，可能会超过当地财政的承受能力，而维持僵尸企业则可以在相对较长的一段时间内分摊成本，甚至把财政问题金融化，让金融机构承担成本。中央政府可加大对清理僵尸企业的财政支持，或为地方政府清理僵尸企业提供融资激励（赵昌文、朱鸿鸣，2017）。

从经验的角度看，各国都有丰富的僵尸企业治理实践。日本主要通过设立清理机构以及制定相关的法律法规来治理僵尸企业，比如在1996年设立整理回收银行来解决银行不良贷款问题，2003年通过《产业再生机构法》以促进僵尸企业财务重组、经营重建，以及通过完善《劳动法》预防失业率升高和促进再就业。Fukuda和Nakamura（2011）指出，僵尸企业通过重整（减少员工数量、出售闲置固定资产）实现了自身的振兴。通过这种模式，2000~2008年，日本经济从长达十多年的衰退中逐渐恢复，僵尸企业的数量也大幅下降。美国主要通过制订不良资产救助计划，为陷入困境的汽车行业僵尸企业提供资金，并且通过注入资金的方式成为企业的大股东，以此干预企业的经营决策。在企业情况好转，恢复为正常企业后，政府退出企业，以避免过度干预（朱颖、任义涛，2011）。吴立欧（2019）通过梳理温州对僵尸企业的治理方法与成效，发现以"市场倒逼、企业主体"为指导思想，以扶持发展、托管经营、兼并重组、破产退出为主要处理手段，促进民营僵尸企业腾出市场空间，有利于促进温州产业升级，实现资源的有效配置。

第六节 需要进一步研究的问题

通过以上分析可以发现，现有文献有以下几个特征：（1）从所有制角度看，主要关注国有僵尸企业，忽视了民营僵尸企业的特征及成因；（2）从僵尸企业成因角度看，主要关注政府的作用，忽视了银行的作用；（3）从僵尸企业的危害看，主要关注行业内或区域内的负面作用，忽视了产业链的传导作用；（4）从清理僵尸企业的角度看，主要关注政策对僵尸企业的影响，忽视了政策本身可能造成的风险。本节在此基础上，提出需要进一步研究的问题，期望能丰富现有文献。

一 民营僵尸企业的特征及成因

虽然诸多证据表明，国有企业相比民营企业更容易成为僵尸企业（申广军，2016），但李旭超等（2019）发现，随着改革进程的推进，僵尸企业的所有制构成从以国有企业为主逐渐演变成以非国有企业为主。1999年，僵尸企业中民营企业的数量和资产占比分别为46.14%和27.39%，国有企业数量和资产占比分别为43.68%和61.34%；2013年，僵尸企业中民营企业数量和资产占比分别为78.73%和60.93%，国有企业数量和资产占比分别为5.07%和21.09%（李旭超等，2019）。

因此，从清理存量僵尸企业的角度来看，民营企业是"大头"，也应值得更多关注。在研究僵尸企业的成因时，需要在所有制歧视、政府隐性担保之外寻找更多的机制，以解释私营部门为何也产生了这么多僵尸企业。

国有僵尸企业和民营僵尸企业的比较，还有更多其他的特征也值得挖掘。例如，黄少卿和陈彦（2017）发现，非国有僵尸企业普遍存在规模较大的特点，而国有僵尸企业一般是中小型企业。又如，清理国有僵尸企业和清理民营僵尸企业造成的影响有什么不同，需要的政策工具有什么不同，等等。

同时，应重点挖掘僵尸企业高资产、高负债的特征，以及由此对银行和政府造成的"套牢"。诸多观点认为，僵尸企业之所以受到政府的关照，与保护就业有关。这种观点有其合理性，但也逐渐失去其合理性。李旭超等（2019）的研究发现，1999 年僵尸企业数量约占 24.75%，其员工约占全部员工的 33.29%，资产占比约为 33.66%，但其负债占比则高达 41.14%。僵尸企业表现出数量多、就业多、规模大、负债高的特征。同时，2011~2013 年僵尸企业呈现明显的低就业、高资产、高负债特征。2013 年，僵尸企业数量约占 6.84%，就业只占 7.84%，但其资产和负债占比分别高达 10.16% 和 14.65%。这表明数量更少的僵尸企业，承担着更少的就业，却拥有更多资产和负债。因此，僵尸企业的资产、负债特征才应是关注的重点。

二 银行的作用，特别是与政府互动

前文的一般性理论框架表明，只要银行对市场"好年景"时坏账收回率的预期足够高，即使没有政府补贴和担保，市场本身的不确定性特征也会导致僵尸企业生成。这就解释了为什么在政府对经济干预程度低并且国有企业较少的日本、欧美等国家和地区，僵尸企业也是长期存在的顽疾，学者也往往把僵尸企业的生成归因于银行的"暗中救助"（Bruche and Llobet，2014；Caballero et al.，2008；Fukuda and Nakamura，2011）。同时，政府的补贴和隐性担保能够提高银行未来的坏账收回率，从而改变银行对坏账的态度，促使僵尸企业的生成。对于中国僵尸企业的生成，文献大多将其归因于中国宏观经济政策、制度等，比如大规模的经济刺激和维持就业措施，违背比较优势的产业政策、政府补贴、税收优惠，以及国有企业、市场制度和调控政策等（申广军，2016；王万珺、刘小玄，2018）。

但是，关于中国僵尸企业成因的研究也存在两个方面的不足。一方面，有关中国的宏观经济政策、制度等的研究可以较好地解释为什么国有企业更容易成为僵尸企业，但不足以解释为什么目前僵尸企业以民营企业为主。另一方面，在中国的金融体系中，银行占据了主导地位，同时银行也是探讨僵尸企业问题的非常重要的切入点，但其在僵尸企业生成中的作用并未引起充分的重视。李旭超等（2019）初步探讨了银行竞争与僵尸企业的关系，发现银行竞争一方面提高了企业的经营绩效，从而降低了"低资质企业"生成的可能性；另一方面竞争压力迫使银行采取拖延处理问题企业的高风险行为，提高了既定"低资质企业"获得"利息补贴"和"常青贷款"的可能性，但其净效应为银行竞争降低僵尸企业生成的概率。因此，提高银行竞争程度是利用市场化手段处理僵尸企业的重要途径，但也需要以适当的银行监管来减弱竞争的负面效果。

同时，中国的银行体系以国有银行为主导。"四大行"（中国银行、中国农业银行、中国工商银行、中国建设银行）是由国资控股，城市商业银行大多是由地方政府控股。政府如何通过银行实现经济目的和政治目的以及控制其中的风险，非常值得关注。

三　僵尸企业通过产业链对上下游企业造成的危害

关于僵尸企业的危害，学者从降低信贷资源配置效率（聂辉华等，2016；Andrews and Petroulakis，2017）、危害银行体系健康、挤占正常企业投资（谭语嫣等，2017）、扭曲正常企业税负（李旭超等，2018）、减少正常企业创新（王永钦等，2018）以及降低企业全要素生产率（李旭超等，2021）等多个角度进行了探讨。这些文献都是从宏观经济角度或者利用地区面板数据进行的研究，缺乏产业链的视角，忽视了僵尸企业通过上下游关系对健康企业造成的影响，从而低估了僵尸企业的危害。

李旭超和宋敏（2021）发现，虽然丧失盈利能力和偿还能力是僵尸企业的本质特征，但僵尸企业的应付账款占比却明显高于健康企业，具有债务支付拖欠的性质。僵尸企业显著拖欠了上游企业账款，并且其应付账款主要是拖欠民营企业。国有僵尸企业更容易拖欠上游民营企业的账款，而民营企业自身的市场势力和所在省份的产权保护有助于减少拖欠行为。在控制了产品定价渠道、融资挤出和税收扭曲渠道之后，僵尸企业通过商业信用渠道显著降低了上游民营企业的全要素生产率，进一步分析后确定了债务支付拖欠会通过融资约束机制产生效率损失。

僵尸企业如何通过产业链渠道（包括可能的商业信用渠道以及产品定价渠道）影响上下游企业的生产和经营，值得进一步挖掘。

四 僵尸企业与宏观经济和政策的互动

第一，宏观经济环境和政策影响僵尸企业的生成和清理。僵尸企业的生成受到特定宏观环境和政策的影响，僵尸企业的清理也需要适当的宏观经济和政策来推动。对宏观经济环境和政策的研究，是预防和清理僵尸企业的必要条件。

第二，僵尸企业的存在也会影响宏观经济政策的传导渠道和实施效果。以西方发达国家为背景的经济理论较少考虑僵尸企业对经济结构、传导渠道的影响，因此在中国很多问题上缺乏解释力。从僵尸企业切入，可以尝试解答不少宏观经济问题，比如，为什么中国大量投放 M2 却没有引起高度的通货膨胀；又如，商业信用渠道的债务支付拖欠是否会导致准"预算软约束"，这又会如何影响国家财政政策和产业政策的调控效果；等等。

第三，地方政府清理僵尸企业的政策约束以及如何放松这些约束。如清理僵尸企业需要一次性或在短期内支付大量的员工安置费用，这些安置成本可能超过当地财政的承受能力，而维持僵尸企业则可以在相对较长的一段时间内分摊成本，甚至把财政问题金融化，让金融机构承担成本。因此，需要加大对清理僵尸企业的财政支持力度，或为地方政府清理僵尸企业提供融资激励（赵昌文、朱鸿鸣，2017）。

五 清理僵尸企业可能造成的风险

虽然僵尸企业的存在对经济效率和经济稳定会造成一定危害，但清理僵尸企业同样可能造成经济风险。在经济压力下，处置"僵尸企业"短期可能会影响一些地方的经济增速和就业，带来阵痛（赵昌文，2019），短期风险过大会损害长期战略的基础。

另外，虽然僵尸企业拖欠了民营企业的大量账款（李旭超、宋敏，2021），损害了民营企业的效率，但在清理僵尸企业的过程中，民营企业也会遇到"麻烦"。一方面，中国破产清算的回收率较低，清算损失往往较高。另一方面，在僵尸企业的潜在偿还对象中，与劳工、税务部门以及银行等相比，民营企业的谈判地位较低，其债权更难得到充分保障。因此，既要在僵尸企业生成过程中防止拖欠民营企业的债务，也要在僵尸企业清理过程中切实保护民营企业债权，否则民营企业就会面临双重损失。

结 论

僵尸企业不仅是中国经济高质量发展的障碍，也是广泛存在于全球其他国家的"病毒"。如何防止僵尸企业生成以及如何处置已经生成的僵尸企业（使之复活或退出），是提高经济效率、维持经济增长的一大考验。本章梳理了国内外关于僵尸企业的研究，总结了僵尸企业的识别方法、生成原因、主要特征、负面影响以及处置方法，并比较了中外不同社会、经济背景下僵尸企业的相同之处和不同特点。在此基础上，本章针对现有文献的不足之处，从民营僵尸企业生成、银行与政府互动、产业链传导、僵尸企业与宏观经济互动、政策本身的风险等角度提出未来应该加强研究的问题。本章既是对有关文献的总结，也是对有关文献的传承，更是对有关文献的发展。

第二章 中国僵尸企业的
识别及基本特征

第一节 CHK 识别法

20 世纪 90 年代初期，日本宏观经济陷入停滞。针对日本"失去的 20 年"，学者普遍认为，这一停滞的触发因素是 20 世纪 90 年代初期开始的土地和股票价格大幅下降，股价在三年内从 1989 年的峰值下跌了约 60%，商业用地价格在 1992 年之后下跌了约 50%，这一剧烈冲击足以降低抵押品价值，任何银行系统都会在调整时面临巨大的阻碍。但在日本，政治和监管都拒绝承认问题的存在，并推迟对银行进行重大改革和重组。为验证扭曲的银行信贷造成了日本的僵尸企业问题，并在客观上延长了 20 世纪 90 年代初期日本宏观经济停滞的观点，Caballero 等（2008）创造性地提出了识别僵尸企业的标准（CHK 标准），对僵尸企业的扭曲效应进行建模，并分别从行业层面和企业层面进行实证研究。

与过去的研究不同，Caballero 等（2008）在定义僵尸企业时，不再关注其生产力或盈利能力，而仅根据是否获得信贷补贴将其归类为僵尸企业和正常企业，即僵尸企业往往能以比市场最优惠利率（Primate Rate）更低的利率获得银行贷款。大体上看，CHK 方法包括以下三步：首先，计算仅针对最高质量借款人的利息支付下限（R^*），也即市场最优惠利息支出；其次，将此利息支付下限与企业实际利息支出（R）进行比较；最后，依照企业实际利息支出与最优惠利息支出差值的正负判断企业是否获得信贷补贴，判断是否为僵尸企业。

基于 CHK 方法，Caballero 等（2008）运用 1990～2004 年日本企业层面数据并对其进行识别，测算出 1990～1993 年日本僵尸企业数量占比在 5%～15% 徘徊，1994 年的股市危机使日本经济进入"失去的 20年"，僵尸企业占比也飞速增长至 25% 以上，2002 年前后占比相对有所回落，处于 22% 左右；分行业来看，僵尸企业的问题在非制造业企业更加严重，尤其是建筑、零售、房地产行业的僵尸企业占比在 1996～2002年的提升幅度都显著大于制造业。究其原因，日本的制造业面临来自全球的竞争压力，在市场机制下"优胜劣汰"，在禁止大量补贴的情况下难以得到保护；与之相对的建筑和房地产等行业面临的竞争小，并且20 世纪 90 年代中期日本地价下降，更加不利于这些行业的发展。因此，也不难解释，在建筑、房地产、零售等行业僵尸企业的盈利能力显著低于非僵尸企业，而在制造业领域则不是很明显。

接下来，Caballero 等（2008）进一步对僵尸企业的影响进行了建模——一个有关创造性破坏文献中的标准变体，旨在比较一个行业在面临负面冲击时，在有无僵尸企业这两种情况下进行调整的差异。模型中，僵尸企业的存在被视为对在面临不利技术、需求或信贷冲击后的一种自然破坏的约束，即保留那些资不抵债的生产企业，而这些企业和项目的生产力相较于受僵尸企业影响而无法正常进入市场或未正常实施的企业和项目要低。

在后续的实证研究中，Caballero 等（2008）首先从行业层面切入，研究了僵尸企业与重组变量（就业破坏、就业创造和生产力）间的关系，研究发现，僵尸企业扭曲了正常的就业破坏与创造过程，且僵尸企业的生成也降低了行业层面的生产力。接下来，结合 CHK 僵尸企业识别方法与相关模型，Caballero 等（2008）利用企业层面数据直接分析僵尸企业对非僵尸企业的影响，研究发现，健康企业的投资和就业会伴随行业僵尸企业占比的上升而下降。此外，僵尸企业和非僵尸企业之间的生产力差距会随着僵尸企业占比的上升而扩大。具体来看，如果说 20 世纪 90 年代日本的僵尸企业占比依旧保持不变的话，日本企业投资将每年下降 4%~36%（具体数值取决于所处行业）。

总而言之，Caballero 等（2008）将企业是否获得信贷补贴作为判定僵尸企业的核心标准，总结归纳了识别僵尸企业的 CHK 方法，并据此测算出日本 1990~2004 年僵尸企业的占比变化与行业变化情况，为日本"失去的 20 年"提供了一个较为微观的解读视角，强调了银行在僵尸企业生成过程中的重要角色，扭曲的银行信贷会加剧僵尸企业问题，也为后续僵尸企业的研究提供了重要的借鉴参考。

第二节 FN-CHK 识别法

在日本陷入"失去的 20 年"期间，银行继续向社会效率低下的僵尸企业提供贷款。由于这些"常青贷款"的存在，效率低下的僵尸企业仍能在市场上继续生存，在这种情况下，僵尸企业最终破产的情况并不多见。事实上，日本境内大多数僵尸企业反而在 21 世纪初期大幅复苏。与之相对应的，日本经济也已经从 21 世纪前半期的长期衰退中得以复苏，并在 2008 年夏季之前保持了持续增长。换句话说，如果陷入困境的企业没有社会价值，它们最终的破产将是不可避免的，更不可能在之后复苏发展。

为研究僵尸企业为何能在日本复苏，Fukuda 和 Nakamura（2011）对 CHK 方法进行了修正，简称 FN-CHK 方法，并对日本上市企业进行了僵尸企业识别，进一步实证检验了僵尸企业复苏的主要驱动力。

第一节已详细阐述了 CHK 方法是如何识别僵尸企业的：利息支出低于利息支出下限的企业即为僵尸企业。其核心思想是陷入困境的僵尸企业必须获得大量利息减免，因此它们的利息支出一定是低于健康企业的。Fukuda 和 Nakamura（2011）首先肯定了 CHK 方法在识别僵尸企业方面的合理之处，称赞其突出贡献在于构建了一个极为简易的准则用以识别僵尸企业；但同时两人也明确说明了 CHK 方法对僵尸企业的识别存在噪声干扰，受限于以下两类错误。

第一，CHK 方法可能会将经营状况相当健康的企业识别为僵尸企业。CHK 标准使用最优惠贷款利率作为无风险利率来识别僵尸企业。然而，一些健康企业的利率仍可能低于最优惠贷款利率，尤其是 21 世纪日本经济在量化宽松货币政策下稳步复苏时尤其如此。第二，它可能会遗漏部分僵尸企业。每当借款人陷入严重的财务困境时，银行就会给予其债务减免以维持他们的生计，尤其是在日本银行业危机期间，陷入困境的银行增加了对陷入困境的借款人的"常青贷款"以隐瞒不良贷款的实际价值，这种"常青贷款"的存在意味着经营状况相当不健康的企业是以市场上普遍的利率支付利息而没有获得任何优惠利率。

为了避免出现上述第一类和第二类错误，Fukuda 和 Nakamura（2011）引入了额外的标准来定义僵尸企业。（1）"盈利能力"指标，即那些息税前利润（*EBIT*）超过假设的无风险利息支出的企业被排除在僵尸企业之外。对于经营状况健康的企业，扣除营业外收入后的税前利润永远不应该为负。因此，将此类企业排除在僵尸企业之外可以降低 CHK 方法第一类错误发生的概率。（2）"常青贷款"指标，将那些无利可图、高杠杆且增加外部借款的企业归类为僵尸企业，旨在根据"常青贷款"识别僵尸企业。如果一家企业的 *EBIT* 小于 t 期间假设的无风险利息支出，且其外部债务规模超过其 $t-1$ 期总资产的一半，并且其借款在 t 期内增加，则该企业被归类为僵尸企业。这可以降低 CHK 方法第二类错误发生的概率。综上，将这种方法概括为 FN-CHK 方法。

进一步地，Fukuda 和 Nakamura（2011）也对日本僵尸企业特征进行了分析。与 Caballero 等（2008）提供的样本范围类似，那些在东京证券交易所（TSE）上市，且不包括在高增长和处于新兴股票市场（TSE Mothers）的企业构成了研究样本，样本时间段为 1995~2004 年。

可以发现，利用修正后的 FN-CHK 方法计算的僵尸企业占比始终低于利用 CHK 方法计算的数值。1995~2001 年，基于 FN-CHK 方法计算的僵尸企业占比整体呈上升趋势，大致由 5%上升至 11%，与基于 CHK 方法计算的僵尸企业占比表现出相似的增长特征，这与当时日本经济的长期衰退和银行业危机的经济条件密切相关。然而，2002~2004 年，两类标准计算的数值存在较大差异：基于修正的 FN-CHK 方法计算的僵尸企业占比在 2002 年后大幅下降，但基于 CHK 方法计算的数值却呈上升趋势，这也从侧面证明了 CHK 方法的第一类错误存在，高估了 21 世纪初期的僵尸企业数量，因为在日本量化宽松的政策下健康企业会被误认为是僵尸企业。

在对样本企业按照 FN-CHK 方法进行僵尸企业识别后，Fukuda 和 Nakamura（2011）开始着重探究日本长期经济衰退后僵尸企业数量在 21 世纪初下降的内在原因。为此，两人使用了一个多项式 Logistic 模型，用于捕捉哪种类型的企业重组行为能够有效地挽救僵尸企业并重新将其归入健康企业范畴。研究发现，从内部来看，包括减少员工人数和出售未使用的固定资产在内的企业重组行为对陷入困境的企业实现复苏是有效的。此外，增加非营运损失（特殊损失）也有助于僵尸企业复苏，但通过出售优质资产来增加非营运利润（特殊利润）则不利于僵尸企业的复苏，这是因为经济长期衰退时，陷入困境的企业倾向于隐瞒财务问题，以减少账面损失或夸大资本。因此，市场参与者对所报告的企业估值表示怀疑。在这种情况下，特殊损失的增加对利益相关者来说并不一定是坏事，因为它只是向公众披露了企业先前隐瞒的损失。相比之下，特殊利润的增加就不一定是好事，因为流动性的暂时增强可能使企业继续隐瞒它们的真正问题。同时，减少对高管的工资也是无效的，这可能会打击他们的积极性。从外部来看，包括债务减免和资本削减在内的外部支持是僵尸企业复苏的另一个重要因素。尤其是大量债务减免对于振兴僵尸企业是十分有必要的。此外，21 世纪有利的宏观经济环境对提高企业重组的有效性起到了重要作用。

总之，Fukuda 和 Nakamura（2011）敏锐地发现了 CHK 方法存在的两类错误，并在此基础上进一步修正了僵尸企业的识别方法，加入了"盈利能力"标准和"常青贷款"标准，对僵尸企业的识别更加严谨。这一方法也被称作 FN-CHK 法，成为后续僵尸企业研究中关于僵尸企业识别的主流策略。

第三节　李旭超修正法

理论表明，"低资质企业"与银行坏账相对应，如果被清理则退出市场，如果不被清理则变成僵尸企业。李旭超等（2019）从"低资质企业"出发去识别僵尸企业，既是对 CHK 方法和 FN-CHK 方法的继承，又进一步拆解了僵尸企业的生成过程。

根据 CHK 方法，如果企业的实际利息支出（$IP_{i,t}$）小于计算出的市场最优惠利息支出（$IP_{i,t}^*$），则被定义为僵尸企业。其中，市场最优惠利息支出通过以下方法计算：

$$IP_{i,t}^* = rs_{t-1}BS_{i,t-1} + (\frac{1}{5}\sum_{j=1}^{5} rs_{t-j})BL_{i,t-j} + rcb_{\text{min over last 5 years},t}Bonds_{i,t-1} \quad (2.1)$$

其中，$BS_{i,t-1}$、$BL_{i,t-j}$、$Bonds_{i,t-1}$ 分别是前一期的短期贷款、长期贷款和债券存量。rs_{t-1}、rs_{t-j} 和 $rcb_{\text{min over last 5 years},t}$ 分别是短期贷款最优惠利率、长期贷款最优惠利率和以往 5 年最低的债券发行利率。$IP_{i,t}^*$ 给出了在市场最低利率条件下，企业利息支出的下限。事实上，只有最优秀的企业才有机会获得市场给予的最优惠利率。如果企业的实际利息支出比 $IP_{i,t}^*$ 给出的下限还要低（$IP_{i,t}<IP_{i,t}^*$），则说明企业获得了银行的"利息补贴"（Interest Rate Subsidy, InS），被 CHK 方法定义为僵尸企业。

然而，CHK 方法只考虑了企业是否获得了"利息补贴"，容易产生比较严重的偏误。在某些情况下，健康企业也有可能获得更低的借款利率，因此 CHK 方法会将健康企业误判成僵尸企业；除了"利息补贴"之外，银行还可能通过提供新贷款或贷款展期的方式补贴企业，CHK 方法会存在漏判。Fukuda 和 Nakamura（2011）对 CHK 方法进行了修正：（1）利润标准，如果一个企业的息税前利润（$EBIT_{i,t}$）大于计算出的市场最优惠利息支出（$IP_{i,t}^*$）的话，将其认定为健康企业，从僵尸企业中剔除；（2）"常青贷款"（Evergreen Lending，EgL）标准，从理论上讲，盈利能力差且债务积压的企业很难获得新的融资（Myers，1977），因此，如果一个企业的息税前利润小于市场最优惠利息支出并且它上一期的杠杆率（$Lev_{i,t-1}$）大于 50%，但当期负债仍在增加的话，则将其划分为僵尸企业。[①]

李旭超等（2019）在综合 CHK 方法和 FN-CHK 方法的基础上，进行了修正和重新表述。如果一个企业的息税前利润小于市场最优惠利息支出（$EBIT_{i,t} < IP_{i,t}^*$），并且前一期杠杆率大于 50%（$Lev_{i,t-1} > 50\%$），我们将其定义为"低资质企业"（$BadP$），这样的企业杠杆率高、盈利能力差，容易形成银行坏账。"低资质企业"如果被清理则退出市场，不生成僵尸企业；如果不被清理，反而获得了银行的"利息补贴"（InS）或者"常青贷款"（EgL），则变成僵尸企业。这样的动态拆解有利于理解僵尸企业的生成步骤，以及政府、银行等各主体在不同步骤中发挥的作用。

本节使用 1998~2013 年中国工业企业数据库中的制造业数据识别僵尸企业。本节根据 Brandt 等（2012）的方法对工业企业数据进行了匹配，并剔除数据库中的异常和错误样本，包括以下三类：规模以下、从业人数少于 10 人的企业；总资产、总负债、工业总产值、固定资产小于 0 的企业；流动资产大于总资产、利润总额大于总资产、流动负债

---

① 根据林毅夫等（2004）的研究，在中国如果企业无力还本付息，银行往往会把逾期的款项和应付利息结转为下一年的银行贷款处理。张一林和蒲明（2018）认为，银行债务展期方式为资不抵债、缺乏自生能力的企业"输血"，是企业"僵而不死"的关键原因。所以，即使银行不提供新贷款，债务展期本身也增加了企业下一期的负债。

大于总负债的企业。

在计算 $IP^*_{i,t}$ 时，由于数据库中没有直接细分的银行负债，所以本节用企业短期负债减去应付账款等应付项①作为短期银行借款，用企业长期负债作为长期银行借款，债券也计入长期银行借款。由于债券（直接融资）的成本往往低于银行借款（间接融资），本节提供了比 CHK 方法更低的企业利息支出下限，因此对僵尸企业的识别也更为严格。市场最优惠利率是当期的央行贷款基准利率乘以贷款利率下限。由于数据库中的利息支出指标为净利息支出，所以本节用企业流动资产减去不计息的各类应收项和存货后得到的指标来估计企业当年的利息收入，从而估计企业的实际利息支出。企业的利润总额包含了补贴收入、营业外收入等非经常性收入，因此本节使用营业利润与利息支出之和计算 *EBIT*，以反映企业真实的经营能力，而非使用利润总额与利息支出之和计算。②

由于企业的经营业绩可能会受到短期负面冲击的影响，即使"高资质企业"也可能会出现短期的利润下滑。故若只用 1 期的 *EBIT* 进行识别，可能会因短期性因素而把"高资质企业"划为僵尸企业。另外，高利润企业可能提前还款使得利息支出减少，而在基准方法中最优惠利息支出是基于上一年度的负债计算的，可能会因"利息补贴"标准而把该企业划为僵尸企业。因此，为了保证僵尸企业识别的准确性，本节使用前后两年平均的负债水平替代滞后期的负债水平、用前后两年平均

---

① 因为应付项的负债属于企业经营性负债，是企业短期负债中无须偿付利息的部分，所以在识别企业是否以低于市场最优惠利率融资时应该将其从短期负债中剥离出去。根据数据可得性，本节考虑的经营性负债包括应付账款、应交增值税、应交所得税、应付工资、应付福利费，缺失的数据根据企业其他年份的应付项进行调整。

② 营业外收入不仅包括企业从政府那儿获得的支持，还包括其他非经常性活动带来的收入，如非流动资产处置利得、非货币性资产交换利得、债务重组利得、盘盈利得、捐赠利得等。企业的账面利润不能反映企业的真实盈利能力，因为企业可能通过财政补贴、税收返还或者其他非经常性损益等方法获取正的利润。若忽视这一点，可能会低估僵尸企业问题的严重性。

的 *EBIT* 代替当期的 *EBIT* 进行僵尸企业的测算。①

第四节　中国僵尸企业的基本特征

基于本章第三节有关僵尸企业的识别方法，本节使用 1998~2013 年中国工业企业数据库②对僵尸企业进行识别，总结并刻画了中国僵尸企业趋势性特征（时间趋势）、结构性特征（行业、地区、所有制）以及绩效特征等。

一　中国僵尸企业的趋势性特征：时间趋势

从整体上看，中国僵尸企业的各类占比指标，在时间趋势上基本一致，其与中国的改革进程、经济周期密切相关：1999~2008 年，随着国有企业改革的推进、中国成功加入 WTO，中国僵尸企业占比快速下降；2008 年的国际金融危机又使得僵尸企业占比在 2009 年再次提升，但随着 4 万亿经济刺激计划的推出，僵尸企业占比又很快下降；2011 年之后，随着政策效果的减弱和经济增速的放缓，僵尸企业占比再次回升。

具体地，1999 年僵尸企业数量约占 24.75%，其员工约占员工总数的 33.29%，资产占比约为 33.66%，但其负债占比则高达 41.14%，表现出规模大、负债高的特征（见图 2.1）。随着国有企业改革的推进、中国成功加入 WTO，僵尸企业各项比重快速下降。2004 年③，僵尸企业的销售占比和数量占比都处于 10% 左右，而同期应付账款占比和负债占比分别约为 12% 和 19%。到 2008 年僵尸企业数量占比和负债占比分别

---

① 当然这种做法也并不完美。零售巨头亚马逊曾连续亏损约 20 年，京东亦曾长期亏损，显然把它们划入"僵尸企业"是不恰当的。不过如此长期亏损却依旧被投资者看好和支持的企业多出现在新兴行业。本书研究的样本是生产技术和流程都相对成熟的制造业，故可以在很大程度上避免此类问题。另外，支持亚马逊和京东的主要是股权融资，而非债务融资。

② 如无特殊说明，本节图表资料来源于中国工业企业数据库，由笔者整理。

③ 中国工业企业数据库中，1998~2003 年缺失应付账款指标，该指标从 2004 年开始具备。

降至 8.62% 和 15.06%，其应付账款占比在经历 2005 年提升后又回落至 12% 的水平。受 2008 年国际金融危机影响，中国僵尸企业的各项比重再次走高，2009 年数量占比和负债占比分别上升至 16.42% 和 22.06%，应付账款占比更是高达 18%。随着 4 万亿经济刺激计划的推出，2011 年僵尸企业数量占比很快下降到低水平，但随着政策效果的衰减和经济增速的放缓，2012 年以后僵尸企业各项比重再次回升。同时，2011～2013 年有明显的低就业、高资产、高负债特征。2013 年，僵尸企业数量约占 6.84%，就业只占 7.84%，但其资产、负债占比分别高达 10.16% 和 14.65%，应付账款占比为 12.21%。这表明数量更少的僵尸企业，承担更少的就业，却拥有更多资产和负债。应付账款属于企业的流动负债，因此高负债一部分来源于僵尸企业的高应付账款。

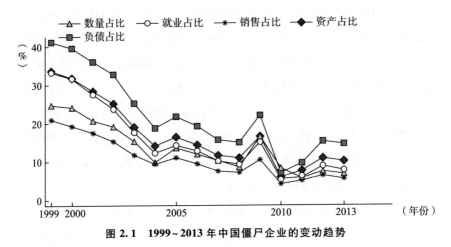

图 2.1　1999～2013 年中国僵尸企业的变动趋势

二　中国僵尸企业的结构性特征：行业、地区、所有制

(一) 中国僵尸企业的行业特征

从总体均值来看，水的生产和供应业，电力、热力生产和供应业，包括重化工业（尤其是石油加工、炼焦和核燃料加工业等行业）及运输设备制造业等行业的僵尸企业占比非常高。这几类企业规模较大，多

属于国有控股，其破产会对当地经济和就业形势产生重大的冲击，因此常受政府一定的支持，容易生成僵尸企业。而像烟草制品业、软件和信息技术服务业的僵尸企业占比非常低。烟草制品业的利润率较高，软件和信息技术服务业准入门槛较高，竞争往往比较激烈且面临较高的创新需求，不利于僵尸企业的存活。

从具体数值来看，1999～2013年僵尸企业数量占比最高的5个行业分别是：水的生产和供应业（25.26%），电力、热力生产和供应业（23.16%），化学纤维制造业（17.01%），燃气生产和供应业（15.94%），酒、饮料和精制茶制造业（15.23%）。而僵尸企业数量占比最低的5个行业分别是：烟草制品业（8.47%），皮革、毛皮、羽毛及其制品和制鞋业（8.62%），非金属矿采选业（8.62%），木材加工和木、竹、藤、棕、草制品业（8.68%），其他制造业（8.82%）（见表2.1）。

有趣的是，劳动密集型行业也具有较高的僵尸企业比例，比如纺织业、食品制造业的僵尸企业占比达到了约13%，这是由于僵尸企业雇用了大量劳动力，地方政府受制于保就业的任务而不得不维持这类企业的生存。

（二）中国僵尸企业的地区特征

从数据结果可以看出，中国僵尸企业具有很明显的地区分布特征：中西部地区的僵尸企业占比高于东部地区，这与当地的经济结构以及区域发展政策高度相关。

如表2.2所示，1999～2013年，西部省份的僵尸企业数量占比最高，其中云南（24.86%）、新疆（23.94%）和宁夏（23.39%）三省区数值最大。西部地区僵尸企业数量占比高，主要是由于我国长期实行扶持西部发展的政策，使得该地区的企业在实际利润较低的情况下也能继续经营。山西、内蒙古等依赖能源经济的省区僵尸企业数量占比也很高。北京、天津、黑龙江、贵州、广西集中了大量的僵尸企业，原因可能在于国有企业在这些地区比重偏高，政府支持力度大。

表 2.1 1999～2013 年不同制造业僵尸企业占比

单位：%

行业	数量占比				资产占比				负债占比			
	1999～2007年	2008～2009年	2010～2013年	均值	1999～2007年	2008～2009年	2010～2013年	均值	1999～2007年	2008～2009年	2010～2013年	均值
水的生产和供应业	27.21	26.31	22.25	25.26	25.00	30.72	28.57	28.09	34.26	37.44	33.74	35.15
电力、热力生产和供应业	26.49	25.96	17.01	23.16	25.99	28.84	15.63	23.48	31.34	33.26	18.06	27.55
化学纤维制造业	22.99	16.17	11.89	17.01	28.86	16.54	9.95	18.45	35.20	20.40	11.80	22.47
燃气生产和供应业	25.05	13.71	9.05	15.94	29.12	17.87	11.51	19.50	38.01	23.22	12.83	24.69
酒、饮料和精制茶制造业	26.10	12.11	7.48	15.23	24.90	15.27	8.82	16.33	34.25	23.62	13.83	23.90
石油加工、炼焦和核燃料加工业	18.07	15.65	11.19	14.97	22.87	17.40	16.72	19.00	26.80	21.33	19.69	22.61
黑色金属冶炼和压延加工业	17.03	15.71	11.99	14.91	22.82	19.47	14.36	18.88	27.28	23.11	16.76	22.38
铁路、船舶、航空航天和其他运输设备制造业	18.70	14.19	9.54	14.15	31.06	17.06	15.46	21.20	36.47	20.01	17.91	24.80
医药制造业	19.18	14.31	7.99	13.83	15.34	10.65	6.33	10.77	21.77	16.69	10.10	16.19
造纸和纸制品业	17.32	14.99	8.55	13.62	22.91	16.34	9.78	16.34	28.53	21.75	12.55	20.95
有色金属冶炼和压延加工业	18.12	13.76	8.61	13.50	23.18	15.66	9.69	16.17	27.60	18.12	11.95	19.23
食品制造业	21.25	12.28	6.89	13.47	19.23	12.19	6.82	12.75	27.26	17.98	10.71	18.65
纺织业	17.40	14.53	8.29	13.41	23.15	15.49	9.09	15.91	30.04	21.09	12.35	21.16
非金属矿物制品业	20.32	12.26	7.30	13.29	27.14	15.04	9.01	17.06	34.95	20.89	12.35	22.73
专用设备制造业	19.50	13.09	7.08	13.22	25.30	14.93	8.36	16.20	32.53	20.31	11.39	21.41

续表

行业	数量占比				资产占比				负债占比			
	1999~2007年	2008~2009年	2010~2013年	均值	1999~2007年	2008~2009年	2010~2013年	均值	1999~2007年	2008~2009年	2010~2013年	均值
化学原料和化学制品制造业	17.81	12.54	7.33	12.56	23.28	14.86	9.98	16.04	29.04	19.50	13.06	20.53
通用设备制造业	17.99	12.51	6.77	12.42	23.59	13.46	8.12	15.06	30.22	18.19	11.15	19.85
汽车制造业	17.08	12.78	7.05	12.30	20.37	12.22	7.83	13.47	26.32	16.38	10.26	17.65
计算机、通信和其他电子设备制造业	15.34	13.93	6.92	12.07	17.72	11.98	7.43	12.38	22.56	15.61	9.64	15.94
农副食品加工业	20.38	9.36	5.93	11.89	22.20	11.35	7.04	13.53	29.16	16.44	10.46	18.68
电气机械和器材制造业	15.15	13.38	7.13	11.89	16.98	11.60	7.88	12.15	21.94	15.39	10.29	15.87
橡胶和塑料制品业	14.81	13.14	6.92	11.62	19.49	14.02	8.16	13.89	25.82	19.40	11.02	18.75
金属制品业	14.87	12.73	7.23	11.61	23.23	12.19	7.25	14.22	29.36	16.32	10.13	18.60
开采辅助活动	15.95	15.38	2.78	11.37	13.40	10.76	2.87	9.01	15.01	18.16	3.93	12.36
仪器仪表制造业	15.11	10.94	5.57	10.54	17.77	12.09	6.89	12.25	24.36	17.33	9.36	17.02
家具制造业	12.20	12.49	6.21	10.30	15.77	14.18	7.90	12.62	21.62	19.69	11.32	17.54
文教、工美、体育和娱乐用品制造业	11.93	11.15	5.61	9.56	17.04	13.03	8.96	13.01	22.98	18.04	12.42	17.81
纺织服装、服饰业	11.54	11.25	5.60	9.46	13.40	11.41	5.28	10.03	18.49	16.65	7.96	14.37
其他制造业	10.70	10.67	5.07	8.82	10.38	7.66	4.39	7.47	15.54	10.91	7.63	11.36
木材加工和木、竹、藤、棕、草制品业	13.28	8.58	4.17	8.68	24.10	13.01	6.22	14.44	31.81	20.45	10.08	20.78

续表

行业	数量占比				资产占比				负债占比			
	1999~2007年	2008~2009年	2010~2013年	均值	1999~2007年	2008~2009年	2010~2013年	均值	1999~2007年	2008~2009年	2010~2013年	均值
非金属矿采选业	13.90	7.85	4.10	8.62	25.10	14.28	9.16	16.18	32.33	20.76	12.87	21.99
皮革、毛皮、羽毛及其制品和制鞋业	11.55	9.74	4.55	8.62	16.47	10.80	4.61	10.63	22.01	15.42	7.20	14.88
烟草制品业	19.41	2.64	3.37	8.47	16.68	0.97	0.38	6.01	20.12	1.54	0.61	7.42

表 2.2　1999~2013 年中国 31 个省（区、市）僵尸企业占比

单位：%

省（区、市）	数量占比				资产占比				负债占比			
	1999~2007年	2008~2009年	2010~2013年	均值	1999~2007年	2008~2009年	2010~2013年	均值	1999~2007年	2008~2009年	2010~2013年	均值
云南	33.78	26.87	13.93	24.86	29.61	26.43	22.66	26.23	36.68	32.24	23.55	30.83
新疆	30.48	27.48	13.87	23.94	31.76	19.86	10.38	20.66	38.10	25.65	13.81	25.86
宁夏	28.78	28.45	12.93	23.39	27.56	23.91	9.76	20.41	33.48	28.52	11.93	24.64
山西	26.51	22.37	16.87	21.92	29.99	22.56	17.20	23.25	35.34	27.29	20.55	27.73
贵州	32.14	23.98	9.00	21.71	34.61	27.64	23.24	28.50	41.72	34.47	17.75	31.31
青海	29.08	23.48	12.17	21.58	28.96	22.28	29.44	26.90	33.70	26.35	21.70	27.25
黑龙江	30.17	20.06	12.33	20.85	37.95	25.87	20.59	28.14	45.18	31.94	25.46	34.20
北京	21.76	22.78	17.59	20.71	24.62	18.76	13.23	18.87	32.59	26.42	18.23	25.75
海南	29.58	20.94	10.99	20.50	28.75	20.91	6.52	18.73	40.53	33.53	11.09	28.38
陕西	31.52	17.14	10.85	19.84	32.71	18.19	9.57	20.16	41.77	24.31	15.35	27.14
广西	27.80	21.15	7.70	18.88	27.22	21.61	10.33	19.72	34.50	26.92	14.35	25.26
甘肃	21.41	23.47	10.80	18.56	30.07	24.86	15.95	23.63	35.66	29.59	16.60	27.29
安徽	25.21	14.65	7.41	15.76	27.04	15.08	8.80	16.97	33.98	19.21	11.53	21.57
天津	17.42	15.37	13.91	15.57	25.97	17.03	14.56	19.19	33.53	22.08	17.95	24.52
内蒙古	21.38	14.96	10.23	15.52	24.33	13.70	9.83	15.95	29.60	17.35	11.92	19.62

续表

省（区、市）	数量占比				资产占比				负债占比			
	1999~2007年	2008~2009年	2010~2013年	均值	1999~2007年	2008~2009年	2010~2013年	均值	1999~2007年	2008~2009年	2010~2013年	均值
上海	15.49	15.67	13.45	14.87	18.63	14.26	12.28	15.06	25.18	19.73	16.54	20.48
重庆	21.92	13.52	6.73	14.06	27.31	17.73	13.34	19.46	33.73	21.78	15.50	23.67
湖北	21.38	13.09	7.29	13.92	27.00	14.91	11.42	17.78	34.31	19.89	14.93	23.04
吉林	21.99	10.74	7.78	13.50	26.49	15.70	13.84	18.68	33.02	21.81	18.76	24.53
辽宁	21.29	10.83	8.26	13.46	29.82	14.54	12.96	19.11	37.27	20.08	18.24	25.20
河北	18.62	12.14	8.33	13.03	25.42	15.42	11.03	17.29	32.08	21.13	14.88	22.70
广东	15.07	16.52	7.29	12.96	18.90	16.01	8.51	14.47	25.33	21.43	12.46	19.74
江西	25.34	8.05	4.45	12.61	34.64	13.52	8.29	18.82	42.86	19.16	11.42	24.48
四川	20.44	11.29	5.48	12.40	23.51	14.92	11.36	16.60	29.17	19.53	13.45	20.72
江苏	16.51	12.75	7.50	12.25	17.80	13.03	8.00	12.94	22.24	16.60	10.40	16.42
湖南	19.04	6.90	3.32	9.76	27.56	13.03	7.72	16.10	34.72	16.71	10.07	20.50
浙江	9.42	11.75	7.79	9.65	11.48	12.80	8.68	10.99	14.47	16.14	10.79	13.80
山西	14.68	8.36	4.60	9.21	18.95	12.85	7.17	12.99	23.85	17.92	10.06	17.28
河南	17.80	4.92	3.93	8.88	27.08	11.36	9.68	16.04	33.92	16.80	14.88	21.87
福建	9.08	9.92	4.47	7.82	13.65	11.90	6.75	10.77	18.66	16.43	9.24	14.77
西藏	10.23	5.03	4.68	6.65	10.35	2.49	0.83	4.56	22.32	5.35	1.59	9.76

若将全国划分为华东、华南、华中、华北、西北、西南和东北7个地区，可以发现僵尸企业多集中于西南和西北地区，尤其是前五大僵尸企业集中的省份，西南和西北就占了4个。东北地区除黑龙江（20.85%）的僵尸企业数量占比较高外，吉林（13.50%）和辽宁（13.46%）都处于较低水平。而经济较发达的华东地区僵尸企业数量占比也并不高。

（三）中国僵尸企业的所有制特征

僵尸企业理论上应具有显著的所有制特征，即僵尸企业与国有企业密切相关。国有企业享有财政支持和金融优惠而更可能变成僵尸企业，因此国有企业越多的行业越可能产生僵尸企业。从表2.3可以发现，1999~2013年，国有企业中僵尸企业占比最高，数量占比达到27.73%，负债占比更是达到30.29%，债务负担较重；与之相对应的，民营企业在四类企业中的僵尸企业占比最低，数量占比在2010~2013年仅为6.52%。

表2.3 1999~2013年不同所有制企业中僵尸企业占比

单位：%

企业类型	数量占比				负债占比			
	1999~2007年	2008~2009年	2010~2013年	均值	1999~2007年	2008~2009年	2010~2013年	均值
民营企业	13.23	11.51	6.52	10.42	21.65	17.93	11.24	16.94
国有企业	39.15	27.02	17.03	27.73	42.61	30.32	17.94	30.29
港澳台资企业	13.97	15.08	8.39	12.48	21.35	18.84	11.69	17.29
外资企业	12.60	13.97	8.79	11.79	19.70	18.53	12.57	16.94

进一步地，我们发现国有僵尸企业与民营企业也有着不同的特点。如图2.2所示，国有僵尸企业平均规模（*Size*）要低于全部国有企业平均规模，这表明在国有企业内部，僵尸企业一般是规模更小的国有中小企业，不过从趋势上来看，国有僵尸企业的平均规模在变大；而民营僵尸企业平均规模要高于全部民营企业平均规模，在民营企业内部，僵尸

企业通常是规模更大的企业，并且民营僵尸企业的平均规模也在扩大。在全部僵尸企业中，国有僵尸企业的平均规模要比民营企业的更大，所以进行僵尸企业的处置工作，尤其是破产清算工作时，单个国有僵尸企业对当地经济的冲击力更强。

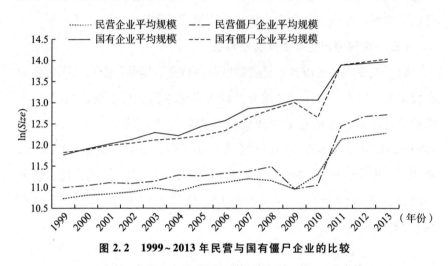

图 2.2 1999~2013 年民营与国有僵尸企业的比较

随着改革进程的推进，僵尸企业的所有制构成从以国有企业为主逐渐演变成以非国有企业为主。如表 2.4 所示，1999 年，僵尸企业中民营企业的数量和资产占比分别为 34.29% 和 18.40%，而国有企业数量和资产占比分别为 53.54% 和 65.84%；2013 年，僵尸企业中民营企业数量和资产占比分别为 70.62% 和 52.82%，国有企业数量和资产占比分别为 8.69% 和 24.24%。

表 2.4 1999~2013 年僵尸企业中民营企业与国有企业占比

单位：%

年份	民营企业数量占比	民营企业资产占比	国有企业数量占比	国有企业资产占比
1999	34.29	18.40	53.54	65.84
2000	36.81	20.08	50.66	64.42
2001	40.77	22.72	45.01	60.59
2002	46.04	25.82	39.55	57.51

年份	民营企业数量占比	民营企业资产占比	国有企业数量占比	国有企业资产占比
2003	50.56	29.47	33.74	52.02
2004	55.10	36.04	26.81	41.44
2005	61.79	41.39	19.31	33.62
2006	65.02	44.68	16.81	31.61
2007	69.30	46.98	11.87	28.55
2008	70.14	48.99	8.81	23.83
2009	55.37	25.94	4.61	16.57
2010	70.31	43.21	9.78	29.82
2011	64.39	43.47	9.47	27.16
2012	53.66	41.37	—	—
2013	70.62	52.82	8.69	24.24

三　中国僵尸企业的绩效特征

僵尸企业的经营能力、生产能力和盈利能力都低于正常企业，但杠杆、风险却高于正常企业。

从表2.5可以看出，1999～2013年，僵尸企业的平均利润率（-6.84%）和资产回报率（-2.28%）均为负，且都显著低于同期正常企业（4.53%和12.05%）。这反映出僵尸企业的经营绩效极差。

理论上讲，银行为经营不佳尤其是亏损企业提供融资时会显得尤为谨慎，要求更高的风险溢价，但矛盾的是，僵尸企业的杠杆率为84.66%，远高于正常企业（55.54%），但其利息率（1.21%）却远低于正常企业（3.57%）。由此可见，僵尸企业的利润率和资产回报率更低，却以更低的成本吸收了大量金融资源，银行对低效率僵尸企业的倾斜使信贷资源没有得到最优配置。

僵尸企业的偿付能力低且财务风险高，理论上获得的商业信用规模应低于正常企业，但事实上僵尸企业的应付账款占负债的比例和杠杆率都高于正常企业,因此,我们有理由推测僵尸企业的高应付账款更具有债务支付拖欠性质。

表 2.5 1999~2013 年正常企业和僵尸企业的绩效特征

单位:%

企业状态	平均利润率	资产回报率	杠杆率	利息率	应付账款占负债的比例
正常企业	4.53	12.05	55.54	3.57	9.83
僵尸企业	-6.84	-2.28	84.66	1.21	10.03

第三章　僵尸企业成因的理论分析

本章先构建了一个包含破产风险、有限责任和经济不确定性的理论模型，用以刻画银行处理坏账的决策。① 如果银行的坏账被推迟处理，与该坏账对应的借款企业就成为僵尸企业。最后，运用比较静态分析的方法，探讨了银行竞争如何影响僵尸企业的生成。

第一节　基本设定

假设一个没有跨期折现的 2 期模型（ $t = 1$ ，2），风险中性、承担有限责任的银行选择股东利益最大化决策。银行有面值为 D 的负债需要在 $t = 2$ 期偿还， $0 < D < 1$ 。银行对企业的全部贷款标准化为 1。在 $t = 1$ 期，银行获知有 θ 的贷款成为坏账，在 $t = 2$ 期不能收回本金； $1 - \theta$ 的良质贷款能够在第 2 期收回本金和利息 $(1 - \theta)(1 + i)$ ，其中 i 是利率。我们将与坏账相对应的借款企业定义为"低资质企业"。

在 $t = 1$ 期获知坏账 θ 后，银行做出是否当期处理坏账的决策。如果 $t = 1$ 期处理坏账，则能收回 $\rho\theta$ ，其中 $0 < \rho < 1$ 。此时，与坏账相对应的"低资质企业"因被清理而退出市场，不会成为僵尸企业。 $(1 - \rho)\theta$ 代表了处理坏账或者"低资质企业"会给银行造成的实际利润损失。例如，Berglöf 和 Roland （1997）的研究表明，当银行自身已经受到硬预算约束且有外部选择时，现有贷款中沉没成本的存在可能会进一步导

---

① 虽然中国几乎未出现过银行破产或者违约案例，但诸多理论和实证研究仍然会把（潜在的）银行破产或违约风险作为影响银行决策及金融系统稳定的重要因素（杨子晖、李东承，2018；李天宇等，2017）。

致软预算约束。又如，张一林和蒲明（2018）在讨论银行对企业是否进行债务展期和结构性去杠杆时表明，尽管银行对企业去杠杆（收回贷款）会降低企业的杠杆率，但也会降低企业的资产价值。破产清算的回收率较低，清算损失 $1-\rho$ 往往较高。Djankov 等（2008）的研究表明，中国的破产过程平均持续时间为 1.79 年，破产成本（包括诉讼费、律师费、审计费等）约占资产的 22%，破产效率为 43.6%（即产生 56.4% 的价值损失）。

然而，文献表明，迫于《巴塞尔协议》或其他监管政策对资本充足率的要求，银行会推迟处理"低资质企业"从而隐藏损失，避免资本充足率降低甚至破产风险（Caballero et al.，2008；Bruche and Llobet，2014）。Sakuragawa（2002）也指出，银行在不透明的会计系统下有动机伪装其真实的资产负债表以满足《巴塞尔协议》的最低资本要求。在这种情况下，没有足够贷款损失准备的银行试图推迟处理不良贷款，以避免在会计意义上减少自己的资本。赵昌文和朱鸿鸣（2017）也指出，银行在经济下行和风险暴露期，基于当期业绩考核压力和资本充足率监管压力，倾向于放宽不良贷款确认标准，只要企业仍在偿付利息，即便已经丧失还本的能力，其贷款仍不会被纳入不良贷款。因此，银行有动机通过"常青贷款"维持僵尸企业，因为一旦清理僵尸企业，则不得不将其对应贷款计入不良贷款。另外，根据实物期权理论，在经济不确定性较高的情况下，银行也有动机推迟处理"低资质企业"，"赌一把"这些企业能够因经济复苏或政府救助而扭转较差的经营状态，从而避免清算损失（Baba，2001；Bruche and Llobet，2014）。Baba（2001）使用实物期权理论，指出与积极清理坏账相比，未来的不确定性增加了银行观望策略的期权价值，诱使银行延迟注销不良贷款。这种不确定性主要有四个来源：一是银行通过注销来释放资金进行再投资的回报大小，也就是银行延迟注销不良贷款的机会成本高低；二是企业清算损失不确定，日本企业的主要贷款抵押品是土地，土地价格的不确定性直接影响了企业清算损失；三是可能实施的政府补贴计划；四是不立即注销不良贷款带来的声誉影响，这会导致筹资成本的上升。这些都充满了不确定性，促使银行延迟注销不良贷款。

所以，本节假设如果坏账在 $t = 1$ 期不被立即处理，则被推迟到 $t = 2$ 期处理。在第 2 期，市场分别以 P 的概率处于"好年景"和 $1 - P$ 的概率处于"坏年景"。处于"好年景"时，银行能收回 $R_H\theta$ 的坏账；处于"坏年景"时，银行能收回 $R_L\theta$ 的坏账。R_H（R_L）包括两部分：一是企业自身经营导致的偿还比例 R_{HM}（R_{LM}），二是政府补贴或隐性担保导致的偿还比例 R_{HG}（R_{LG}）。为不失一般性，可以假设不论"好年景"还是"坏年景"，政府向借款企业提供相同的补贴或者隐性担保，即 $R_{LG} = R_{HG} = R_G$。银行能够收回坏账的比例是两部分的和，即：

$$R_H = R_{HM} + R_G \tag{3.1}$$

$$R_L = R_{LM} + R_G \tag{3.2}$$

其中 $0 < R_{LM} < R_{HM} < 1$，即使在"好年景"时银行也不能收回全部坏账，说明与这笔坏账相对应的借款企业盈利能力已经很差，即使市场好转也还不上借款本金。R_{LM} 和 R_{HM} 的高低，是影响银行决策的重要因素。$R_G \geq 0$，说明政府的补贴或隐性担保能够提高银行坏账的收回比例，进而影响银行对待僵尸企业的态度（如后文所示）。

为了更严格地定义"低资质"借款企业和僵尸企业，令 $R_L < \rho < R_H < 1$ 和 $E[R] < \rho$。其中，$E(R) = PR_H + (1 - P)R_L$。$R_L < R_H < 1$ 意味着即使有政府的补贴或隐性担保，银行仍然不能完全收回企业的坏账。$R_L < \rho < R_H$ 意味着，虽然"坏年景"时第 2 期的收回比例低于第 1 期处理坏账时的收回比例，但"好年景"时第 2 期的收回比例高于第 1 期处理坏账时的收回比例，这为银行推迟坏账"赌一把"的行为提供了最基本的动机。$E[R] < \rho$ 意味着第 2 期的预期收回比例低于第 1 期处理坏账时的收回比例，把坏账推迟到第 2 期有损社会效率。银行的坏账

被推迟处理，则与该坏账相对应的借款企业就成为僵尸企业。

第二节　银行对坏账的处理与僵尸企业的生成

一　银行处理坏账时的价值

用 V^F 表示处理全部坏账时银行的价值。如果在第 1 期的期末，银行处理全部坏账，则第 2 期期末的预期收益为 $(1-\theta)(1+i)+\theta\rho$，考虑到银行破产风险和有限责任，银行价值为：

$$V^F = \max[(1-\theta)(1+i)+\theta\rho-D, 0] \tag{3.3}$$

当 $\theta = \hat{\theta} = \dfrac{(1+i)-D}{(1+i)-\rho}$ 时，$(1-\theta)(1+i)+\theta\rho-D=0$。那么，若 $\theta < \hat{\theta}$，$V^F = (1-\theta)(1+i)+\theta\rho-D$；若 $\theta \geqslant \hat{\theta}$，$V^F = 0$。

二　银行不处理坏账时的价值

当银行在 $t=1$ 期不立即处理坏账，而到 $t=2$ 期才处理时，市场分别以 P 和 $1-P$ 的概率处于"好年景"和"坏年景"。"好年景"时，银行能收回 $R_H\theta$ 的坏账；"坏年景"时，银行能收回 $R_L\theta$ 的坏账。

用 $V^G = P \times \max[(1-\theta)(1+i)+\theta R_H-D, 0] + (1-P) \times \max[(1-\theta)(1+i)+\theta R_L-D, 0]$ 表示这一情形下银行的价值。同时，考虑以下三种不同银行坏账率的情形。

（一）银行坏账率较低的情形，$\theta < \underline{\theta}$

银行坏账率低到一定程度时，如果不处理坏账，即使遇到"坏年景"也能够避免破产清算，这需要满足 $(1-\theta)(1+i)+\theta R_L > D$，即：

$$\theta < \underline{\theta} = \frac{(1+i)-D}{(1+i)-R_L} \tag{3.4}$$

此时，银行的价值为：

$$V^G_{\theta < \underline{\theta}} = P \times [(1-\theta)(1+i) + \theta R_H - D] + (1-P)[(1-\theta)(1+i) + \theta R_L - D]$$
$$= (1-\theta)(1+i) + \theta E[R] - D$$

$$(3.5)$$

（二）银行坏账率较高的情形，$\theta > \overline{\theta}$

银行坏账率高到一定程度时，如果不处理坏账，即使遇到"好年景"也不能避免破产清算，这需要满足 $(1-\theta)(1+i) + \theta R_H < D$，即：

$$\theta > \overline{\theta} = \frac{(1+i) - D}{(1+i) - R_H} \tag{3.6}$$

此时，银行的价值为：

$$V^G_{\theta > \overline{\theta}} = P \times 0 + (1-P) \times 0 = 0 \tag{3.7}$$

（三）银行坏账率的"中间情形"，$\underline{\theta} < \theta < \overline{\theta}$

当 $\underline{\theta} < \theta < \overline{\theta}$ 时，如果遇到"好年景"，银行第 2 期的预期收益足以偿还债务，能够避免破产清算；如果遇到"坏年景"，银行第 2 期的收益不足以支付债务 D，会被破产清算。因此，银行的价值为：

$$V^G_{\underline{\theta} < \theta < \overline{\theta}} = P \times [(1-\theta)(1+i) + \theta R_H - D] + (1-P) \times 0$$
$$= P[(1-\theta)(1+i) + \theta R_H - D]$$

$$(3.8)$$

三　银行是否处理坏账的决策与僵尸企业的生成

本部分比较了处理坏账时的银行价值 V^F 和不处理坏账时的银行价值 V^G，从而做出价值最大化的决策。

（一）银行坏账率较低的情形，$\theta < \underline{\theta}$

因为 $R_L < \rho < R_H$，故 $\hat{\theta} > \underline{\theta}$，$V^F_{\theta < \underline{\theta}} = (1-\theta)(1+i) + \theta\rho - D$。又因为 $E[R] < \rho$，所以：

$$V^F_{\theta < \underline{\theta}} > V^G_{\theta < \underline{\theta}} = (1-\theta)(1+i) + \theta E[R] - D \tag{3.9}$$

当 $\theta < \underline{\theta}$ 时，处理坏账的银行价值 $V_{\theta<\underline{\theta}}^{F}$ 高于不处理坏账的银行价值 $V_{\theta<\underline{\theta}}^{G}$。故而银行的最优决策是在第 1 期处理银行坏账。在这种情形下，与坏账相对应的"低资质企业"因被银行清理而退出市场，不会成为僵尸企业。

（二）银行坏账率较高的情形，$\theta > \bar{\theta}$

因为 $R_L < \rho < R_H$，故 $\hat{\theta} < \bar{\theta}$，$V_{\theta>\bar{\theta}}^{F} = V_{\theta>\bar{\theta}}^{G} = 0$。此时，不论银行第 1 期是否处理坏账，其价值都为 0。我们假定，处理坏账还会带来额外的非货币性损失，则银行的最优决策是第 1 期不处理坏账。在这种情形下，与坏账相对应的"低资质企业"在 $t = 1$ 期不被清除，成为僵尸企业。

（三）银行坏账率的"中间情形"，$\underline{\theta} < \theta < \bar{\theta}$

当 $\hat{\theta} < \theta < \bar{\theta}$ 时，$V_{\underline{\theta}<\theta<\bar{\theta}}^{G} = P[(1 - \theta)(1 + i) + \theta R_H - D] > 0$，而 $V_{\underline{\theta}<\theta<\bar{\theta}}^{F} = 0$。故而银行的最优决策是第 1 期不处理坏账。

当 $\underline{\theta} < \theta < \hat{\theta}$ 时，$V_{\underline{\theta}<\theta<\bar{\theta}}^{G} = P[(1 - \theta)(1 + i) + \theta R_H - D] > 0$，$V_{\underline{\theta}<\theta<\bar{\theta}}^{F} = (1 - \theta)(1 + i) + \theta\rho - D > 0$。令 $V_{\underline{\theta}<\theta<\bar{\theta}}^{G} = V_{\underline{\theta}<\theta<\bar{\theta}}^{F}$，则可以得到临界值：

$$\theta^{*} = \frac{(1 - P)(1 + i - D)}{(1 + i - \rho) - P(1 + i - R_H)} \tag{3.10}$$

如图 3.1 所示，若 $\theta \in (\theta^{*}, \bar{\theta})$，$V_{\underline{\theta}<\theta<\bar{\theta}}^{G} > V_{\underline{\theta}<\theta<\bar{\theta}}^{F}$，银行的最优决策是第 1 期不处理坏账，"低资质企业"成为僵尸企业。若 $\theta \in (\underline{\theta}, \theta^{*})$，$V_{\underline{\theta}<\theta<\bar{\theta}}^{G} < V_{\underline{\theta}<\theta<\bar{\theta}}^{F}$，银行的最优决策是第 1 期处理坏账，"低资质企业"被清除。

（四）小结：影响银行处理坏账的因素

综上，如图 3.1 所示，银行是否在第 1 期处理坏账，取决于其坏账率 θ 与坏账率临界值 θ^{*} 的关系。

$$T(\theta) = \begin{cases} 0 & \exists\, \theta \geqslant \theta^{*} \\ 1 & \exists\, \theta < \theta^{*} \end{cases} \tag{3.11}$$

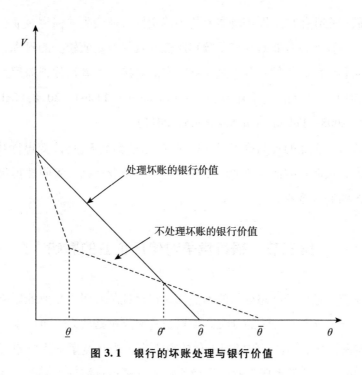

图 3.1 银行的坏账处理与银行价值

也就是说,当 $\theta \geqslant \theta^*$ 时,银行的最优决策是第 1 期不处理坏账,$T(\theta) = 0$,"低资质企业"继续存活,成为僵尸企业;当 $\theta < \theta^*$ 时,银行的最优决策是第 1 期处理坏账,$T(\theta) = 1$,"低资质企业"退出市场。

由式(3.10)可知,θ^* 取决于市场遇到"好年景"的概率 P、第 2 期"好年景"时的坏账收回率 R_H、第 1 期处理坏账时的回收率 ρ、借贷利息率 i 以及银行自身的杠杆率 D。

(五)讨论:市场、政府与僵尸企业的生成

$\dfrac{\partial \theta^*}{\partial R_H} < 0$,意味着其他条件给定时,$R_H$ 越高,临界值 θ^* 越低。也就是说,第 2 期"好年景"时的坏账收回率越高,银行越有可能在第 1 期不处理坏账,相对应的借款企业更有可能变成僵尸企业。由式(3.1)可知,$R_H = R_{HM} + R_G$。R_{HM} 是市场在"好年景"时企业自身经营导致的偿还比。当 $\rho < R_{HM}$ 时,即使没有政府补贴或隐性担保($R_G = 0$),仍然

会有僵尸企业生成，即市场本身的不确定性特征会生成僵尸企业。这就解释了为什么在政府对经济干预程度低并且国有企业较少的日本、欧美等国家和地区，僵尸企业也是长期存在的顽疾，学者往往把僵尸企业的生成归因于银行的"暗中救助"（Bruche and Llobet，2014；Caballero et al.，2008；Fukuda and Nakamura，2011）。

政府对企业的补贴或者隐性担保 R_G 通过影响 R_H 而改变银行对坏账的态度，从而影响僵尸企业的生成。更高的企业补贴或者隐性担保会生成更多的僵尸企业。

第三节　银行竞争对僵尸企业的影响

本节通过比较静态分析的方法探讨银行竞争对僵尸企业的影响。假定银行坏账 θ 服从一定的分布，其累积概率分布函数为 $G(\theta \mid \tau)$，其中 τ 代表银行竞争。在一阶随机占优的意义上，银行竞争 τ 影响银行坏账 θ 的分布。若"低资质企业"形成的坏账不被银行清理，那么这些企业得以继续存活从而变成僵尸企业。因此，结合式（3.10）给出的临界值和式（3.11）给出的决策方程，经济中僵尸企业的数量占比（或者借款企业成为僵尸企业的概率）为：

$$P(\theta > \theta^* \mid \tau) = 1 - G(\theta^* \mid \tau) \tag{3.12}$$

由式（3.12）可知，给定银行竞争程度 τ，借款企业成为僵尸企业的概率或者经济中僵尸企业的数量占比取决于两个因素：银行坏账（或者说"低资质企业"）的概率分布特征 $G(\cdot \mid \tau)$ 和银行坏账（或者说"低资质企业"）不被处理的临界值 θ^*。由此，本节将从"分布效应"和"临界值效应"两个角度探讨银行竞争对僵尸企业的影响。

一　银行竞争的"积极面"：负的"分布效应"

"竞争-稳定论"认为，银行竞争一方面可以提高银行贷款的供给、缓解企业的融资约束，另一方面可以加强银行对贷款的筛查和对企业经营的监督（Jayaratne and Strahan，1996），优化资源配置（Levine，2005），还可以减少借款方的风险行为（Boyd and De Nicoló，2005），从而提高企业投资效率、增强企业盈利能力和降低企业财务风险，减少"低资质企业"的生成和坏账的出现。Boyd 和 De Nicoló（2005）的模型表明，随着银行市场变得更加集中，银行利用其市场力量收取更高的贷款利率，而这增加了借款人破产的可能性，因此借款人会增强对风险项目投资的偏好。所以在均衡状态下，缺乏竞争可能导致银行稳定性降低。

给定 θ^*，$G(\theta^* \mid \tau)$ 越大，表示 $\theta > \theta^*$ 的概率越小，也就意味着企业成为"低资质企业"的概率越低。因此，我们假定在一阶随机占优的意义上，银行竞争 τ 影响银行坏账 θ 的分布，即 $\dfrac{-\partial G(\theta^* \mid \tau)}{\partial \tau} < 0$。

"低资质企业"的存在是僵尸企业生成的前提条件，银行的"帮助之手""监督之手""筛查之手"从资质条件角度降低了企业"僵尸化"的可能性，"分布效应"为负，这是其"积极面"。

二　银行竞争的"消极面"：正的"临界值效应"

"竞争-脆弱论"表示，过度的银行竞争会导致风险增加。如 Keeley（1990）认为，20 世纪 80 年代美国大批银行倒闭，部分原因就是银行业竞争的加剧。他指出，银行在决策是否实施风险项目时，会比较预期收益与失败时失去的特许权价值（Charter Value）。特许权价值是指银行由于金融约束、特许经营等原因，未来能获得的预期租金，它代表了破产的机会成本。Keeley（1990）认为，具有市场势力的银行租金较高，因此特许权价值较高，这导致破产时较高的机会成本，从而减少了风险行为。然而竞争的加剧导致特许权价值下降，从而使得风险行为增加。Demsetz 等（1996）、Salas 和 Saurina（2003）也发现，更高的特许权价值与更高的资本持有量和更低的风险水平相关。Gan（2004）使用得克萨斯州的房地产危机作为外生冲击，发现竞争降低了特许权价值，从而导致储蓄机构中的冒险行为。

Jayaratne 和 Strahan（1996）、Rice 和 Strahan（2010）认为，竞争可以降低银行的贷款利率，在模型中即 $\dfrac{\partial i}{\partial \tau} < 0$。于是，银行竞争对临界值 θ^* 的边际影响可以表示为：

$$\frac{\mathrm{d}\theta^*}{\mathrm{d}\tau} = \frac{\partial \theta^*}{\partial i} \times \frac{\partial i}{\partial \tau} = \frac{\partial i}{\partial \tau} \frac{(1-P)[(R_H - \rho) - (1-P)(R_H - D)]}{[(1+i-\rho) - P(1+i-R_H)]^2} \quad (3.13)$$

由 $\theta^* < 1$，即 $\dfrac{(1-P)(1+i-D)}{(1+i-\rho) - P(1+i-R_H)} < 1$ 可知，$PR_H > \rho - (1-P)D$。此时，$\dfrac{\mathrm{d}\theta^*}{\mathrm{d}\tau} < 0$，银行竞争降低了银行推迟处理坏账的临界值 θ^*，增加了"低资质企业"成为僵尸企业的概率。给定 θ 的分布特征 $G(\theta \mid \tau)$，银行竞争的"临界值效应"为正，即既定"低资质企业"更容易变成僵尸企业，这是银行竞争的"消极面"。竞争压力迫使银行采取拖延处理问题企业的高风险行为，这支持了"竞争-脆弱论"。

为了更清晰地阐明银行竞争影响临界值 θ^* 的机制，以具有典型性的银行坏账率的"中间情形"（$\underline{\theta} < \theta < \bar{\theta}$）为例进行分析。此时，$V^G_{\underline{\theta}<\theta<\bar{\theta}} = P[(1-\theta)(1+i) + \theta R_H - D] > 0$，$V^F_{\underline{\theta}<\theta<\bar{\theta}} = (1-\theta)(1+i) + \theta\rho - D > 0$。在此情形下，不处理坏账的银行价值 $V^G_{\underline{\theta}<\theta<\bar{\theta}}$ 和处理坏账的银行价值 $V^F_{\underline{\theta}<\theta<\bar{\theta}}$ 的差值可以表示为：

$$V^G_{\underline{\theta}<\theta<\bar{\theta}} - V^F_{\underline{\theta}<\theta<\bar{\theta}} = -(1-P)(1-\theta)(1+i) + \theta(PR_H - \rho) + (1-P)D$$

$$(3.14)$$

$V^G_{\underline{\theta}<\theta<\bar{\theta}} - V^F_{\underline{\theta}<\theta<\bar{\theta}}$ 也可以理解为相对于处理坏账，不处理坏账所导致的银行价值提升（或者处理坏账的机会成本）。$V^G_{\underline{\theta}<\theta<\bar{\theta}} - V^F_{\underline{\theta}<\theta<\bar{\theta}}$ 由三部分构成。（1）$-(1-P)(1-\theta)(1+i)$ 表示"良质贷款的价值损失"。在

$t = 2$ 期，市场以 $1 - P$ 的概率处于"坏年景"，银行因只能收回 $R_L\theta$ 的坏账而被破产清算，此时良质贷款及其利息收益 $(1 - \theta)(1 + i)$ 归属于银行的债权人而非股东。（2）$\theta(PR_H - \rho)$ 表示"银行坏账的价值增加"。在 $t = 2$ 期，市场以 P 的概率处于"好年景"，银行因收回 $R_H\theta$ 的坏账而避免被破产清算，所以 $PR_H - \rho$ 表示推迟处理坏账后，坏账收回率因"好年景"而增加。（3）$(1 - P)D$ 表示"银行有限责任的价值"。处理坏账时，银行确定性地完全偿还 D，而不处理坏账时，只有在"好年景"时才完全偿还 D，"坏年景"时破产清算承担有限责任。

给定 θ 的分布特征 $G(\theta \mid \tau)$，只有当 $V^G_{\underline{\theta} < \theta < \bar{\theta}} - V^F_{\underline{\theta} < \theta < \bar{\theta}} > 0$ 或者说 $\theta > \theta^*$ 时，银行的最优决策是 $t = 1$ 期不处理坏账。由于 $\frac{\partial i}{\partial \tau} < 0$，银行竞争程度越高，不处理坏账所造成的"良质贷款的价值损失"越低。而"银行坏账的价值增加"和"银行有限责任的价值"本身并不受 i 和银行竞争的影响。因此，银行竞争程度提高能够降低"良质贷款的价值损失"，进而提高 $V^G_{\underline{\theta} < \theta < \bar{\theta}} - V^F_{\underline{\theta} < \theta < \bar{\theta}}$ 的值，$V^G_{\underline{\theta} < \theta < \bar{\theta}} - V^F_{\underline{\theta} < \theta < \bar{\theta}} > 0$ 的条件更容易得到满足，使 $V^G_{\underline{\theta} < \theta < \bar{\theta}} = V^F_{\underline{\theta} < \theta < \bar{\theta}}$ 成立的临界值 θ^* 更低。因此，银行竞争具有正的"临界值效应"，使得坏账更容易不被处理，既定"低资质企业"更容易变成僵尸企业。

三 银行竞争的净效应：理论上不确定

综合"分布效应"和"临界值效应"，银行竞争影响僵尸企业的净效应可以表示为：

$$\frac{dP(\theta > \theta^* \mid \tau)}{d\tau} = \frac{d[1 - G(\theta^* \mid \tau)]}{d\tau} = \left[-\frac{\partial G(\theta^* \mid \tau)}{\partial \tau} \right] + \left[-\frac{\partial G(\theta^* \mid \tau)}{\partial \theta^*} \times \frac{d\theta^*}{d\tau} \right]$$

$$(3.15)$$

银行竞争影响僵尸企业的净效应是"分布效应"和"临界值效

应"之和。由于"分布效应"$\dfrac{-\partial G(\theta^* \mid \tau)}{\partial \tau}$ 为负，以及"临界值效

应"$-\dfrac{\partial G(\theta^* \mid \tau)}{\partial \theta^*} \times \dfrac{\mathrm{d}\theta^*}{\mathrm{d}\tau}$ 为正，净效应从理论上看并不确定，其正负取决

于"分布效应"和"临界值效应"的相对大小。也就是说，此时银行竞争对僵尸企业生成概率有不确定的影响，需要利用数据进行实证检验。

第四章 银行竞争与僵尸企业生成

根据第三章的理论，本章从城市层面银行竞争的角度探讨了银行在僵尸企业生成过程中发挥的作用。实证结果发现，加强城市层面的银行竞争，有利于减少僵尸企业。本章又分别从企业层面的僵尸企业生成和城市层面的僵尸企业占比两个维度给出了证据。

首先，银行竞争从两个方面影响企业层面的僵尸企业生成。本章根据 FN-CHK 的通行方法将僵尸企业定义为丧失盈利能力、财务风险高却能够依靠外部融资存活下来的企业。具体来说，如图 4.1 所示，将盈利能力差、杠杆高的企业定义为"低资质企业"（与此相对应的是银行坏账），如果这些企业因得到银行的"利息补贴"或"常青贷款"而持续经营，不退出市场（与此相对应的是银行推迟处理坏账），则成为僵尸企业。那么，银行竞争从两个方面影响僵尸企业的生成。从其"积极面"来讲，银行竞争指数每提高 1 个单位，企业 ROA 提高 0.330 个百分点，杠杆率降低 2.480 个百分点，从而成为"低资质企业"的概率下降了 0.416 个百分点。银行竞争从资质条件角度降低了企业"僵尸化"的可能性。但是，因为影响因素众多且复杂，银行竞争并不能够完全阻止"低资质企业"的产生。当给定企业已经丧失盈利能力、资不抵债（坏账已经发生）时，本章发现，银行竞争每提高 1 个单位，银行给既定"低资质企业"提供"利息补贴"的概率提高 2.113 个百分点，提供"常青贷款"的概率提高 1.819 个百分点。因此，银行竞争提高了既定"低资质企业"成为僵尸企业的可能性，这是其"消极面"。综合"积极面"和"消极面"的效果，虽然银行竞争提高了既定"低资质企业"成为僵尸企业的概率，但降低了企业成为"低资质企业"的概率。

因此，从净效应来看，银行竞争每提高 1 个单位，企业成为僵尸企业的概率降低 0.246 个百分点。

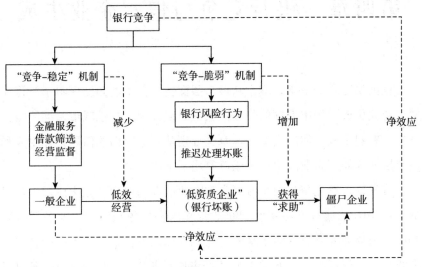

图 4.1　银行竞争与僵尸企业关系

其次，银行竞争影响城市层面的僵尸企业占比。银行竞争每提高 1 个单位，该市僵尸企业数量占企业总数量的比例降低 0.200 个百分点，僵尸企业负债占企业总负债的比例降低 0.156 个百分点。这与银行竞争影响企业层面僵尸企业生成的证据一致。同时，银行竞争每提高 1 个单位，僵尸企业的平均负债规模提高 0.224 个百分点。这说明，竞争的加剧促使银行对僵尸企业 "抓大放小"。

本章的贡献主要体现在三个方面。第一，推进了银行与僵尸企业关系的研究。首先，本章从银行竞争的角度回答了银行在中国僵尸企业生成过程中的作用以及作用机制。银行对僵尸企业的产生发挥了关键的作用（Bruche and Llobet，2014；Caballero et al.，2008；Fukuda and Nakamura，2011），但现有文献在研究中国僵尸企业问题时，往往关注政府政策的作用（申广军，2016），忽视了对银行作用的探讨。虽然张一林和蒲明（2018）结合经济不确定性下的债务展期和结构性去杠杆，从理论模型上研究了银行与僵尸企业的关系，但缺乏中国背景下的实证研究。与张一林和蒲明（2018）聚焦于经济不确定性构建的银行决策模型不同，本章的银行决策模型同时包含了有限责任、破产风险和经济不确定性，聚焦于竞争如何影响银行处理僵尸企业。并且，本章实证检验了银行竞争对僵尸企业的影响及其机制，是对僵尸企业相关文献的重要补充。其次，既然银行对僵尸企业的产生发挥了关键的作用，那么，如何通过银行抑制僵尸企业的产生呢？Bruche 和 Llobet（2014）从监管者的角度提出了一系列银行监管措施，引导银行披露和处理不良贷款。本章从市场结构的角度认为，加强银行竞争有利于减少僵尸企业。

第二，本章增进了人们对银行竞争利弊的理解。关于银行竞争如何影响经济和金融的稳定，"竞争-稳定论"和"竞争-脆弱论"在实证上各有拥趸（Corbae and Levine，2018）。这些文献有两个特征：首先，每个研究只支持其中一个理论，而否定另一个，在实证结果上"互斥"；其次，可能这两个理论适用的情境不一样，并非本质上"互斥"，然而研究对象不同导致文献之间缺乏可比性。本章以僵尸企业为研究对象，在统一的框架内同时探讨了这两个理论，并且本章的实证结果同时支持了这两个理论。银行竞争降低了企业成为"低资质企业"的概率，这支持"竞争-稳定论"；银行竞争提高了"低资质企业"成为僵尸企业的概率，这支持"竞争-脆弱论"；银行决策的不同阶段有不同的出发点，适用不同的理论。本章是对银行竞争文献的重要补充。

第三，本章具有重要的政策意义。首先，淘汰僵尸企业虽然重要且紧迫，但政策工具的选择需要谨慎，尽量缩小行政干预的空间，增强市场的自我出清能力。从本章的实证结果可以推论出，完善金融市场建设，提高金融业的竞争程度，是用市场化手段清理僵尸企业的可行路径。其次，竞争是把"双刃剑"（Corbae and Levine，2018），"兴一利必生一弊"，虽然提高中国银行业（或金融业）的竞争程度是大势所趋，但既要充分利用竞争的"积极面"（贾春新等，2008；黄隽、汤珂，2008；方芳、蔡卫星，2016），也要及时防范其"消极面"。本章既探讨了银行竞争的"消极面"，对中国的金融监管有一定的指导意义，又探讨了银行竞争的"积极面"和净效应，有利于增强中国坚持金融开放和金融业竞争的信心。

第一节　实证模型构建和指标设定

理论模型表明，银行竞争对僵尸企业的影响具有不确定性，因此需要利用实证方法进一步研究。本章从企业层面的僵尸企业生成和城市层面的僵尸企业占比两个维度实证探讨银行竞争的影响。

一　模型构建：银行竞争与企业层面的僵尸企业生成

首先，实证考察银行竞争通过"分布效应"影响"低资质企业"的生成。企业是否被识别为"低资质企业"，取决于其绩效表现：

$$Performance_{ict} = \alpha_0 + \alpha_1 BkCmpt_{ct} + \alpha_2 X_{ict} + \alpha_3 Z_{ct} + \delta_t + \sigma_i + \varepsilon_{ict} \qquad (4.1)$$

式（4.1）中的下标 i 是企业，c 是企业所在城市，t 是年份。被解释变量 $Performance_{ict}$ 指企业的经营绩效，可用企业利润率 ROA_{ict} 或者杠杆率 Lev_{ict} 表示。$BkCmpt_{ct}$ 指企业所在城市 c 在年度 t 的银行竞争程度，是本章的主要解释变量。X_{ict} 和 Z_{ct} 分别控制了企业层面和城市层面随时间变化的因素。δ_t 是年份固定效应，控制宏观经济波动的影响；σ_i 是企业层面固定效应，控制不随时间变化的企业特征。α_1 是本章的核心系数，当被解释变量为 ROA_{ict} 时预期符号为正，当被解释变量为 Lev_{ict} 时预期符号为负。

将息税前利润低于最低利息支付、杠杆率高于50%的企业定义为"低资质企业"，用虚拟变量 $BadP_{ict}$ 表示，这样的企业杠杆率高、盈利能力差，容易形成银行坏账。计量模型为：

$$\Pr(BadP_{ict} = 1) = \beta_0 + \beta_1 BkCmpt_{ct} + \beta_2 X_{ict} + \beta_3 Z_{ct} + \delta_t + \sigma_i + \varepsilon_{ict} \qquad (4.2)$$

式（4.2）中，核心系数是 β_1，预期符号为负。

其次，实证考察银行竞争通过"临界值效应"对既定"低资质企业"获得"利息补贴"或"常青贷款"的概率的影响：

$$\mathrm{Pr}(Favor_{ict} = 1 \mid BadP_{ict} = 1) = \gamma_0 + \gamma_1 BkCmpt_{ct} + \gamma_2 X_{ict} + \gamma_3 Z_{ct} + \delta_t + \sigma_i + \varepsilon_{ict}$$

$$(4.3)$$

式（4.3）中，$\mathrm{Pr}(Favor_{ict} = 1 \mid BadP_{ict} = 1)$ 表示，在给定企业已经是"低资质企业"（$BadP_{ict} = 1$）时，其受到银行"救助"的可能性（$Favor_{ict} = 1$）。当然，银行的"救助"既可以通过"利息补贴"（$InS_{ict} = 1$），也可以通过"常青贷款"（$EgL_{ict} = 1$）的形式进行。γ_1 是核心系数，根据式（3.13）的理论预测，其符号为正。

如果银行不处理坏账，则"低资质企业"可以依靠"利息补贴"或"常青贷款"存活，成为僵尸企业。银行竞争对僵尸企业的影响具有不确定性，取决于"分布效应"和"临界值效应"相互结合后的净效应：

$$\mathrm{Pr}(Zombie_{ict} = 1) = \varphi_0 + \varphi_1 BkCmpt_{ct} + \varphi_2 X_{ict} + \varphi_3 Z_{ct} + \delta_t + \sigma_i + \varepsilon_{ict} \qquad (4.4)$$

式（4.4）中，φ_1 是核心系数，符号不确定。

二　模型构建：银行竞争与城市层面的僵尸企业占比

本章的核心解释变量是城市层面的银行竞争，因此进一步将被解释变量拓展到城市加总层面：

$$ZombieCh_{ct} = \phi_0 + \phi_1 BkCmpt_{ct} + \phi_2 Z_{ct} + \delta_t + \theta_c + \varepsilon_{ict} \qquad (4.5)$$

式（4.5）中，$ZombieCh_{ct}$ 表示 c 城市 t 年度的僵尸企业的加总特征。本章分别用僵尸企业的数量占该市企业总数量的比例（$ZbNumP_{ct}$）、僵尸企业的负债占该市企业总负债的比例（$ZbDebtP_{ct}$）以及该市僵尸企业的平均负债（$ZbAvgDebt_{ct}$）表示。Z_{ct} 控制随城市和时间变化的经济变量；δ_t 是时间固定效应，控制年度的宏观经济特征；θ_c 是城市固定效应，控制不随时间变化的城市特征。ϕ_1 是核心系数。

三 指标设定

本章的核心解释变量 $BkCmpt_{ct}$ 为城市 c 年度 t 的银行竞争水平。参考贾春新等（2008）、方芳和蔡卫星（2016）、张杰等（2017）以及 Chong 等（2013）的做法，银行竞争用该城市不同银行的分支机构数量的集中度表示，即 $BkCmpt_{ct} = 1 - HHI_{ct}$。$HHI_{ct}$ 是银行分支机构的赫芬达尔指数，代表了银行业的集中度。$1 - HHI_{ct}$ 越高，表明银行竞争越激烈。数据来自中国银监会发布的全部金融机构金融许可证信息，包括金融机构的名称、批准成立日期、地址以及发证日期等要素。由此，我们得到了国有商业银行、股份制商业银行、城市商业银行、农村商业银行、外资银行、邮政储蓄银行等银行的分支机构信息，并剔除了银行分支机构中不经营贷款业务的审批部门和居民储蓄部门。

式（4.1）至式（4.4）中，X_{ict} 为企业层面的控制变量，具体包括：企业规模（ln$Size$），以总资产的对数值来衡量；企业年龄（lnAge），越年轻的企业可能面临的竞争压力越大，相比具有声誉效应或者较稳定利润率的成熟企业而言，年轻企业得到银行"利息补贴"和"常青贷款"的可能性更低；所有权性质（SOE），当企业为国有企业时 $SOE = 1$；出口虚拟变量（$Export$），如果当年企业出口交货值大于 0 则 $Export = 1$。企业层面控制变量数据由 1998~2013 年中国工业企业数据库整理得到。变量的描述性统计结果如表 4.1 所示。

Z_{ct} 是城市层面的控制变量，具体包括 GDP 增长速度（GDP_Growth）、人均 GDP 对数值（ln$GDPperCapita$）、第二产业占 GDP 份额（$Ind2$）、固定资产投资占 GDP 份额（$Invest$）、外商直接投资占 GDP 份额（FDI）、财政支出占 GDP 份额（$FiscalExp$）。变量的描述性统计结果如表 4.1 所示。城市层面控制变量数据来源于 1999~2014 年《中国区域经济统计年鉴》。

为了保证结论的稳健性，本章还控制了省份与年份的交叉固定效应、行业与年份的交叉固定效应，以排除随省份和时间变化的变量、随行业和时间变化的变量的影响。

表 4.1　变量的描述性统计结果

类型		变量	样本量	均值	标准差	最小值	最大值
企业层面变量	全样本	Zombie	2719489	0.11	0.31	0	1
		ROA（%）	2718634	10.45	12.84	-1.76	38.62
		Lev（%）	2719489	46.36	25.91	5.52	84.23
		BadP	2719489	0.12	0.32	0	1
		lnSize	2719489	4.90	1.10	2.30	12.32
		lnAge	2719489	2.21	0.69	0.69	5.90
		SOE	2719489	0.03	0.18	0	1
		Export	2719489	0.26	0.44	0	1
	子样本（BadP=1）	EgL	314405	0.52	0.50	0	1
		InS	314405	0.78	0.41	0	1
城市层面变量		ZbNumP（%）	2996	14.00	10.60	0.12	59.18
		ZbDebtP（%）	2996	20.98	14.67	0.08	86.84
		ZbAvgDebt	2996	10.95	0.78	7.58	14.5
		BkCmpt（%）	2996	76.74	5.83	35.12	91.95
		IV（%）	2996	76.05	4.45	53.06	88.13
		lnGDPperCapita	2996	9.72	0.80	7.71	12.12
		GDP_Growth（%）	2996	12.76	4.54	-39.80	37.69
		Ind2（%）	2996	48.67	10.54	15.70	89.70
		Invest（%）	2996	49.14	22.37	5.32	146.88
		FDI（%）	2996	0.32	0.34	0.00	2.93
		FiscalExp（%）	2996	5.14	3.06	0.67	26.26

四　内生性与工具变量

在当前的金融监管体系下，中资商业银行的分行筹建申请由其总行提交给拟设地银监局，银监局受理并初步审查，最终由银监会审查并决定是否通过。获准筹建后，通常有半年左右的筹建期，其在筹建结束后的开业申请同样要由当地银监局审查批准。此外，新设立具有贷款功能的分支机构在营业场所、工作人员等方面需要进行较长时间的准备，上述过程通常无法在一年内完成（刘畅等，2017）。因此，银行分支机构数量和 HHI_{ct} 本身就具有一定的外生性。

为进一步解决内生性问题，本章参考 Chong 等（2013）的做法，使用城市 c 所处的同一省份内 GDP 规模最为接近的三个城市的银行竞争程度的加权平均值作为工具变量（IV），进行 2SLS 回归。首先，从银行设立新的支行、分行以及营业网点数量扩张的选址决策看，同一省份中 GDP 规模最为接近的城市，往往是银行选址决策动机相似或类似的城市，甚至是本市的银行结构性竞争过于激烈而考虑的可能备选地址之一，这二者之间必然具有高度的相关性。其次，鉴于中国信贷市场有明显的地域分割的特征事实，本市的企业很难从其他市的银行机构获得贷款，因而其他市的银行竞争并不会直接影响本地的僵尸企业，这满足工具变量的排他性要求。

第二节　实证结果

理论模型表明，银行竞争一方面可以通过"分布效应"降低"低资质企业"的生成概率，另一方面可以通过"临界值效应"提高既定"低资质企业"获得"利息补贴"或"常青贷款"的概率。因此，银行竞争对僵尸企业的影响具有不确定性。本部分从企业层面的僵尸企业生成和城市层面的僵尸企业占比两个维度实证探讨银行竞争的影响。

一　银行竞争对僵尸企业生成的影响

（一）银行竞争的"积极面"：降低"低资质企业"的生成概率，负的"分布效应"

"低资质企业"的存在是僵尸企业生成的前提条件。理论上，银行竞争具有负的"分布效应"。竞争可以促使银行放松对企业的融资约束，加强对贷款的筛选和对企业经营的监督（Jayaratne and Strahan，1996），从而提高企业的经营绩效，降低企业成为低赢利、高负债的"低资质企业"的可能性。

表 4.2 为根据式（4.1）和式（4.2）实证研究银行竞争与"低资质企业"生成概率的关系的回归结果。第（1）~（4）列是银行竞争对企业经营绩效的影响。企业经营绩效分别用利润率（ROA）和杠杆率（Lev）两个指标表示。第（1）列是以 ROA 为因变量的固定效应模型，在控制了随时间变化的企业特征和城市特征、不随时间变化的企业固定效应（Firm FE）以及宏观经济波动的影响（Year FE）之后，银行竞争（$BkCmpt$）每提高 1 个单位，ROA 提高 0.834 个百分点。为了排除城市层面随时间变化的遗漏变量造成的内生性问题，第（2）列是在第（1）列的基础上进行工具变量回归。2SLS 的回归结果显示，$BkCmpt$ 每提高 1 个单位，ROA 提高 0.330 个百分点，约占 ROA 均值的 3.16%（= 0.330/10.45）；$BkCmpt$ 每提高 1 个标准差，ROA 提高 1.924 个百分点，约占 ROA 均值的 18.41%（= 1.924/10.45）。① 因此，银行竞争对企业 ROA 的影响既是稳健的，又具有统计显著性和经济显著性。

第（3）列是以企业杠杆率（Lev）为因变量的固定效应模型。在控制了诸多的企业特征、城市特征、企业固定效应和时间固定效应之后，银行竞争（$BkCmpt$）每提高 1 个单位，Lev 降低 3.803 个百分点。为了排除城市层面随时间变化的遗漏变量造成的内生性问题，第（4）列是在第（3）列基础上进行的工具变量回归。2SLS 的回归结果显示，$BkCmpt$ 每提高 1 个单位，Lev 降低 2.480 个百分点，约占 Lev 均值的 5.35%；$BkCmpt$ 每提高 1 个标准差，Lev 降低 14.458 个百分点，约占 Lev 均值的 31.19%。因此，银行竞争对企业 Lev 的影响也是稳健的，且具有统计显著性和经济显著性。

① 下文数据的计算方法同理，不再一一列出公式。

若企业扣除政府补贴后的息税前利润低于市场最低利率条件下的利息支出（$EBIT_{i,t} < R_{i,t}^*$），且企业的杠杆率大于 50%（$Lev_{i,t-1} > 50\%$），则把该企业定义为"低资质企业"，即 $BadP_{ict} = 1$，这样的企业杠杆率高、盈利能力差，容易形成银行坏账。表 4.2 第（5）~（6）列将"低资质企业"的生成概率 $\Pr(BadP_{ict} = 1)$ 作为因变量的回归，在控制了一系列企业特征、城市特征及固定效应之后，银行竞争（$BkCmpt$）每提高 1 个单位，"低资质企业"的生成概率降低 1.803 个百分点。在加入工具变量以后，2SLS 的回归结果显示，$BkCmpt$ 每提高 1 个单位，"低资质企业"的生成概率降低 0.416 个百分点，约占 $BadP$ 样本均值的 3.47%；$BkCmpt$ 每提高 1 个标准差，"低资质企业"的生成概率降低 2.425 个百分点，约占样本均值的 20.21%。

表 4.2　银行竞争与"低资质企业"的生成概率

变量	（1） ROA	（2） ROA	（3） Lev	（4） Lev	（5） BadP = 1	（6） BadP = 1
BkCmpt	0.834 ***	0.330 ***	−3.803 ***	−2.480 ***	−1.803 ***	−0.416 ***
	(0.117)	(0.095)	(0.051)	(0.030)	(0.306)	(0.138)
Controls	Yes	Yes	Yes	Yes	Yes	Yes
Firm FE	Yes	Yes	Yes	Yes	Yes	Yes
Year FE	Yes	Yes	Yes	Yes	Yes	Yes
2SLS	No	Yes	No	Yes	No	Yes
N	2718134	2718134	2718989	2718989	2718989	2718989
Adj. R^2	0.299	0.256	0.689	0.624	0.205	0.273
CD Wald F		69		74		73

注：括号中是城市层面的聚类标准误。*** p<0.01。CD Wald F 表示 Cragg-Donald Wald F 统计量。控制变量（$Controls$）包括企业规模（$\ln Size$）、企业年龄（$\ln Age$）、所有权性质（SOE）、出口虚拟变量（$Export$）、所在城市的 GDP 增长速度（GDP_Growth）、人均 GDP 对数值（$\ln GDPperCapita$）、第二产业占 GDP 份额（$Ind2$）、固定资产投资占 GDP 份额（$Invest$）、外商直接投资占 GDP 份额（FDI）、财政支出占 GDP 份额（$FiscalExp$）。

表 4.2 第（2）列、第（4）列、第（6）列中 Cragg-Donald Wald F 统计量都显著高于相应的 Stock-Yogo 临界值，拒绝弱工具变量的 H_0 假

设，说明工具变量是有效的。

"竞争-稳定论"是指，银行竞争一方面可以提高银行贷款的供给、缓解企业的融资约束，另一方面可以加强银行对贷款的筛查和对企业经营的监督（Jayaratne and Strahan，1996；Levine，2005；Song and Li，2012），优化资源配置（Bai et al.，2000），还可以减少借款方的风险行为（Boyd and De Nicoló，2005），从而提高企业投资效率、增强企业盈利能力并降低企业财务风险，减少银行坏账，有利于经济和金融的稳定。本章的实证结果表明，银行竞争显著地降低了企业变成"低资质企业"的可能性。从僵尸企业的识别方法看，"低资质企业"是僵尸企业的必要条件。因此，银行竞争从资质条件的角度使僵尸企业的生成概率下降。这个结果支持了银行的"竞争-稳定论"。

（二）银行竞争的"消极面"：提高"低资质企业"获得救助的概率，正的"临界值效应"

当满足一定条件时，银行竞争具有正的"临界值效应"，即银行竞争降低坏账被推迟的临界值，使得既定"低资质企业"更容易获得"利息补贴"和"常青贷款"。

下面我们将根据式（4.3）实证检验银行竞争对既定"低资质企业"获得"利息补贴"和"常青贷款"的影响。表 4.3 是利用"低资质企业"的子样本进行的回归。

表 4.3 的第（1）列是以"利息补贴"［即 $\Pr(InS=1 \mid BadP=1)$］为因变量的固定效应模型，在控制了随时间变化的企业特征和城市特征、不随时间变化的企业固定效应（Firm FE）以及宏观经济波动的影响（Year FE）后，银行竞争（$BkCmpt$）每提高 1 个单位，银行为"低资质企业"提供"利息补贴"的概率提高 1.052 个百分点。为了排除城市层面随时间变化的遗漏变量造成的内生性问题，第（2）列是在第（1）列基础上进行的工具变量回归。2SLS 的回归结果显示，$BkCmpt$ 每提高 1 个单位，"低资质企业"获得"利息补贴"的概率增加 2.113 个

百分点，约占样本均值的 2.71%；*BkCmpt* 每提高 1 个标准差（5.83），"低资质企业"获得"利息补贴"的概率增加 12.319 个百分点，约占样本均值的 15.79%。银行竞争显著且稳健地增加了"低资质企业"获得"利息补贴"的可能性。

表 4.3　银行竞争与"低资质企业"获得"利息补贴"和"常青贷款"的概率

变量	（1） Pr（*InS* = 1 | *BadP* = 1）	（2） Pr（*InS* = 1 | *BadP* = 1）	（3） Pr（*EgL* = 1 | *BadP* = 1）	（4） Pr（*EgL* = 1 | *BadP* = 1）
BkCmpt	1.052 ***	2.113 *	6.183 ***	1.819 ***
	（0.324）	（1.159）	（1.240）	（0.427）
Controls	Yes	Yes	Yes	Yes
Firm FE	Yes	Yes	Yes	Yes
Year FE	Yes	Yes	Yes	Yes
2SLS	No	Yes	No	Yes
N	314405	314405	314405	314405
Adj. R^2	0.257	0.256	0.236	0.225
CD Wald F		52		29

注：括号中是城市层面的聚类标准误。*** p<0.01，* p<0.10。CD Wald F 表示 Cragg-Donald Wald F 统计量。控制变量（*Controls*）包括企业规模（ln*Size*）、企业年龄（ln*Age*）、所有权性质（*SOE*）、出口虚拟变量（*Export*）、所在城市的 GDP 增长速度（*GDP_Growth*）、人均 GDP 对数值（ln*GDPperCapita*）、第二产业占 GDP 份额（*Ind2*）、固定资产投资占 GDP 份额（*Invest*）、外商直接投资占 GDP 份额（*FDI*）、财政支出占 GDP 份额（*FiscalExp*）。

第（3）列是以"常青贷款"[即 Pr(*EgL* = 1 \| *BadP* = 1)]为因变量的固定效应模型，在控制了诸多企业特征、城市特征以及企业固定效应和时间固定效应之后，银行竞争（*BkCmpt*）每提高 1 个单位，银行为"低资质企业"提供"常青贷款"的概率提高 6.183 个百分点。加入工具变量以后，由第（4）列 2SLS 的回归结果可知，银行竞争每提高 1 个单位，"低资质企业"获得"常青贷款"的概率提高 1.819 个百分点，约占样本均值的 3.50%；*BkCmpt* 每提高 1 个标准差（5.83），"低资质企业"获得"常青贷款"的可能性提高 10.605 个百分点，约占样本均值的

20.39%。回归结果具有稳健性、统计显著性和经济显著性。

第（2）列和第（4）列中 Cragg-Donald Wald F 统计量都显著高于相应的 Stock-Yogo 临界值，拒绝弱工具变量的 H_0 假设。

"竞争-脆弱论"是指，银行在决策是否实施风险项目时，会比较预期收益与失败时失去的特许权价值，竞争的加剧导致特许权价值下降，从而使得银行的风险行为增加。特许权价值是指银行由于金融约束、特许经营等原因，未来能获得的预期租金，它代表了银行破产的机会成本。具有市场势力的银行租金较高，因此特许权价值较高，这导致银行破产的机会成本更高，从而减少了风险行为（Keeley，1990；Gan，2004）。综合表 4.3 的结果，当给定企业已经成为"低资质企业"时，银行竞争显著提高了这些"低资质企业"获得"利息补贴"和"常青贷款"的可能性。这个结果支持银行的"竞争-脆弱论"。

（三）"净效应"：银行竞争降低僵尸企业的生成概率

如果企业变成"低资质企业"后仍能获得银行的"利息补贴"和"常青贷款"，则成为僵尸企业。从理论上讲，银行竞争对僵尸企业的影响是"分布效应"与"临界值效应"之和，其净效应不确定。表 4.2 和表 4.3 分别验证了银行竞争具有负的"分布效应"和正的"临界值效应"，表 4.4 利用全样本数据进一步实证检验其"积极面"和"消极面"的净效应，探讨银行竞争与僵尸企业生成概率的关系。

表 4.4 第（1）列在控制了随时间变化的企业特征和城市特征、不随时间变化的企业固定效应（Firm FE）以及宏观经济波动的影响（Year FE）之后，银行竞争（*BkCmpt*）的系数显著为负，说明银行竞争能够降低僵尸企业的生成概率。第（2）列在第（1）列的基础上加入省份固定效应和时间固定效应的交乘项（Prov×Year FE），控制随省份和时间变化的经济变量；第（3）列在第（1）列的基础上，进一步控制了随行业和时间变化的经济变量（Ind×Year FE），而 *BkCmpt* 的系数依然在 1% 的水平下均显著为负。

第（4）列报告了 2SLS 的回归结果。*BkCmpt* 的系数在 5% 的水平下显著为负，说明 *BkCmpt* 每提高 1 个单位，僵尸企业的生成概率降低 0.246 个百分点，约占样本均值的 2.24%；*BkCmpt* 每提高 1 个标准差，僵尸企业的生成概率降低 1.434 个百分点，约占样本均值的 13.04%，在统计和经济上均具有显著性。Cragg-Donald Wald F 统计量显著高于相应的 Stock-Yogo 临界值，拒绝弱工具变量的 H_0 假设。

因此，从"净效应"看，银行竞争的"积极面"占主导作用，能够减少僵尸企业的生成。

表 4.4　银行竞争与僵尸企业生成概率的关系

变量	(1) Zombie = 1	(2) Zombie = 1	(3) Zombie = 1	(4) Zombie = 1
BkCmpt	-1.277 *** (0.225)	-1.622 *** (0.251)	-1.289 *** (0.223)	-0.246 ** (0.119)
Controls	Yes	Yes	Yes	Yes
Firm FE	Yes	Yes	Yes	Yes
Year FE	Yes	Yes	Yes	Yes
Prov×Year FE	No	Yes	No	No
Ind×Year FE	No	No	Yes	No
2SLS	No	No	No	Yes
N	2718989	2718989	2718989	2718989
Adj. R^2	0.278	0.300	0.382	0.260
CD Wald F				72

注：括号中是城市层面的聚类标准误。*** p<0.01，** p<0.05。CD Wald F 表示 Cragg-Donald Wald F 统计量。控制变量（*Controls*）包括企业规模（ln*Size*）、企业年龄（ln*Age*）、所有权性质（*SOE*）、出口虚拟变量（*Export*）、所在城市的 GDP 增长速度（*GDP_Growth*）、人均 GDP 对数值（ln*GDPperCapita*）、第二产业占 GDP 份额（*Ind2*）、固定资产投资占 GDP 份额（*Invest*）、外商直接投资占 GDP 份额（*FDI*）、财政支出占 GDP 份额（*FiscalExp*）。

二　银行竞争对地级市僵尸企业占比的影响

本章的核心解释变量是城市层面的银行竞争，因此进一步将被解释变量拓展到城市加总层面。接下来，实证检验银行竞争对城市层面僵尸企业的数量占比（$ZbNumP_{ct}$）、负债占比（$ZbDebtP_{ct}$）以及平均负债（$ZbAvgDebt_{ct}$）的影响，回归结果如表 4.5、表 4.6 和表 4.7 所示。

表 4.5 显示了银行竞争对僵尸企业数量占全市企业总数比例（$ZbNumP_{ct}$）的影响。第（1）列只控制了城市固定效应（City FE）和年份固定效应（Year FE），$BkCmpt$ 系数显著为负，即银行竞争显著降低了地级市的僵尸企业数量占比。第（2）列进一步控制随城市和年度变化的经济变量，$BkCmpt$ 系数仍然显著为负。为了控制随省份和年度变化的经济变量，第（3）列加入了省份固定效应与年份固定效应的交乘项（Prov×Year FE），$BkCmpt$ 系数也显著为负。第（4）列是运用工具变量方法的回归结果，结果显示，$BkCmpt$ 系数在 1% 的水平下显著为负，银行竞争每提高 1 个单位，僵尸企业数量占比降低 0.200 个百分点，约占 $ZbNumP$ 均值的 1.43%；银行竞争每提高 1 个标准差，僵尸企业数量占比降低 1.166 个百分点，约占其均值的 8.33%。Cragg-Donald Wald F 统计量拒绝弱工具变量的 H_0 假设。银行竞争稳健并且显著地降低了城市层面的僵尸企业数量占比。

表 4.5　银行竞争与地级市的僵尸企业数量占比

变量	（1） ZbNumP	（2） ZbNumP	（3） ZbNumP	（4） ZbNumP
$BkCmpt$	-0.218 *** （0.072）	-0.254 *** （0.064）	-0.153 *** （0.052）	-0.200 *** （0.075）
Controls	No	Yes	Yes	Yes
City FE	Yes	Yes	Yes	Yes
Year FE	Yes	Yes	Yes	Yes
Prov×Year FE	No	No	Yes	No
2SLS	No	No	No	Yes
N	2996	2996	2996	2994
Adj. R^2	0.653	0.677	0.782	0.646

变量	(1) *ZbNumP*	(2) *ZbNumP*	(3) *ZbNumP*	(4) *ZbNumP*
CD Wald F				34

注：括号中是城市层面的聚类标准误。*** p<0.01。CD Wald F 表示 Cragg-Donald Wald F 统计量。控制变量（*Controls*）包括所在城市的 GDP 增长速度（*GDP_Growth*）、人均 GDP 对数值（ln*GDPperCapita*）、第二产业占 GDP 份额（*Ind2*）、固定资产投资占 GDP 份额（*Invest*）、外商直接投资占 GDP 份额（*FDI*）、财政支出占 GDP 份额（*FiscalExp*）。

表 4.6 显示了银行竞争对僵尸企业负债占全市企业负债比例（*ZbDebtP$_{ct}$*）的影响。将城市僵尸企业的负债占企业总负债的比例作为因变量，第（1）列控制了城市固定效应（City FE）和年份固定效应（Year FE），*BkCmpt* 的系数表明，当银行竞争加剧时，僵尸企业负债占比显著下降。第（2）列在此基础上控制了其他随时间变化的城市层面的变量，*BkCmpt* 系数仍然显著为负。第（3）列加入了省份固定效应和时间固定效应的交乘项（Prov×Year FE），*BkCmpt* 的系数仍然在 1% 的水平下显著为负。第（4）列是工具变量回归结果，*BkCmpt* 的系数为 -0.156，即银行竞争每提高 1 个单位，僵尸企业的负债占比下降 0.156 个百分点，约占 *ZbDebtP* 均值的 0.74%；当 *BkCmpt* 提高 1 个标准差时，僵尸企业的负债比例下降 0.909 个百分点，约占均值的 4.33%。银行竞争显著地降低了僵尸企业负债在企业总负债中的比重，银行提供给僵尸企业的贷款相对减少，信贷错配的程度得以降低。

表 4.6　银行竞争与地级市的僵尸企业负债占比

变量	(1) *ZbDebtP*	(2) *ZbDebtP*	(3) *ZbDebtP*	(4) *ZbDebtP*
BkCmpt	-0.155*** (0.047)	-0.170*** (0.049)	-0.127*** (0.044)	-0.156*** (0.052)
Controls	No	Yes	Yes	Yes
City FE	Yes	Yes	Yes	Yes

续表

变量	（1） ZbDebtP	（2） ZbDebtP	（3） ZbDebtP	（4） ZbDebtP
Year FE	Yes	Yes	Yes	Yes
Prov×Year FE	No	No	Yes	No
2SLS	No	No	No	Yes
N	2996	2996	2996	2994
Adj. R²	0.620	0.632	0.721	0.597
CD Wald F				36

注：括号中是城市层面的聚类标准误。*** p<0.01。CD Wald F 表示 Cragg-Donald Wald F 统计量。控制变量（*Controls*）包括所在城市的 GDP 增长速度（*GDP_Growth*）、人均 GDP 对数值（ln*GDPperCapita*）、第二产业占 GDP 份额（*Ind2*）、固定资产投资占 GDP 份额（*Invest*）、外商直接投资占 GDP 份额（*FDI*）、财政支出占 GDP 份额（*FiscalExp*）。

对比表 4.5 和表 4.6，2SLS 回归结果表明，银行竞争每提高 1 个单位，僵尸企业数量占比下降 0.200 个百分点，而僵尸企业负债占比却只下降 0.156 个百分点。银行竞争对僵尸企业数量占比的影响大于对负债占比的影响，可能的解释是竞争的加剧促使银行放弃规模相对较小的僵尸企业，但规模较大的僵尸企业仍然在其帮助下得以存活，因此僵尸企业数量减少的幅度比负债更大。由此推论，僵尸企业的平均负债规模应该扩大。表 4.7 对此进行了验证。

表 4.7 选取僵尸企业的平均负债规模（$ZbAvgDebt_{ct}$），即僵尸企业总负债除以僵尸企业总数量作为被解释变量。第（4）列工具变量回归结果表明，银行竞争每提高 1 个单位，僵尸企业的平均负债规模上升 0.224 个百分点，约占 *ZbAvgDebt* 均值的 2.05%；*BkCmpt* 每提高 1 个标准差，僵尸企业的平均负债规模上升 1.306 个百分点，约占均值的 11.93%。银行竞争显著地扩大了僵尸企业的平均负债规模。这说明当竞争加剧时，银行"抓大放小"，规模较小的僵尸企业被淘汰，而规模较大的僵尸企业存活下来。银行不仅在僵尸企业与非僵尸企业之间再配置信贷资源，也在不同规模的僵尸企业之间再配置信贷资源。

表 4.7　银行竞争与地级市的僵尸企业平均负债规模

变量	(1) ZbAvgDebt	(2) ZbAvgDebt	(3) ZbAvgDebt	(4) ZbAvgDebt
BkCmpt	0.289 ***	0.297 ***	0.312 ***	0.224 **
	(0.092)	(0.096)	(0.087)	(0.110)
Controls	No	Yes	Yes	Yes
City FE	Yes	Yes	Yes	Yes
Year FE	Yes	Yes	Yes	Yes
Prov×Year FE	No	No	Yes	No
2SLS	No	No	No	Yes
N	2996	2996	2996	2994
Adj. R²	0.638	0.644	0.706	0.610
CD Wald F				59

注：括号中是城市层面的聚类标准误。*** $p<0.01$，** $p<0.05$。CD Wald F 表示 Cragg-Donald Wald F 统计量。控制变量（*Controls*）包括所在城市的 GDP 增长速度（*GDP_Growth*）、人均 GDP 对数值（ln*GDPperCapita*）、第二产业占 GDP 份额（*Ind2*）、固定资产投资占 GDP 份额（*Invest*）、外商直接投资占 GDP 份额（*FDI*）、财政支出占 GDP 份额（*FiscalExp*）。

第三节　稳健性检验

一　更换僵尸企业识别方法

本章主要使用 FN-CHK 方法识别僵尸企业，其中"常青贷款"标准认为，如果一个企业盈利能力差且外部负债已经达到了总资产的 50% 以上还继续获得银行的贷款，则将其认定为僵尸企业。但是，50% 的阈值只是 Fukuda 和 Nakamura（2011）提出的经验标准，并无严谨的理论支撑。另外，不同行业的杠杆水平差异性较大，"一刀切"地用 50% 作为阈值可能不合适。为了保证实证结果的稳健性，本节分别使用企业所在行业杠杆率的中位数、75% 分位数替代 50% 作为阈值来识别僵尸企业。新的结果显示，僵尸企业的比例特征发生了变化，但僵尸企业的趋势性特征、银行竞争与僵尸企业的关系等结论保持稳健。

2015年12月9日，时任国务院总理李克强在国务院常务会议上首次对"僵尸企业"提出了具体的清理标准，要对持续亏损3年以上且不符合结构调整方向的企业采取资产重组、产权转让、关闭破产等方式予以"出清"。基于此，本节用"连续亏损3年以上"代替"息税前利润小于市场最优惠利息支出并且前一期杠杆率大于50%"作为识别"低资质企业"的标准。如果"低资质企业"获得了"利息补贴"或者"常青贷款"，则被划分为僵尸企业。新的实证结果显示，本章的结论具有稳健性。

二　更换银行竞争的度量

衡量银行竞争的指标有多种，包括托宾 Q 值、银行数量、集中度、HHI 指数、H 统计量等，但 Boyd 和 De Nicoló（2005）建议使用集中度或 HHI 指数。本节主要使用 HHI 指数来探讨银行竞争与僵尸企业的关系。为了保证实证结果具有稳健性，本节另外使用地级市的银行数量（取对数）和分支数量排名前 5 的银行集中度代替 HHI 指数作为解释变量，得到的实证结果与前文保持一致。

三　更换工具变量

为了解决内生性问题，本节使用城市 c 所处的同一省份内 GDP 规模最为接近的三个城市的银行竞争的加权平均值作为工具变量，进行2SLS 回归。为了保证工具变量的有效性和结论的稳健性，本节另外使用城市 c 相邻城市的银行竞争的加权平均值替代原有工具变量进行两阶段最小二乘回归，新的实证结果与前文无实质差别。

四　银行竞争与僵尸企业的非线性关系

为了刻画银行竞争与僵尸企业可能存在的非线性关系，在式

（4.1）至式（4.5）的基础上加入银行竞争的二次项 $BkCmpt_{ict}^2$ 作为解释变量。新的实证结果发现，银行竞争与僵尸企业呈非线性关系：当银行竞争低于特定阈值时，竞争有利于减少僵尸企业；当银行竞争高于特定阈值时，过度竞争反而促进了僵尸企业的生成。但是，在样本区间内，绝大多数城市的银行竞争程度低于阈值，所以"加强城市层面的银行竞争，有利于减少僵尸企业"的结论适用于绝大多数城市。

结　论

丧失盈利能力的"低资质企业"因获得银行的"利息补贴"和"常青贷款"而持续经营、不退出市场，则会成为僵尸企业，僵尸企业的存在是资源配置扭曲的结果，严重影响了中国经济的健康发展。

僵尸企业存在的条件：一是企业经营不善、资不抵债，二是企业出现问题后仍然能获得持续的外部救助。而银行是企业获得救助资金的重要渠道。

本章基于银行竞争视角探讨了僵尸企业的生成，实证得到了以下结论。首先，银行竞争加剧的压力使得银行风险偏好增强，其更多地选择救助经营不善的"低资质企业"，提高了"低资质企业"成为僵尸企业的概率。其次，竞争加剧也能改善企业的经营绩效，带来资产收益率的增加与杠杆率的降低，从而减少企业成为"低资质企业"的概率。虽然竞争给僵尸企业的生成带来了正负两方面的效应，但总的来说，银行竞争的"积极面"起主导作用，并最终减少了企业成为僵尸企业的概率。最后，在更宏观的城市层面上，银行竞争的加剧使得僵尸企业数量占比和僵尸企业负债占比都出现减少，但是僵尸企业数量占比下降的幅度更大，也就是说，更激烈的竞争使得僵尸企业平均负债水平上升，这些结果反映了银行对僵尸企业会采取"抓大放小"的策略。

虽然由政府直接干预不失为解决僵尸企业的一种办法，但基于本章的结论,借助市场机制也是一种有效的思路:通过完善金融市场,加强银行间竞争,借助银行的作用来防止僵尸企业的产生。因此,为了更好地发挥银行在处置僵尸企业过程中的作用,本章提出以下三点政策建议:一是建立更加完善的财务信息披露制度,以促进银行贷款的有效配置,从源头预防"低资质企业"的出现;二是在促进银行竞争的同时,加强对银行风险行为的关注,完善商业银行监督指标与落实风险监督政策,加强信用风险管控,以弱化竞争对银行风险的过度激励效应;三是对于规模较大的僵尸企业,银行的作用难以发挥,需要政府介入,依靠行政干预采取强制措施,构建良性的"政、银、企"关系。

第五章　银行竞争与僵尸企业的
存续和处置

随着中国金融体制改革的推进，银行业的竞争程度越来越高。目前，中国已经取消了存贷款利率的上下限，实现利率市场化，使得银行竞争的激励和工具更加丰富；民营银行和互联网银行的发展得到了国家的支持①，外资银行被允许进入，并且可开展的业务更加多样、灵活②，这些都推动了银行竞争主体数量的增多和质量的提升。那么，中国银行业越来越高的竞争程度是否有利于处置僵尸企业？通过何种机制影响僵尸企业的存续和处置？上述问题是本章探讨的核心问题。

首先，本章根据相关理论提出了银行竞争影响僵尸企业存续和处置的三个机制：第一，银行竞争的风险承担效应促进僵尸企业的存续，延长其存续时间；第二，银行竞争的筛查、监督效应促使僵尸企业复活为正常企业；第三，银行竞争能够增强正常企业的竞争力，从而挤出僵尸企业。其次，本章用实证研究的方法检验这三个渠道。实证结果发现：银行竞争每上升 1 个标准差，僵尸企业的存续时间缩短 13.7%，复活概

① 2015 年，中国银监会发布《关于促进民营银行发展的指导意见》，自此越来越多的民营资本开始进入银行业。截至 2018 年，我国已有 17 家民营银行获得了银监会颁发的民营银行牌照。民营银行往往更倾向于通过互联网扩展业务，大部分民营银行也往往具有互联网银行的性质特征，在网贷存管、互联网小额贷款等以互联网为媒介的业务中较为活跃。

② 自 2001 年底中国加入 WTO 之后，中国对外资银行活动的限制已经逐步放松。在 5 年过渡期内，客户类型和地理限制也逐步取消。自 2006 年 12 月以来，中国完全取消对外资银行进入的限制，外资银行可享受与内资银行相同的待遇。2018 年，中国进一步放松对金融业外资持股比例的限制。中国金融市场的开放也是中美贸易摩擦的重要议题之一。

率下降 7.41 个百分点，退出概率增加 5.15 个百分点。实证结果拒绝了风险承担机制和筛查、监督机制，验证了正常企业增强机制。进一步的分析发现，银行竞争降低了正常企业的投资-现金流敏感性，提高了正常企业的销售收入和利润率，同时降低了僵尸企业的销售收入和利润率。这说明正常企业融资约束的缓解和绩效的提升，挤占了僵尸企业的销售和利润，使之退出市场。本章采用工具变量法解决银行竞争的内生性问题，更换僵尸企业识别方法后结论仍然保持稳健。

　　本章可能存在的边际贡献主要体现在以下三个方面。第一，本章着重研究僵尸企业的存续、复活以及退出问题，丰富了对僵尸企业生命周期的研究。僵尸企业从生成、持续到最终复活或退出，是一个完整的生命周期。然而，现有文献大多研究僵尸企业"是怎么来的"（Bruche and Llobet，2014；Caballero et al.，2008；聂辉华等，2016）或者僵尸企业的危害（聂辉华等，2016；谭语嫣等，2017；李旭超等，2018），而较少关注僵尸企业"是怎么没的"。虽然预防僵尸企业产生很重要，但在给定僵尸企业已经产生的现实条件下，如何处置僵尸企业，使僵尸企业有序地"复活"或者"退出"也同样重要，并且其存续时间和退出方式都是决定其危害大小的重要因素。本章以银行竞争为切入点，探讨了僵尸企业的存续、复活以及退出，是对相关文献的重要补充。

　　第二，本章对研究银行与僵尸企业关系的相关文献做了补充。银行贷款既是僵尸企业生成的关键诱因，也是大量僵尸企业得以"苟延残喘"的重要支撑（Bruche and Llobet，2014；Caballero et al.，2008；Fukuda and Nakamura，2011），但是已有的文献在研究中国僵尸企业问题时，往往关注政府政策的作用（聂辉华等，2016），却忽视了对银行作用的探讨。本章探讨了银行竞争对僵尸企业存续和处置的影响，并识别了具体的影响机制，是对僵尸企业研究的重要补充。

　　第三，本章具有重要的政策意义。处置僵尸企业虽然重要且紧迫，但政策工具的选择需要谨慎，应尽量减少行政干预措施，增强市场的自我出清能力。本章的结果表明，完善金融市场建设、加强银行竞争，是利用市场化手段处理僵尸企业的重要方式。

第一节　研究假设

一　银行竞争的风险承担效应与僵尸企业存续

如果僵尸企业既不复活为正常企业，也不退出市场，则将其定义为存续，即延续其"僵尸"状态。僵尸企业的存续时间越长，其危害越大。

Keeley（1990）认为，银行在进行是否对风险项目放贷的决策时，会比较该项目成功时能够带来的预期收益以及项目失败时银行所丧失的特许权价值。具有市场势力的银行租金较高，因此特许权价值较高，这导致破产时更高的机会成本，从而减少了风险行为。然而竞争的加剧导致特许权价值下降，从而使得银行风险行为增加。Demsetz 等（1996）、Salas 和 Saurina（2003）也发现更高的特许权价值与更低的风险水平相关。Gan（2004）使用得克萨斯州的房地产危机作为外生冲击，发现竞争降低了特许权价值，从而导致了储蓄机构中的冒险行为。韩立岩和李燕平（2006）使用中国上市银行的面板数据进行研究，发现银行特许权价值与银行风险行为之间的关系显著为负。

根据"竞争-脆弱论"，银行竞争程度越高，其特许权价值越低，不处理僵尸企业对银行造成的价值损失也越少，不确定条件下观望策略的期权价值越高。因此银行更愿意采取风险行为，继续为僵尸企业放贷，使僵尸企业能够存活下去，其存续时间得以延长。基于此理论，本章提出假设1。

H1：银行竞争的风险承担效应促进僵尸企业存续，延长其存续时间。

二　银行竞争的筛查、监督效应与僵尸企业复活

针对如何处理僵尸企业这一问题，从直觉上来看，运用市场机制促

使僵尸企业复活这一处置方法的成本相较于使僵尸企业破产清算、退出市场而言，无疑小了很多。Fukuda 和 Nakamura（2011）利用日本企业的微观数据进行研究，结果发现，僵尸企业能够通过调整自身结构，如精简员工或者固定资产，实现自身的复活；蒋灵多等（2018）认为，放松外资管制对市场机制的完善作用能够促使僵尸企业调整内部结构（企业资本密集度、全要素生产率、利润率等），实现僵尸企业复活，从而降低行业内僵尸企业的占比。

根据"竞争-稳定论"，在竞争的环境下，由于竞争的压力，银行会更加深入地了解借款企业，加强对企业的筛查与监督，从而减少坏账的产生，增强企业盈利能力（Jayaratne and Strahan，1996；Levine，2005）。Guzman（2000）基于 Diamond（1965）的新古典增长模型，指出在垄断的银行市场中资金的供给远远小于资金的需求，银行往往进行关系型借贷，极易形成信贷配给制度，这种关系型借贷使得银行疏于对借款企业的监督。

总的来说，银行竞争加剧可以加强银行对贷款企业的筛查和对企业经营的监督，从而提高僵尸企业投资效率、增强企业盈利能力和降低企业财务风险，进而促使僵尸企业复活为正常企业。基于此，本章提出假设 2。

H2：银行竞争的筛查、监督效应促使僵尸企业复活。

三　银行竞争的正常企业增强效应与僵尸企业退出

"竞争-稳定论"认为，在竞争的环境下，银行信贷供给增多，企业能够以更低的成本获得贷款，因此可以缓解企业的融资约束，同时由于竞争的压力，银行会更加深入地了解借款企业，增强企业盈利能力。这一理论在实证研究中得到证实。Beck 等（2006）基于企业层面数据的跨国研究发现，银行业的集中度越高，企业面临的融资约束越强，这种效应在小企业中更加明显。Bai 等（2000）研究发现，银行竞争加剧能够提高银行贷款的供给、缓解正常企业的融资约束，优化资源配置。方芳和蔡卫星（2016）使用中国工业企业数据库研究发现，银行竞争会显著促进企业的成长（企业规模、杠杆率、盈利能力），该促进效应在小企业、非国企中更为显著。姜付秀等（2016）研究发现，银行竞争的加剧会极大地缓解上市公司的融资约束。

结合中国实际国情来看，我国以银行为主的间接融资占主导地位，因此随着不同银行之间的市场竞争不断加剧，银行更愿意以较低的利息对企业进行放贷，并对企业资质进行识别，这就会导致正常企业融资约束得到缓解，增强正常企业的竞争力和绩效，从而挤出效率不佳的僵尸企业。因此，本章提出假设3。

H3：银行竞争的正常企业增强效应会促使僵尸企业退出。

第二节　实证模型与指标构建

理论分析表明，银行竞争对僵尸企业存续和处置的影响具有不确定性，因此需要用实证方法进一步研究。本章从企业层面探讨银行竞争如何影响僵尸企业存续、复活以及退出。

一　模型设定

上文的理论探讨了银行竞争对僵尸企业存续、复活和退出的影响，并进行了研究假设。本节将设定计量经济模型，用以实证检验研究假设。

（一）银行竞争与僵尸企业存续

本部分利用生存模型分析银行竞争对僵尸企业存续的影响。存续时间代表了僵尸企业从生成到结束（复活或者退出）的时间跨度，也就是僵尸企业的寿命。

生存分析通常用生存函数或者危险函数来描述存续时间的分布特

征。本章构建僵尸企业的危险函数来估计中国僵尸企业的存续时间分布特征。令 T_{it} 表示僵尸企业 i 在 t 年度相对于其生成年度 t_0 的生存时间。危险函数表示在 y 期生存的条件下，僵尸企业在 $y+1$ 期结束僵尸状态（复活或者退出）的概率，即：

$$
\begin{aligned}
h(y) &= \Pr(y < T_{it} < y+1 \mid y < T_{it}) \\
&= H(\varphi_0 + \varphi_1 BkCmpt_{ct} + \varphi_2 X_{ict} + \varphi_3 Z_{ct} + \varepsilon_{ict})
\end{aligned} \tag{5.1}
$$

式（5.1）中，下标 i 表示企业，c 表示企业所在城市，t 表示年份。被解释变量代表企业 i 在 y 期生存的条件下，$y+1$ 期结束僵尸状态（复活或退出）的概率。$BkCmpt_{ct}$ 指企业所在城市 c 在年度 t 的银行竞争程度，是本章的核心解释变量。X_{ict} 和 Z_{ct} 分别控制了企业层面和城市层面随时间变化的因素。

估计样本由成为过僵尸企业的企业组成，不包括非僵尸企业。φ_1 反映了银行竞争对僵尸企业存续时间的影响，若 φ_1 估计系数为正，说明在给定企业 y 期生存的条件下，银行竞争增加僵尸企业在 $y+1$ 期结束僵尸状态的概率，缩短了给定僵尸企业的存续时间。

（二）银行竞争与企业层面僵尸企业复活

本部分实证考察银行竞争对僵尸企业复活概率的影响，公式为：

$$
Recover_{ict} = \alpha_0 + \alpha_1 BkCmpt_{ct} + \alpha_2 X_{ict} + \alpha_3 Z_{ct} + \delta_t + \sigma_i + \varepsilon_{ict} \tag{5.2}
$$

式（5.2）中，下标 i 表示企业，c 表示企业所在城市，t 表示年份。被解释变量 $Recover_{ict}$ 是企业是否在年份 t 复活的虚拟变量，如果企业在 $t-1$ 期为僵尸企业，t 期为正常企业，则 $Recover_{ict}$ 取值为 1，否则取值为 0。$BkCmpt_{ct}$ 指企业所在城市 c 在年度 t 的银行竞争程度，是本章的核心解释变量。X_{ict} 和 Z_{ct} 分别控制了企业层面和城市层面随时间变化的因素。δ_t 是年份固定效应，控制宏观经济波动的影响；σ_i 是企业层面固定效应，控制不随时间变化的企业特征的影响。

（三）银行竞争与僵尸企业退出

僵尸企业完整的生命周期包括生成、存续和退出。本部分探讨银行竞争对僵尸企业退出的影响，计量经济模型如下：

$$Exit_{ict} = \varphi_0 + \varphi_1 Zombie_{ict} + \varphi_2 BkCmpt_{ct} + \varphi_3 BkCmpt_{ct} \times$$

$$Zombie_{ict} + \varphi_4 X_{ict} + \varphi_5 Z_{ct} + \delta_t + \sigma_i + \varepsilon_{ict}$$

(5.3)

式（5.3）中，下标 i 表示企业，c 表示企业所在城市，t 表示年份。被解释变量 $Exit_{ict}$ 是企业是否在年份 t 退出市场的虚拟变量，如果企业在年份 $t-1$ 在市场中存在，而在年份 t 退出市场，则 $Exit_{ict} = 1$，反之 $Exit_{ict} = 0$。由于样本时间存在截断问题，无法判断 2013 年（样本最后一年）的僵尸企业是否退出，因此在此回归中剔除 2013 年的数据。$BkCmpt_{ct}$ 指企业所在城市 c 在年度 t 的银行竞争程度；$Zombie_{ict}$ 是企业是否为僵尸企业的虚拟变量，若城市 c 的企业 i 在年份 t 为僵尸企业，则 $Zombie_{ict} = 1$，反之 $Zombie_{ict} = 0$。X_{ict} 和 Z_{ct} 分别控制了企业层面和城市层面随时间变化的因素。δ_t 是年份固定效应，控制宏观经济波动的影响；σ_i 是企业层面固定效应，控制不随时间变化的企业特征的影响。φ_1 比较了僵尸企业与正常企业退出概率的不同，其符号预期为负，即僵尸企业更难退出市场；φ_2 是银行竞争对正常企业退出概率的影响，其符号预期为负，即银行竞争会降低正常企业的退出概率；φ_3 是银行竞争对僵尸企业退出概率的相对影响，其符号暂不确定；$\varphi_2 + \varphi_3$ 是银行竞争对僵尸企业退出概率的绝对影响。

通过三个计量模型进行分析，我们能够对上文提出的三个假设进行检验，从而探究银行竞争对僵尸企业存续和处置影响的具体渠道。

二　数据说明

本章所使用的企业数据来自 1998～2013 年中国规模以上工业企业数据库，该数据库包含了所有国有企业以及规模以上（年主营业务收入在 500 万元及以上）的非国有企业，是目前国内最为全面的企业层面的数据库。借鉴已有文献的做法（谢千里等，2008；谭语嫣等，2017），本章对工业企业数据进行以下处理：（1）剔除缺乏重要财务数据（从业人数、资产总计、固定资产合计）的企业；（2）剔除一些财务指标和一般会计准则不相符的数据（总资产小于流动资产、总资产小于固定资产净值）；（3）剔除缺失值；（4）删除员工人数小于8人的观测值，删除年销售额小于500万元的观测值。考虑到在短期企业容易受到经济波动的影响，因此在本章的分析中，只保留在样本期间内企业存续期超过10年的企业，获得806001个观测值。同时由于本章关注银行竞争对僵尸企业存续和处置的影响，所以在进行基本回归分析时保留在1998～2013年成为过僵尸企业的样本，最终获得176549个企业-年份观测值。

银行分支机构数据来自中国银保监会发布的全部金融机构金融许可证信息，包括金融机构的名称、批准成立日期、地址以及发证日期等要素。由此，我们得到了国有商业银行、股份制商业银行、城市商业银行、农村商业银行、外资银行、邮政储蓄银行等银行的分支机构信息，并剔除了银行分支机构中不经营贷款业务的审批部门和居民储蓄部门。

城市层面宏观数据来自中经网统计数据库和《中国区域经济统计年鉴》。

三　指标构建

（一）僵尸企业识别

本章采用李旭超等（2019）的方法来进行僵尸企业的识别：如果一个企业的息税前利润小于市场最优惠利息支出（ $EBIT_{i,t} < IP_{i,t}^*$ ）并且前一期杠杆率大于50%（ $Lev_{i,t-1} > 50\%$ ），我们将其定义为"低资质企业"，这样的企业杠杆率高、盈利能力差，容易形成银行坏账。"低资质企业"如果被清理则退出市场，不生成僵尸企业；如果不被清理，反而获得了银行的"利息补贴"或者"常青贷款"，则变成僵尸企业。具体而言，如果在 t 年企业利率差小于0，息税前收入低于最低应付利息， $t-1$ 期杠杆率大于50%，在 t 年继续获得银行贷款，则该企业为僵尸企业。

（二）银行竞争变量

本章关注的核心变量为银行竞争程度，借鉴已有文献的做法，使用各城市支行数量计算 HHI 指数来衡量当地银行竞争程度，由此构建变量 $BkCmpt_{ct}$。本章利用中国银保监会关于银行机构的金融许可证信息，计算出各个银行各个年度在各个城市的分支机构数量，进而构建各个城市银行业的赫芬达尔指数（HHI），由于银行竞争程度与 HHI 指数负相关，因此构建 1-HHI 来衡量银行竞争程度，1-HHI 指数越高，代表该城市银行竞争水平越高。本章构建的银行竞争水平数据是面板数据，不仅能够很好地反映各个城市银行竞争水平的时间变化趋势，还能够反映出各个城市银行竞争水平的差异。具体的计算方法为：

$$HHI = \sum_{i=1}^{k} (Branch_i / All_{Branch}) \tag{5.4}$$

其中，$Branch_i$ 代表该地区第 i 个银行的数量，All_{Branch} 代表该地区所有银行数量，据此计算出各个城市的 HHI 指数，由于 HHI 指标为负向指标，该值越大，银行竞争程度越低，因此构建 $BkCmpt_{ct} = 1 - HHI$ 来衡量银行竞争水平。该指标为正向指标，该值越大，银行竞争水平越高。

（三）控制变量

在式（5.1）至式（5.3）中，X_{ict} 为一系列企业层面控制变量，本章选择了以下指标：企业规模（$lnSize$），即企业总资产的对数；企业年龄（$lnAge$），以企业年龄的对数来衡量，通常认为越年轻的企业可能面临的竞争压力越大，它们相比具有声誉效应或者较稳定利润率的成熟企业而言，得到银行"利息补贴"和"常青贷款"的可能性更低；所有权性质（SOE），当企业为国有企业时取值为 1；出口虚拟变量（$Export$），如果当年企业出口额大于 0 则取值为 1。

Z_{ct} 为一系列城市层面的控制变量，本章选择以下指标：GDP 增长速度（GDP_Growth），以获得的原数据除以 100 来衡量；人均 GDP 对数（$lnGDPperCapita$），以当地 GDP 除以总人数后再取对数来表示；第二产业占 GDP 份额（*Ind*2），以当地第二产业生产总值除以 GDP 来衡量；固定资产投资占 GDP 份额（*Invest*），以当地每年固定资产投资额除以 GDP 来衡量；外商直接投资占 GDP 份额（*FDI*），以当地外商直接投资额除以当地 GDP 来衡量；财政支出占 GDP 份额（*FiscalExp*），以当地政府每年财政支出额除以 GDP 来衡量。

（四）工具变量

考虑到可能存在城市层面的遗漏变量或者存在反向因果关系，从而导致估计系数产生偏误，本章参考张杰等（2017）以及 Chong 等（2013）的做法，使用城市 *c* 所处的同一省份内 GDP 规模最为接近的三个城市的银行竞争的加权平均值作为工具变量，进行 2SLS 回归。首先，从银行设立新的支行、分行以及营业网点数量扩张的选址决策看，同一省份中 GDP 规模最为接近的城市，往往是银行选址决策动机相似或者类似的城市，满足相关性要求；其次，鉴于中国信贷市场有明显的地域分割的特征事实，本市的企业很难从其他市的银行机构获得贷款，因而其他市的银行竞争并不会直接影响本地的僵尸企业，满足工具变量排他性要求；最后，为了剔除极端值的影响，对所有连续变量按照 1% 和99% 的水平进行 Winsorize 处理。

表 5.1 报告了全样本和僵尸企业样本的基本统计特征。全样本中，有 16.2% 的企业为僵尸企业。僵尸企业的退出概率为 15.8%，低于全样本（18.2%）。僵尸企业的复活概率为 25.7%，则其存续（既不复活也不退出）的概率为 58.5%。僵尸企业的年龄和国有企业占比都高于全样本。

表 5.1　描述性统计结果

类型	变量	样本量	均值	标准差	最小值	最大值
全样本	*BkCmpt*	806001	0.299	0.148	0	0.614
	Zombie	806001	0.162	0.386	0	1

类型	变量	样本量	均值	标准差	最小值	最大值
全样本	*Exit*	806001	0.182	0.364	0	1
	ln*Size*	806001	10.660	1.445	6.942	14.800
	ln*Age*	806001	2.920	0.509	2.303	4.007
	SOE	806001	0.094	0.292	0	1
	Export	806001	0.292	0.474	0	1
僵尸企业样本	*Exit*	176549	0.158	0.364	0	1
	Recover	176549	0.257	0.437	0	1
	ln*Size*	176549	10.357	1.434	7.541	19.277
	ln*Age*	176549	3.056	0.574	2.303	5.704
	SOE	176549	0.251	0.434	0	1
	Export	176549	0.241	0.428	0	1

第三节　实证结果

上文理论分析表明，银行竞争一方面可能使银行特许权价值降低，使银行更多地进行风险行为，这种风险承担效应可能会延长僵尸企业存续时间；另一方面可能通过筛查与监督效应促使僵尸企业复活。除此之外，银行竞争还能够通过对正常企业的增强效应促使僵尸企业退出。因此，本部分首先通过实证研究银行竞争对僵尸企业存续和处置的影响来验证上文所提及的三个假设，然后检验其具体作用机制。

一　基本回归结果分析

（一）银行竞争与僵尸企业存续

僵尸企业从生成到结束（复活或退出）的存续时间代表了企业的寿命。根据"竞争-脆弱论"，如果银行竞争加剧降低了银行的特许权价值，使得银行更加偏好风险行为，那么这种风险承担效应会延长僵尸企业存续时间。

表 5.2 探讨了银行竞争对僵尸企业存续时间的影响。其中被解释变量均为企业在 t 期存在，在 $t + 1$ 期结束（复活或退出）的概率；核心解释变量是 $BkCmpt$，衡量城市的银行竞争程度。

第（1）~（2）列均采用半参数 COX 回归，该模型能够使我们同时分析众多因素对企业生命周期的影响，并且不要求估计资料的生存分布类型，因此其是迄今为止生存分析中应用最多的多因素分析方法。同时，第（1）~（2）列逐步加入城市层面相关经济变量和企业自身相关控制变量。第（1）~（2）列银行竞争的系数在 1% 的水平下显著为正，说明银行竞争的加剧会缩短僵尸企业从生成到结束（复活或退出）的存续时间，即减少僵尸企业的寿命。以第（2）列结果为例，银行竞争程度提升 1 个标准差，僵尸企业存续时间缩短 13.7%，说明这一结果既具有统计显著性，也具有经济显著性。

基于以上结果，银行竞争显著缩短了僵尸企业存续时间。因此可以拒绝上文提出的假设 1——银行竞争的风险承担效应促进僵尸企业存续，延长其存续时间。

表 5.2 银行竞争与僵尸企业存续

变量	(1) $\Pr(y < T_{it} < y + 1 \mid y < T_{it})$	(2) $\Pr(y < T_{it} < y + 1 \mid y < T_{it})$
$BkCmpt$	0.539 ***	0.929 ***
	(4.54)	(7.75)
$Firm\ Contrl$	No	Yes
$City\ Contrl$	Yes	Yes
N	176549	176549

注：括号中是估计系数的 t 值。标准误聚类到企业层面。*** $p < 0.01$。控制变量包括企业规模（$lnSize$）、企业年龄（$lnAge$）、所有权性质（SOE）、出口虚拟变量（$Export$）、所在城市的 GDP 增长速度（GDP_Growth）、人均 GDP 对数值（$lnGDPperCapita$）、第二产业占 GDP 份额（$Ind2$）、固定资产投资占 GDP 份额（$Invest$）、外商直接投资占 GDP 份额（FDI）、财政支出占 GDP 份额（$FiscalExp$）。

（二）银行竞争与企业层面僵尸企业复活

理论上讲，银行竞争可以提高信贷供给、缓解企业融资约束、加强对企业的筛查与监督，从而提高企业的经营绩效，使僵尸企业复活为正常企业。

表 5.3 探讨了银行竞争对僵尸企业复活概率的影响。其中被解释变量是代表僵尸企业是否复活的虚拟变量，我们将在 $t-1$ 期为僵尸企业，而 t 期为正常企业的企业定义为僵尸企业，若其在 t 年复活，$Recover$ 取值为 1，否则为 0。核心解释变量是 $BkCmpt$，衡量城市的银行竞争程度。

表 5.3　银行竞争与僵尸企业复活

变量	(1) *Recover*	(2) *Recover*	(3) *Recover*	(4) *Recover*	(5) *Recover*
BkCmpt	−0.040 *** (−6.80)	−0.049 * (−1.92)	−0.025 ** (−1.99)	−0.029 * (−1.55)	−0.501 ** (−2.51)
Firm Contrl	No	No	Yes	Yes	Yes
City Contrl	No	No	No	Yes	Yes
Firm FE	No	Yes	Yes	Yes	Yes
Year FE	No	Yes	Yes	Yes	Yes
2SLS	No	No	No	No	Yes
N	176549	176549	176549	176549	176549
Adj. R^2	0.20	0.21	0.21	0.21	−0.40
F					614.326

注：括号中是估计系数的 t 值。标准误聚类到企业层面。* p< 0.10，** p< 0.05，*** p< 0.01。控制变量包括企业规模（ln*Size*）、企业年龄（ln*Age*）、所有权性质（*SOE*）、出口虚拟变量（*Export*）、所在城市的 GDP 增长速度（*GDP_Growth*）、人均 GDP 对数值（ln*GDPperCapita*）、第二产业占 GDP 份额（*Ind2*）、固定资产投资占 GDP 份额（*Invest*）、外商直接投资占 GDP 份额（*FDI*）、财政支出占 GDP 份额（*FiscalExp*）。

第（1）列为 OLS 回归，不加任何控制变量；第（2）列进一步加入了企业固定效应和年份固定效应，以控制不随时间变化的企业特征以及随时间变化的宏观经济波动；第（3）列在第（2）列的基础上加入企业自身相关控制变量；第（4）列进一步控制城市层面相关经济变

量。第（1）列 *BkCmpt* 系数在 1% 的水平下显著，说明银行之间竞争的
加剧会降低僵尸企业的复活概率。

第（5）列在第（4）列的基础上进行工具变量回归，*BkCmpt* 的系
数在 5% 的显著性水平下为负。当银行竞争程度提高 1 个标准差时，僵
尸企业复活概率下降 7.41 个百分点，约占样本中僵尸企业复活概率均
值的 28.8%（0.0741/0.257）。这说明银行竞争对僵尸企业复活概率的
影响既具有统计显著性，也具有经济显著性。2SLS 回归的 F 值为
614.326，显著高于 Stock-Yogo 临界值，拒绝弱工具变量的原假设，说
明工具变量回归是有效的。

基于以上结果，银行竞争的加剧显著地降低了僵尸企业的复活概
率，因此可以初步拒绝上文提出的假设 2——银行竞争的筛查、监督效
应促使僵尸企业复活。

（三）银行竞争与僵尸企业退出

一个企业完整的生命周期包括企业产生、存续、退出。接下来分析
银行竞争是否通过影响僵尸企业退出概率进而影响僵尸企业的处置。

表 5.4 探讨了银行竞争对企业退出概率的影响。其中被解释变量均
为企业是否退出市场的虚拟变量，如果企业在 t 年存在于市场中，在 $t +
1$ 年退出市场，则 *Exit* 取值为 1，反之为 0。核心解释变量是 *BkCmpt* 及
其与僵尸企业虚拟变量的交乘项 *Zombk*，其系数代表了银行竞争对正
常企业和僵尸企业的不同影响。

表 5.4　银行竞争与僵尸企业退出

变量	(1) Exit	(2) Exit	(3) Exit	(4) Exit	(5) Exit
BkCmpt	-0.281***	-0.410*	-0.429***	-0.429***	-0.441***
	(-7.21)	(-1.73)	(-2.67)	(-2.63)	(-3.79)
Zombie	-0.051***	-0.063***	-0.063***	-0.063***	-0.298***
	(-23.83)	(-27.94)	(-28.04)	(-28.43)	(-29.88)

变量	(1) *Exit*	(2) *Exit*	(3) *Exit*	(4) *Exit*	(5) *Exit*
Zombk	-0.028 *** (-4.29)	-0.000 (-0.01)	0.000 (0.03)	0.001 (0.08)	0.789 *** (24.69)
Firm Contrl	No	No	Yes	Yes	Yes
City Contrl	No	No	No	Yes	Yes
Firm FE	No	Yes	Yes	Yes	Yes
Year FE	No	Yes	Yes	Yes	Yes
2SLS	No	No	No	No	Yes
N	806001	806001	806001	806001	806001
Adj. R²	0.22	0.27	0.27	0.27	-0.61
F					306.137

注：括号中是估计系数的 t 值。标准误聚类到企业层面。* p< 0.10，*** p< 0.01。控制变量包括企业规模（ln*Size*）、企业年龄（ln*Age*）、所有权性质（*SOE*）、出口虚拟变量（*Export*）、所在城市的 GDP 增长速度（*GDP_Growth*）、人均 GDP 对数值（ln*GDPperCapita*）、第二产业占 GDP 份额（*Ind2*）、固定资产投资占 GDP 份额（*Invest*）、外商直接投资占 GDP 份额（*FDI*）、财政支出占 GDP 份额（*FiscalExp*）。

第（1）列为 OLS 回归，不加任何控制变量；第（2）列进一步加入了企业固定效应和年份固定效应，以控制不随时间变化的企业特征以及随时间变化的宏观经济波动；第（3）列在第（2）列的基础上加入企业自身相关控制变量；第（4）列进一步控制城市层面相关经济变量。

第（5）列在第（4）列的基础上进行工具变量回归，*BkCmpt* 的系数在 1% 的水平下显著为负，说明银行竞争的加剧会显著降低正常企业的退出概率，银行竞争程度提高 1 个标准差，会使正常企业退出概率下降 6.53 个百分点。*Zombie* 的系数显著为负，说明僵尸企业的退出概率低于正常企业。*Zombk* 的系数在 1% 的水平下显著为正，说明相对于正常企业而言，银行竞争的加剧会促进僵尸企业的退出，银行竞争程度提高 1 个标准差，僵尸企业退出概率增加 5.15 个百分点，说明银行竞争对企业退出概率的影响既具有统计显著性，也具有经济显著性。2SLS

回归的 F 值为 306.137，显著高于 Stock-Yogo 临界值，拒绝弱工具变量的原假设，说明工具变量回归是有效的。

表 5.4 的结果显然与假设 3 一致，即银行竞争的正常企业增强效应会促使僵尸企业退出。

二　进一步分析与机制探讨

对僵尸企业的处置一般有两种方法：一是使僵尸企业退出市场；二是促进僵尸企业调整内部结构，使其恢复为正常企业。根据表 5.2、表 5.3 和表 5.4 的结果可以看出，银行竞争显著缩短了僵尸企业的存续时间，是通过促进僵尸企业退出实现的，而不是通过促进僵尸企业复活实现的。上文的结果拒绝了假设 1 提出的风险承担效应和假设 2 提出的筛查、监督效应，与假设 3 提出的正常企业增强效应相一致，即正常企业融资约束得到缓解，会增强其竞争力，提高其绩效，从而挤出效率不佳的僵尸企业。本节将进一步对银行竞争的正常企业增强效应进行检验。

（一）银行竞争与正常企业融资约束

在不完美的资本市场中，企业的内部融资成本与外部融资成本存在差距，受到更严重外部融资约束的企业，获得外部融资的成本更高，因此主要依赖内部现金流进行融资，企业的投资决策也主要取决于内部现金流。因此，许多文献使用投资-现金流敏感性来衡量企业的融资约束状况（马国臣等，2008；姜付秀等，2016）。本节借鉴这些文献中的方法，选用投资-现金流敏感性来衡量企业面临的融资约束状况。主要构建如下实证模型：

$$Inv_{ict} = \alpha_0 + \alpha_1 BkCmpt_{ct} + \alpha_2 CF_{ict} + \alpha_3 BkCmpt_{ct} \times CF_{ict} + \alpha_4 BkCmpt_{ct} \times$$

$$CF_{ict} \times NonZombie_{ict} + \alpha_5 X_{ict} + \alpha_6 Z_{ct} + \delta_t + \sigma_i + \varepsilon_{ict} \qquad (5.5)$$

其中，Inv_{ict} 为企业的投资率，以固定资产投资/上期资产来衡量。CF_{ict} 衡量企业现金流水平，以企业当年现金流净额/上期总资产表示。$BkCmpt_{ct}$ 指企业所在城市 c 在年度 t 的银行竞争程度。$NonZombie_{ict}$ 表示非僵尸企业。X_{ict} 和 Z_{ct} 分别控制了企业层面和城市层面随时间变化的因素。δ_t 是年份固定效应，控制宏观经济波动的影响；σ_i 是企业层面固定效应，控制不随时间变化的企业特征的影响。α_3 代表银行竞争对僵尸企业投资-现金流敏感性的影响，符号预期为正；α_4 代表银行竞争对正常企业投资-现金流敏感性的相对影响，符号预期为负；$\alpha_3 + \alpha_4$ 代表银行竞争对正常企业投资-现金流敏感性的绝对影响，预期其符号为负。

表 5.5 探讨了银行竞争对正常企业融资约束的影响。其中被解释变量为企业投资水平，最关注的核心解释变量为 $BkCmpt_{ct} \times CF_{ict} \times NonZombie_{ict}$，其系数代表了银行竞争对正常企业融资约束的相对影响。

第（1）列为 OLS 回归；第（2）~（4）列进一步加入了企业固定效应与年份固定效应，以控制不随时间变化的企业个体特征及随时间变化的宏观经济波动的影响，并逐步控制企业自身相关控制变量和城市层面相关经济变量。在第（1）~（4）列中，我们关注的核心解释变量 $BkCmpt_{ct} \times CF_{ict} \times NonZombie_{ict}$ 的系数均在 1% 的水平下显著为负，说明银行竞争的加剧使正常企业相对僵尸企业而言融资约束得到缓解。以第（4）列为例，相对于僵尸企业而言，银行竞争程度增加 1 个标准差，正常企业投资-现金流敏感性降低 2.308。

除此之外，回归结果还显示所有企业均面临一定的融资约束，即 CF_{ict} 的系数为正，并且银行竞争会增强僵尸企业的融资约束，即 CF_{ict} 与 $BkCmpt_{ct}$ 交乘项系数显著为正，这一结果与姜付秀等（2016）的结果一致。并且，相对于僵尸企业而言，正常企业面临的融资约束无论从相对量还是绝对量上来说均大大缓解，即 $BkCmpt_{ct} \times CF_{ict} \times NonZombie_{ict}$ 的系数为负且与 $BkCmpt_{ct} \times CF_{ict}$ 系数加总仍为负，说明银行竞争越激烈，正常企业投资-现金流敏感性越低，即正常企业面临的融资约束程度越低，但是对于僵尸企业而言，其面临的融资约束更为严重。

表 5.5 的结果说明，如果银行竞争加剧，则银行对借款企业的筛查更为严格，银行会更愿意放贷给正常、优质的企业，从而使正常企业面

临的融资约束变宽松，更容易获得贷款，并且使僵尸企业面临的融资约束更为严重，相比之下更难获得贷款，因此僵尸企业更难继续生存，更容易退出市场。

表 5.5　银行竞争与企业投资-现金流敏感性

变量	(1)	(2)	(3)	(4)
	Inv	*Inv*	*Inv*	*Inv*
CF	2.551 ***	2.411 ***	2.395 ***	2.397 ***
	(185.00)	(8.28)	(8.24)	(8.22)
BkCmpt	0.209 ***	0.186 **	0.173 **	0.244 ***
	(14.88)	(2.27)	(2.12)	(2.90)
BkCmpt×CF	10.954 ***	11.715 ***	11.771 ***	11.758 ***
	(158.82)	(7.83)	(7.88)	(7.85)
BkCmpt×CF×NonZombie	−15.204 ***	−15.564 ***	−15.603 ***	−15.595 ***
	(−399.37)	(−18.73)	(−18.78)	(−18.73)
Firm Contrl	No	No	Yes	Yes
City Contrl	No	No	No	Yes
Firm FE	No	Yes	Yes	Yes
Year FE	No	Yes	Yes	Yes
N	806001	806001	806001	806001
Adj. R^2	0.97	0.98	0.98	0.98

注：括号中是估计系数的 t 值。标准误聚类到企业层面。 ** $p < 0.05$， *** $p < 0.01$。控制变量包括企业规模（ln*Size*）、企业年龄（ln*Age*）、所有权性质（*SOE*）、出口虚拟变量（*Export*）、所在城市的 GDP 增长速度（*GDP_Growth*）、人均 GDP 对数值（ln*GDPperCapita*）、第二产业占 GDP 份额（*Ind2*）、固定资产投资占 GDP 份额（*Invest*）、外商直接投资占 GDP 份额（*FDI*）、财政支出占 GDP 份额（*FiscalExp*）。

（二）银行竞争与企业销售额和利润率

接下来，我们分析银行竞争对企业销售额和利润率的影响。本节使用企业销售额的自然对数衡量销售能力；用利润总额除以销售产值，然后取自然对数来衡量企业利润率。

表 5.6 探讨了银行竞争对企业销售额和利润率的影响。第（1）~

（2）列的因变量为企业销售额；第（3）~（4）列的因变量为企业利润率，核心解释变量均为 *Zombk*，其系数代表城市银行竞争程度对僵尸企业的相对影响。

第（1）~（4）列均控制城市层面的经济变量和与企业自身相关的控制变量，同时加入企业固定效应与年份固定效应，以控制不随时间变化的企业个体特征及随时间变化的宏观经济波动的影响。

第（2）列在第（1）列的基础上进行工具变量回归，*BkCmpt* 的系数在 1% 的水平下显著为正，说明银行竞争加剧提高了正常企业的销售额，银行竞争程度提高 1 个标准差，正常企业销售额增加 19.86%；*Zombk* 在 1% 的显著性水平下为负，说明相对于正常企业而言，银行竞争加剧显著降低了僵尸企业的销售额，银行竞争程度提高 1 个标准差，僵尸企业销售额相对下降 7.73%。2SLS 回归的 F 值为 268.784，显著高于 Stock-Yogo 临界值，拒绝弱工具变量的原假设，说明工具变量回归是有效的。

第（4）列在第（3）列的基础上进行工具变量回归，*BkCmpt* 的系数在 1% 的水平下显著为正，说明银行竞争加剧提高了正常企业的利润率，银行竞争程度提高 1 个标准差，正常企业利润率上升 1.347 个百分点；*Zombk* 系数为负，说明相对于正常企业而言，银行竞争加剧会降低僵尸企业利润率。2SLS 回归的 F 值为 1153.182，显著高于 Stock-Yogo 临界值，拒绝弱工具变量的原假设，说明工具变量回归是有效的。

表 5.6 的结果表明，银行竞争能够提高正常企业的经营绩效，提升销售额，从而增强其相对竞争力。

结合表 5.5 与表 5.6，本节的实证结果表明，银行竞争能够缓解正常企业的融资约束、提高正常企业的经营绩效，使得正常企业相对竞争力更强，而僵尸企业面临的融资约束更为严格，经营绩效与销售水平降低，从而处于竞争劣势，被逐步淘汰。这一结果证实了假设 3——银行竞争的正常企业增强效应会促使僵尸企业退出，进而影响僵尸企业的处置。

表 5.6　银行竞争与企业销售额和利润率

变量	（1）lnsale	（2）lnsale	（3）Profit	（4）Profit
BkCmpt	−0.148 ***	1.342 ***	0.013 ***	0.091 ***
	（−5.02）	（3.27）	（5.03）	（4.29）
Zombk	−0.280 ***	−0.522 ***	−0.010 ***	−0.006
	（−11.28）	（−12.98）	（−3.80）	（−1.49）
Zombie	−0.021 **	0.054 ***	−0.029 ***	−0.030 ***
	（−2.48）	（4.19）	（−34.46）	（−22.43）
Firm Contrl	Yes	Yes	Yes	Yes
City Contrl	Yes	Yes	Yes	Yes
Firm FE	Yes	Yes	Yes	Yes
Year FE	Yes	Yes	Yes	Yes
N	806001	806001	806001	806001
Adj. R^2	0.88	0.14	0.44	0.03
F		268.784		1153.182

注：括号中是估计系数的 t 值。标准误聚类到企业层面。** $p < 0.05$，*** $p < 0.01$。控制变量包括企业规模（ln$Size$）、企业年龄（lnAge）、所有权性质（SOE）、出口虚拟变量（$Export$）、所在城市的 GDP 增长速度（GDP_Growth）、人均 GDP 对数值（ln$GDPperCapita$）、第二产业占 GDP 份额（$Ind2$）、固定资产投资占 GDP 份额（$Invest$）、外商直接投资占 GDP 份额（FDI）、财政支出占 GDP 份额（$FiscalExp$）。

第四节　稳健性检验

本章主要使用 FN-CHK 方法识别僵尸企业，其中"常青贷款"标准认为，如果一个企业盈利能力差且外部负债已经达到了总资产的 50% 以上还继续获得银行的贷款，则将其认定为僵尸企业。但是，50% 的阈值只是 Fukuda 和 Nakamura（2011）提出的经验标准，并无严谨的理论支撑。另外，不同行业的杠杆水平差异性较大，"一刀切"地用 50% 作为阈值可能不合适。为了保证实证结果的稳健性，本节分别使用企业所在行业杠杆率的中位数、75% 分位数替代 50% 作为阈值来识别僵尸企业。新的结果显示，僵尸企业的比例特征发生了变化，但僵尸企业的趋势性特征、银行竞争与僵尸企业的关系等结论保持稳健。

此外，用"连续亏损3年以上"代替"息税前利润小于市场最优惠利息支出并且前一期杠杆率大于50%"作为识别"低资质企业"的标准，如果"低资质企业"获得了"利息补贴"或者"常青贷款"则被划分为僵尸企业。新的实证结果显示，本章结论具有稳健性。

结　论

银行是僵尸企业外部资金的主要来源，并且从长远来看，中国银行业的市场化程度、开放程度、竞争程度越来越高是大势所趋。

本章基于银行竞争的视角，探讨银行竞争如何影响僵尸企业存续与处置，提出了3个假设并一一进行验证。实证结果发现：（1）银行竞争的加剧并不能够通过风险承担效应而使僵尸企业继续存活，延长其存续时间，否定了假设1的影响渠道；（2）银行竞争的加剧不能够通过筛查与监督效应促使僵尸企业复活，否定了假设2的影响渠道；（3）银行竞争能够通过正常企业增强效应促使僵尸企业退出，证实了假设3为可能的影响渠道。

接着，本章进一步分析银行竞争促进僵尸企业退出的机制，得出以下结论：（1）银行竞争加剧会缓解正常企业面临的融资约束，增强僵尸企业面临的融资约束，从融资约束的角度说明银行竞争增强了正常企业的相对竞争力；（2）随着银行竞争的加剧，正常企业的销售额增加，盈利能力增强，而僵尸企业销售额与盈利能力下降，正常企业的相对竞争力增强。总的来说，银行竞争能够增强正常企业的相对竞争力，从而使得僵尸企业处于竞争劣势，进而被挤出市场。

本章的结果显示，银行竞争对处理僵尸企业有很好的借鉴意义，我们可以通过增强银行间竞争，从而解决僵尸企业问题。但是在这种情况下，在提高银行市场化程度、开放程度的同时要警惕银行的过度竞争，以免出现现存僵尸企业未清理，而新的僵尸企业又不断出现的情况。

第六章　金融开放与僵尸企业生成

近 20 年来，我国的对外开放脚步越走越快，为经济发展注入了许多新活力，那么外资银行的进一步进入给国内的僵尸企业带来了何种影响？外资银行既有技术优势，又有信息劣势，同时还可能因远离总部而产生道德风险。中国自 2001 年底加入 WTO 之后，对外资银行活动的限制已逐步放松。自 2006 年 12 月以来，中国完全取消了对外资银行开放本币业务的限制。在中国的制度和经济背景下，对外资银行开放人民币业务能否对僵尸企业的生成有所抑制？

本章基于我国不同地区从 1998 年陆续开始允许外资银行开展人民币业务的自然实验，探究对外资银行开放人民币业务如何影响僵尸企业的生成和存续。基于 1998~2013 年中国工业企业数据库中的制造业数据，本章采用 FN-CHK 方法对各省份的僵尸企业进行识别。基于中国银监会发布的全部金融机构金融许可证信息和《中国银行业对外开放报告》，本章得到各省份开放外资银行本币业务并开展人民币业务的阶段性数据。依照已有研究，实证中加入了企业规模、企业所有权、城市 GDP 增长速度等数十个控制变量，控制了企业层面和城市层面随时间变化的因素，并控制了企业和年份固定效应。

核心结果发现，开放外资银行本币业务后，僵尸企业的生成概率都显著下降。这一结论在更换僵尸企业识别方式、在城市层面上进行回归时均保持稳健。考虑到可能存在城市层面的遗漏变量或者存在反向因果关系，从而导致估计系数产生偏误，本章参考了 Gormley（2010）的做法，使用一个市级的指示变量（1998 年该市是否已经存在外资企业）和 1998 年后的指示变量的交乘项作为工具变量，进行 2SLS 回归。利用工具变量处理内生性后得到的基线结果同样具有稳健性。

本章还探究了开放外资银行本币业务对僵尸企业生成的具体影响渠道。第一，开放外资银行本币业务会因信息劣势而导致僵尸企业问题加剧。我们借鉴 Gormley（2010）的做法，将公司按照规模分类后进行回归，因为相对于规模大的公司，规模小的公司信息不透明程度较高，外资银行在进入后，因为无法更好地鉴别小规模的企业，从而导致它们更多地向僵尸企业转化。第二，开放外资银行本币业务会凭借技术优势降低僵尸企业的生成概率。同样借鉴 Gormley（2010）的做法，按照"有形性"（Berger et al.，1996）将样本进行分类，开放外资银行本币业务后，由于技术优势，外资银行不再过度依赖借款人的抵押品，因此对于"有形性"较高的企业来说，僵尸企业的生成应该会受到抑制。第三，由于外资银行具有相对独立性，开放外资银行本币业务减少了政府对企业的干预，可以抑制僵尸企业的生成。我们选取樊纲"减少政府对企业的干预"指数、"非国有经济发展"指数、劳动密集型企业等指标与核心解释变量进行交互，发现在原本政府干预更严重、非国有经济更发达的地区，在开放外资银行本币业务后，僵尸企业的生成概率显著下降，劳动密集型企业中僵尸企业的生成概率也明显降低。第四，开放外资银行本币业务在短期内降低了我国的银行业竞争程度，进而促进了僵尸企业的生成。我们使用 1－HHI 指数来衡量银行竞争，并与核心解释变量进行交互。综上，开放外资银行本币业务通过不同渠道对僵尸企业造成了积极或消极的影响，但是综合来看，僵尸企业的生成被显著抑制。

本章可能的贡献有以下几点。第一，本章为当前领域研究提供了重要的补充证据。僵尸企业问题一直是我国经济健康发展中的痛点，我国的对外开放也大力推动了经济的发展，但是关于开放外资银行本币业务对僵尸企业的影响还尚未有文章提供完善的经验证据，也未形成较为全面的解释体系。本章基于中国这样的发展中国家所取得的一系列经验证据，必然为深入理解发展中国家的对外开放和僵尸企业问题的内在关系提供有价值的补充证据。

第二，本章提供了数个影响渠道的解释。聚焦于金融业的信息不对称问题、外资银行的自身特征以及国内银行业的情况，本章提出了"信息劣势、技术优势、独立性、改变竞争"等数个影响渠道，并基于国内外相关研究得出的结论，给出了符合逻辑的经济解释。国内相关研究很少给出关于深层影响渠道的探索。如田素华和徐明东（2011）的研究表明，开放外资银行本币业务对东道国不同行业的发展均有不同程度的显著促进作用。与现有文献不同，本章给出了进一步的影响方式，提供了合理解释，也为僵尸企业问题的解决提供了一些思路。

第一节　研究假设与实证设计

为了验证我国开放外资银行本币业务对僵尸企业生成的影响，本节基于现有文献的理论及实证研究，分别阐述了研究假设、实证模型、数据获取及处理几部分内容。

一　研究假设

关于开放外资银行本币业务的影响研究，国外相关研究提出以下三种观点。第一，外资银行在新市场中面临信息劣势，而本地银行在过去的融资过程中会获得企业的软信息。Dell'Ariccia 和 Marquez（2004）、Sengupta（2007）的研究都表明，外来银行在刚进入市场的一段时间内有更高的不良贷款率，这就是因信息劣势而导致它们无法区分当地的低资质企业。第二，外资银行可能面临更大的代理问题。由于距离总部较远，如果分行的经理人难以被监督，那么外资银行更有可能出现道德风险问题（Berger and DeYoung，2001；Goetz et al.，2013）；当母公司出现困境时，外资银行还有可能被迫向母公司进行内部贷款甚至转移资产

（Jeon et al.，2013），而母公司受到不利冲击时，其子公司的融资成本也会增加；东道主国家和母国的宏观经济状况也会影响外资银行的表现。第三，外资银行往往具有特定的产品优势或较为先进的技术优势。Dell'Ariccia 和 Marquez（2004）、Sengupta（2007）认为，外资银行贷款评估和审查技术较好，对基于硬信息的信贷具有比较优势；本地银行由于进行了更多的关系型贷款，在收集软信息时具有比较优势，所以外资银行在进入后会倾向于只向那些信息更透明的大企业提供贷款。但是，关于开放外资银行本币业务对银行竞争的影响，不同文献则提出了不同的观点。Yeyati 和 Micco（2007）发现，外资银行的进入将削弱东道国银行竞争，并且降低银行部门的效率。Claessens 等（2001）则通过实证研究表明，开放外资银行本币业务给发展中国家的银行带来了更大的竞争压力，提高了市场的可竞争程度。

（一）信息劣势促进僵尸企业生成

信息不对称是金融市场的固有问题。理论上讲，本土银行已经扎根多年，具有信息获取的优势，而外资银行天然具有信息劣势，尤其是关于企业的软信息获取。如 Dell'Ariccia 和 Marquez（2004）、Sengupta（2007）发现，外来银行在刚进入市场的一段时间内不良贷款率更高，因为他们难以识别客户群体中的低资质企业。Gormley（2010）在研究开放外资银行本币业务后印度市场对国内信贷获取和企业绩效的影响时，也提到开放外资银行本币业务后信息不对称加剧。

因此，我们有理由假设，外资银行在进入国内市场后，可能会因信息劣势而无法区分出更劣质的企业，并"错误地"为这些企业发放贷款，进而导致僵尸企业的生成，即"信息劣势影响"。

H1：外资银行具有信息劣势，对企业的识别能力较弱，可能导致更多僵尸企业出现。

（二）技术优势抑制僵尸企业生成

识别技术和管理手段会影响银行对贷款对象的选择。外资银行绝大多数来自发达国家（北美、欧洲），这些国家金融业和银行业较为发达，发放信贷时，往往具有更先进、更适合的识别技术，日常中也更注重有效管理。同样，Dell'Ariccia 和 Marquez（2004）、Sengupta（2007）的研究显示，外资银行贷款评估和审查技术较好，对基于硬信息的信贷具有比较优势。Gormley（2010）指出，相较于依赖企业的抵押物来发放贷款，外资银行会更依赖自己的识别技术。本地银行由于进行了更多的关系型贷款，在收集软信息时具有比较优势，所以外资银行在进入后会倾向于只向那些信息更透明的大企业提供贷款。

因此，外资银行在进入我国后，由于其自带的先进技术，会在一定程度上降低僵尸企业的生成，即"技术优势影响"。

H2：外资银行往往具有更先进的识别技术和管理手段，可能会抑制僵尸企业的生成。

（三）"独立性"抑制僵尸企业生成

由于我国"银行导向型"的金融体系，政府的经济目标和宏观政策会通过银行来执行。比如，聂辉华等（2016）提出，一些地方政府不断给濒临破产的僵尸企业"输血"，又给非僵尸企业施加就业压力和产量扩张压力，然后通过补贴和贷款来维持局面；申广军（2016）也提到，部分地方政府实施违背比较优势的产业政策、政府补贴、税收优惠，这些都使得本来不是"僵尸"的企业变成了"僵尸"，已是"僵尸"的企业更加难以清理。这也导致了内资银行很容易受到地方政府的影响，而相对来说，外资银行较为独立，和地方政府关联不大，受宏观经济影响向低资质企业提供保护的可能性不大。

因此，外资银行不太可能为僵尸企业提供保护，反而可能起到抑制作用，即"独立性影响"。

H3：外资银行具有独立性，不会为企业提供过度保护，从而抑制僵尸企业的生成。

（四）竞争程度降低促进僵尸企业生成

现有研究表明，外资银行的进入会改变东道国的竞争状况，但是既可能增强筛选和监督效应，又可能降低保护门槛，对僵尸企业的影响并不确定。李伟和韩立岩（2008）指出，开放外资银行本币业务与市场竞争程度呈 U 形关系，开放外资银行本币业务的程度只有超过一定水平时，才会对我国银行竞争有积极作用。Yeyati 和 Micco（2007）、Claessens 等（2001）的结论分别表明，外资银行的进入会减弱发达国家的银行竞争而促进发展中国家的银行竞争，进一步影响企业。而银行竞争带来的影响往往也是双面的，一方面，Keeley（1990）提出银行竞争的加剧导致特许权价值下降，这导致破产时的机会成本降低，从而使得风险行为增加；另一方面，银行竞争可以加强银行对贷款的筛查和对企业经营的监督（Song and Li，2012），从而提高企业投资效率、增强企业盈利能力和降低企业成为僵尸企业的可能性。

因此，我们认为，开放外资银行本币业务会影响我国银行业竞争情况进而影响僵尸企业生成，但是其具有促进还是抑制作用需要进一步验证。本章通过实证研究发现，开放外资银行本币业务提高了我国银行业竞争程度，从而在一定程度上抑制了僵尸企业的生成。

H4：开放外资银行本币业务会提升我国的银行业竞争程度，从而抑制僵尸企业的生成。

（五）开放外资银行本币业务整体上抑制僵尸企业生成

综合上面 4 个假设，开放外资银行本币业务既会通过信息劣势和降低银行业竞争程度促进僵尸企业的生成，又会通过技术优势和自身独立性抑制僵尸企业的生成。总体上看，本章假设开放外资银行人民币业务会在僵尸企业问题上产生积极影响，显著降低僵尸企业的生成概率。

H5：总体上看，开放外资银行人民币业务会降低僵尸企业的生成概率。

二 实证模型

上文提出假设：开放外资银行人民币业务会降低僵尸企业的生成概

率。因此，本章采取如下基本回归来探究开放外资银行本币业务对僵尸企业生成和存续的影响：

$$\Pr(Zombie_{ict} = 1) = \varphi_0 + \varphi_1 BkOpen_{ct} + \varphi_2 X_{ict} + \varphi_3 Z_{ct} + \sigma_i + \delta_t + \varepsilon_{ict} \qquad (6.1)$$

其中，$Zombie_{ict}$ 是代表企业是否为僵尸企业的虚拟变量。核心解释变量为 $BkOpen_{ct}$，代表某市某年是否对外资银行开放人民币业务。X_{ict} 是企业层面的控制变量，Z_{ct} 是城市层面的控制变量。δ_t 是年份固定效应，控制宏观经济波动的影响；σ_i 是企业层面固定效应，控制不随时间变化的企业特征。实证结果将在下一节进行具体说明。

三　数据获取及处理

(一) 实验数据说明

本章的实证数据集中来源于中国工业企业数据库及其他部分统计报告。进行僵尸企业的识别的相关企业数据来源于 1998～2013 年中国工业企业数据库中的制造业数据；银行竞争程度、集中度、外资银行数量相关数据来源于中国银监会发布的全部金融机构金融许可证信息，包括金融机构的名称、批准成立日期、地址以及发证日期等要素；对外资银行开放本币业务的数据来源于 2007 年 3 月发布的《中国银行业对外开放报告》；企业层面控制变量数据同样来源于中国工业企业数据库；城市层面控制变量 (GDP 增长率等) 数据来源于同一年份区间的《中国区域经济统计年鉴》。地方政府干预经济和非国有经济情况来源于樊纲、王小鲁、朱恒鹏于 2010 年编写的《中国市场化指数——各地区市场化相对进程 2011 年报告》。

根据实际情况，我们对数据进行初步处理。本章清理了不符合会计准则的观测值。参照 Cai 和 Liu (2009) 的做法，本章删除了总资产小于固定资产、总资产小于流动资产、累计折旧小于当期折旧的样本；同时，也删除了职工人数小于 10 人、主营收入小于 10 万元、总资产为负、工业总产值为负、固定资产为负的极端值样本。

在利用计量经济模型实证检验开放外资银行本币业务对僵尸企业的影响时，本章进一步删除了控制变量（包括企业规模、年龄、所有权性质、出口量等企业层面变量，财政赤字、GDP 增长率、人均 GDP、第二产业占 GDP 份额、固定资产投资占 GDP 份额等省级层面变量）中的缺失样本。对所有企业层面的被解释变量、解释变量以及控制变量进行了两端缩尾处理，去掉 1% 的极端值。

（二）数据处理及有效性分析

1. 僵尸企业数据处理

根据李旭超等（2019）的方法识别僵尸企业，当该企业在当年是僵尸企业时，$Zombie = 1$，反之 $Zombie = 0$。

2. 核心解释变量——开放外资银行本币业务

1980 年以来，中国银行业对外开放经历了从局部地区到全国范围、从外币业务到本币业务、从外国居民到本国居民的发展历程。在对外资银行开放人民币业务之前，1980~1993 年，外资银行的进入主要是引进外汇资金和改善对外资企业的金融服务，经营对外资企业和外国居民的外汇业务；1994~2001 年，外资银行可以逐渐在中国所有城市设立分支机构，并且以上海、深圳两个城市作为试点，先后向外资银行开放对外资企业及境外居民的人民币业务，逐渐放宽对外资银行人民币业务客户的地域限制和人民币业务的规模限制。自 2001 年 12 月 11 日加入 WTO 之日起，我国逐渐向外资银行开放对所有客户的外汇业务，并逐步将外资银行经营人民币业务的地域范围扩大到全国所有地区，逐步将外资银行人民币业务的客户对象从外资企业和外国人逐步扩大到中国企业和中国居民。

开放人民币业务之前，中国的外资银行主要集中于开展外企和外国居民的业务，而内资银行仍然面对本国居民开展业务，双方在业务上并未形成较强的竞争。然而，随着改革开放的推进，对外贸易快速发展，外商投资显著增加，进一步开放外资银行本币业务成了加速中国经济融入世界经济的必然趋势。随着对外资银行逐年分区域开放人民币业务，以及根据经济发展和金融改革需要积极实施的其他自主开放措施，外资银行开始涉足更广泛的业务，对内资银行形成了一定冲击。

根据《中国银行业对外开放报告》，本章将核心解释变量 $BkOpen_{ct}$ 设定为：某年某市是否对外资银行开放本币业务。$BkOpen_{ct}$ 是虚拟变量，表示 t 年城市 c 是否对外资银行开放本币业务。若开放，则外资银行在人民币贷款市场对内资银行形成潜在竞争，$BkOpen_{ct}=1$，未开放则 $BkOpen_{ct}=0$。

从中国工业企业数据库中获得的各市、各年数据，依照条件对企业数据进行处理，得到每个企业的 $BkOpen_{ct}$。表 6.1 是根据 2007 年 3 月发布的《中国银行业对外开放报告》总结的各市对外资银行开放本币业务的时间。

表 6.1 各城市对外资银行开放本币业务的时间

时间	城市
1998 年 8 月	深圳允许外资银行开展人民币业务（1996 年上海浦东作为试点）
2001 年 12 月	（增加）天津、大连
2002 年 12 月	（增加）广州、青岛、珠海、南京、武汉
2003 年 12 月	（增加）济南、福州、成都、重庆
2004 年 12 月	（增加）昆明、北京、厦门、沈阳、西安
2005 年 12 月	（增加）汕头、宁波、哈尔滨、长春、兰州、银川、南宁
2006 年 12 月	取消外资银行经营人民币业务的地域和客户限制，允许外资银行向所有客户提供人民币服务

3. 控制变量

计量模型中 X_{ict} 为企业层面的控制变量，Z_{ct} 为城市层面的控制变量，具体如表 6.2 所示。

表 6.2 企业和城市层面控制变量

变量	含义	处理
ln$Size$	企业规模	以总资产的对数值来衡量
lnAge	企业年龄	以企业年龄的对数值来衡量
SOE	所有权性质（虚拟变量）	当企业为国有企业时，$SOE=1$；其他情况，$SOE=0$
$Export$	出口量（虚拟变量）	如果当年企业出口交货值大于 0，则 $Export=1$；反之，则 $Export=0$
GDP_Growth	GDP 增长速度	以原数据/100 来衡量
ln$GDPperCapita$	人均 GDP 对数值	以人均 GDP 的对数值来衡量
$Ind2$	第二产业占 GDP 份额	以原数据/100 来衡量
$Invest$	固定资产投资占 GDP 份额	以固定投资额/GDP 来衡量
FDI	外商直接投资占 GDP 份额	以外商投资额/GDP 来衡量
$FiscalExp$	财政支出占 GDP 份额	以财政支出额/GDP 来衡量

4. 描述性统计

表 6.3 显示了本章变量的描述性统计结果，包含了僵尸企业识别变量 $Zombie$、核心解释变量 $BkOpen$ 和其他所有控制变量。统计显示，平均来看，所有企业中僵尸企业占比为 7.6%。

表 6.3 描述性统计结果

变量	样本量	均值	标准差	最小值	最大值
$Zombie$	3040000	0.076	0.266	0	1
$BkOpen$	3040000	0.707	0.455	0	1
$BkCmpt$	3040000	0.278	0.152	0	0.624
GDP_Growth	3040000	0.132	0.03	−0.106	0.232
$Ind2$	3040000	0.51	0.081	0.227	0.695
ln$GDPperCapita$	3040000	10.37	0.916	7.918	13.018
$Invest$	3040000	0.466	0.187	0.067	1.264
FDI	3040000	0.006	0.004	0	0.033
$FiscalExp$	3040000	0.063	0.044	0.006	0.202
$Export$	3040000	0.268	0.443	0	1

续表

变量	样本量	均值	标准差	最小值	最大值
SOE	3040000	0.045	0.208	0	1
ln*Size*	3040000	10.002	1.433	6.057	14.733
ln*Age*	3040000	2.075	0.795	0	4.29

第二节 实证结果

本节实证研究开放外资银行本币业务对僵尸企业的影响，并进一步探究具体影响渠道，对研究假设进行验证。

一 实证结果

本部分首先报告开放外资银行本币业务是否抑制了僵尸企业的生成。其中，被解释变量是僵尸企业 *Zombie*，若企业为僵尸企业，*Zombie* = 1，否则 *Zombie* = 0。核心解释变量是指示变量 *BkOpen*，表示该企业所处的某城市在某年是否对外资银行开放人民币业务，开放了则 *BkOpen* = 1，反之则 *BkOpen* = 0。因此，表 6.4 核心变量系数解释了开放外资银行本币业务对僵尸企业生成概率总体影响的实证结果。第（1）列仅加入了核心解释变量；第（2）列在第（1）列基础上加入了双重固定效应——年份固定效应（Year FE）以捕捉随时间变化的宏观层面的冲击，企业固定效应（Firm FE）以捕捉不随时间变化的企业特征；第（3）列在第（2）列基础上加入了企业层面控制变量（*Firm Contrl*——企业规模、企业年龄、企业所有权性质、企业出口量）；第（4）列则是在第（3）列基础上加入了城市层面控制变量（*City Contrl*——GDP 增长速度、人均 GDP 对数值、第二产业占 GDP 份额、固定资产投资占 GDP 份额、外商直接投资占 GDP 份额、财政支出占 GDP 份额），即包含了双重固定效应和所有的控制变量。为了节省篇幅，所有控制变量的估计系数均没有显示在表内。

表6.4的第（1）~（4）列结果显示，我国对外资银行开放人民币业务至少在5%的水平下显著抑制了本土僵尸企业的生成，在控制了企业和年份固定效应之后结论依然成立。以第（4）列为例，在开放外资银行本币业务后，僵尸企业的生成概率显著降低了0.6个百分点，约占样本均值的7.9%，也具有一定的经济显著性。

综上所述，我们验证了前文提出的假设5，即总体上看，开放外资银行本币业务对我国僵尸企业的生成起到了显著的抑制作用。

表6.4 开放外资银行本币业务对僵尸企业生成的影响

变量	（1）Zombie	（2）Zombie	（3）Zombie	（4）Zombie
BkOpen	−0.005 *** (0.000)	−0.006 *** (0.001)	−0.008 ** (0.001)	−0.006 *** (0.001)
Firm Contrl	No	No	Yes	Yes
City Contrl	No	No	No	Yes
Firm FE	No	Yes	Yes	Yes
Year FE	No	Yes	Yes	Yes
N	2868762	2868762	2868762	2868762
Adj. R^2	0.241	0.236	0.238	0.238

注：括号内为企业层面聚类的标准误；** $p<0.05$，*** $p<0.01$。企业层面控制变量（Firm Contrl）包括企业规模（lnSize）、企业年龄（lnAge）、企业所有权性质（SOE）、企业出口量（Export）。城市层面控制变量（City Contrl）包括GDP增长速度（GDP_Growth）、人均GDP对数值（lnGDPperCapita）、第二产业占GDP份额（Ind2）、固定资产投资占GDP份额（Invest）、外商直接投资占GDP份额（FDI）、财政支出占GDP份额（FiscalExp）。

二 平行趋势检验

上文使用了双重差分（DID）模型估计了我国对外资银行开放人民币业务对僵尸企业生成的影响。使用双重差分模型时应该满足平行趋势检验，即检验政策效应是否由处理组与对照组样本在政策实施之前存在的差异变动所导致。因此，本部分检验双重差分模型的有效性，以确保因果关系的成立。

本章所研究的外资开放具有多个时点，因此依照 Beck 等（2010）的做法，我们选取城市层面的数据，在标准回归中加入了一系列虚拟变量，以追踪各个城市开放外资银行本币业务的逐年影响。

图 6.1 绘制了各项系数和 95% 的置信区间。结果表明，在对外资银行开放人民币业务之前，处理组与对照组不同城市间不存在明显的随年份的差异变动。而对外资银行开放人民币业务之后，对僵尸企业的抑制作用很快就有所显现。

总的来看，图 6.1 表明在政策实施前满足平行趋势检验，因此本章双重差分模型的因果识别是有效的。

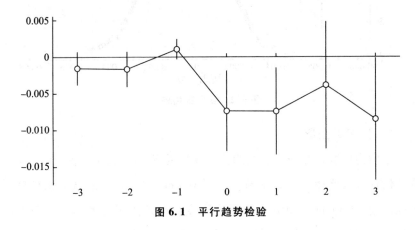

图 6.1 平行趋势检验

三 内生性处理

（一）安慰剂试验

为了进一步检验本章获得的实证结果是否由城市-年份中无法观测到的因素驱动，本章进行了安慰剂试验。表 6.1 显示，在样本期内，对外资银行开放人民币业务共有 7 个年份，因此，我们在样本期所有年份中随机抽取 7 个，并分别在每个抽取的年份中再随意抽取处理组城市。使用随机抽取的处理组和对照组，同样进行 DID 回归。为了提高这一检验的识别能力，我们将整个过程重复 500 次。

图 6.2 报告了 500 次随机抽样后回归估计值的分布情况。结果显示，随机分配得到的估计值均值为 0.0005，而本章的真实估计值［见表 6.4 的第（4）列］在安慰剂检验中是明显的异常值。这些结果表明，本章的估计结果不太可能由城市–年份中的不可观察因素驱动。

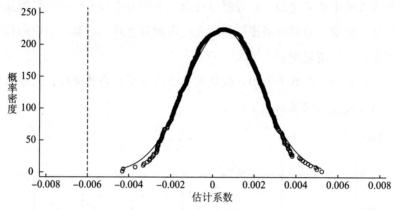

图 6.2　安慰剂检验

（二）工具变量

考虑到可能存在城市层面的遗漏变量或者存在反向因果关系，从而导致估计系数产生偏误，本节参考了 Gormley（2010）的做法来处理内生性问题。Gormley（2010）在研究印度开放外资银行本币业务对国内信贷的影响时，提出了一个担忧，即外资银行可能会出于与实际进入无关的原因而选择进入未来信贷趋势将有所不同的地区。同样，如果在选取外资银行经营人民币业务时是出于一些其他可能使得地区僵尸企业产生变化的原因，那么在 OLS 估计中就会产生偏差。

因此，参考 Gormley（2010）的做法，本节使用一个市级的指示变量和 1998 年后的指示变量之间的交乘项作为工具变量，进行 2SLS 回归。这个市级的指示变量是指 1998 年该市是否已经存在外国企业。首先，在已有外国企业的城市，开放外资银行本币业务后，更有可能使其利用优势促进业务发展，推动地方经济发展；其次，外国公司的所在地本身应该与本土公司是否为僵尸企业不相关。虽然外国公司最初的区位选择也可能是战略性的，但这一假设似乎是合理的，因为样本中使用的外国公司成立的中间年份比本章关心的开放外资银行本币业务早了许多。因此，不太可能存在直接相关关系。

表 6.5 显示了基线回归的工具变量结果。被解释变量是僵尸企业 *Zombie*，若企业为僵尸企业，*Zombie* = 1，否则 *Zombie* = 0。核心解释变量是指示变量 *BkOpen*，表示该企业所处的某城市在某年是否对外资银行开放人民币业务，开放了则 *BkOpen* = 1，反之则 *BkOpen* = 0。因此，表 6.5 核心解释变量系数解释了开放外资银行本币业务对僵尸企业生成概率总体影响的实证结果。第（1）列仅加入了核心解释变量；第（2）列在第（1）列基础上加入了双重固定效应——年份固定效应（Year FE）以捕捉随时间变化的宏观层面的冲击，企业固定效应（Firm FE）以捕捉不随时间变化的企业特征；第（3）列在第（2）列基础上加入了企业层面控制变量（*Firm Contrl*——企业规模、企业年龄、企业所有权性质、企业出口量）；第（4）列则是在第（3）列基础上加入了城市层面控制变量（*City Contrl*——GDP 增长速度、人均 GDP 对数值、第二产业占 GDP 份额、固定资产投资占 GDP 份额、外商直接投资占 GDP 份额、财政支出占 GDP 份额），即包含了双重固定效应和所有的控制变量。

表 6.5　工具变量回归

变量	（2）Zombie	（1）Zombie	（3）Zombie	（4）Zombie
BkOpen	−0.007 *** (0.000)	−0.009 *** (0.003)	−0.007 *** (0.002)	−0.007 *** (0.002)
Firm Contrl	No	No	Yes	Yes
City Contrl	No	No	No	Yes
Firm FE	No	Yes	Yes	Yes
Year FE	No	Yes	Yes	Yes

变量	（2） *Zombie*	（1） *Zombie*	（3） *Zombie*	（4） *Zombie*
N	2868762	2868762	2868762	2868762
F	49	47	51	50

注：括号内为企业层面聚类的标准误；*** p< 0.01。企业层面控制变量（*Firm Contrl*）包括企业规模（ln*Size*）、企业年龄（ln*Age*）、企业所有权性质（*SOE*）、企业出口量（*Export*）。城市层面控制变量（*City Contrl*）包括 GDP 增长速度（*GDP_Growth*）、人均 GDP 对数值（ln*GDPperCapita*）、第二产业占 GDP 份额（*Ind*2）、固定资产投资占 GDP 份额（*Invest*）、外商直接投资占 GDP 份额（*FDI*）、财政支出占 GDP 份额（*FiscalExp*）。

我们发现，处理内生性后的回归结果和前文结果基本一致，即开放外资银行本币业务显著降低了僵尸企业的生成概率。综上，前文的研究不太可能存在遗漏变量或反向因果等可能导致内生性的问题，"开放外资银行本币业务对僵尸企业生成可以起到抑制作用"这一结论具有稳健性。

四　稳健性检验

表 6.6 和表 6.7 分别报告了另两种识别方式得到的回归结果，即利用 CHK 方法和连续 3 年 *EBIT* 小于零方法识别僵尸企业。同样，被解释变量均为僵尸企业 *Zombie*，若企业为僵尸企业，*Zombie* = 1，否则 *Zombie* = 0。核心解释变量是指示变量 *BkOpen*，表示该企业所处的某城市在某年是否对外资银行开放人民币业务，开放了则 *BkOpen* = 1，反之则 *BkOpen* = 0。因此，核心解释变量系数解释了开放外资银行本币业务对僵尸企业生成概率总体影响的实证结果。两表中的第（1）列仅加入了核心解释变量；第（2）列在第（1）列基础上加入了双重固定效应——年份固定效应（Year FE）以捕捉随时间变化的宏观层面的冲击，企业固定效应（Firm FE）以捕捉不随时间变化的企业特征；第（3）列在第（2）列基础上加入了企业层面控制变量（*Firm Contrl*——企业规模、企业年龄、企业所有权性质、企业出口量）；第（4）列则是在第（3）列基础上加入了城市层面控制变量（*City Contrl*——GDP 增长

速度、人均 GDP 对数值、第二产业占 GDP 份额、固定资产投资占 GDP 份额、外商直接投资占 GDP 份额、财政支出占 GDP 份额），即包含了双重固定效应和所有的控制变量。为了节省篇幅，所有控制变量的估计系数均没有显示在表内。

总体来看，这两种识别方式所得结果也在 1% 的水平下显著为负，因此可以得出一致的结论：对外资银行开放人民币业务显著抑制了僵尸企业的生成，具有经济显著性和统计显著性。

综上，回归结果显示，僵尸企业识别方法的改变并未对本章结论造成影响，核心结论具有稳健性。

表 6.6 利用 CHK 方法识别僵尸企业

变量	(1) Zombie2	(2) Zombie2	(3) Zombie2	(4) Zombie2
BkOpen	-0.005^{***}	-0.004^{***}	-0.004^{***}	-0.004^{***}
	(0.000)	(0.001)	(0.001)	(0.001)
Firm Contrl	No	No	Yes	Yes
City Contrl	No	No	No	Yes
Firm FE	No	Yes	Yes	Yes
Year FE	No	Yes	Yes	Yes
N	2868762	2868762	2868762	2868762
Adj. R^2	0.007	0.208	0.208	0.208

注：括号内为企业层面聚类的标准误；*** p< 0.01。企业层面控制变量（*Firm Contrl*）包括企业规模（ln*Size*）、企业年龄（ln*Age*）、企业所有权性质（*SOE*）、企业出口量（*Export*）。城市层面控制变量（*City Contrl*）包括 GDP 增长速度（*GDP_Growth*）、人均 GDP 对数值（ln*GDPperCapita*）、第二产业占 GDP 份额（*Ind2*）、固定资产投资占 GDP 份额（*Invest*）、外商直接投资占 GDP 份额（*FDI*）、财政支出占 GDP 份额（*FiscalExp*）。

表 6.7 利用连续 3 年 *EBIT* 小于零方法识别僵尸企业

变量	(1) Zombie3	(2) Zombie3	(3) Zombie3	(4) Zombie3
BkOpen	-0.004^{***}	-0.004^{***}	-0.005^{***}	-0.005^{***}
	(0.000)	(0.001)	(0.001)	(0.001)

续表

变量	（1） Zombie3	（2） Zombie3	（3） Zombie3	（4） Zombie3
Firm Contrl	No	No	Yes	Yes
City Contrl	No	No	No	Yes
Firm FE	No	Yes	Yes	Yes
Year FE	No	Yes	Yes	Yes
N	2868762	2868762	2868762	2868762
Adj. R^2	0.005	0.233	0.235	0.236

注：括号内为企业层面聚类的标准误；*** p< 0.01。企业层面控制变量（*Firm Contrl*）包括企业规模（lnSize）、企业年龄（lnAge）、企业所有权性质（SOE）、企业出口量（Export）。城市层面控制变量（*City Contrl*）包括 GDP 增长速度（GDP_Growth）、人均 GDP 对数值（lnGDPperCapita）、第二产业占 GDP 份额（Ind2）、固定资产投资占 GDP 份额（Invest）、外商直接投资占 GDP 份额（FDI）、财政支出占 GDP 份额（FiscalExp）。

第三节　影响渠道

上一节回归结果表明，对外资银行开放人民币业务总体上对僵尸企业的生成概率是有显著抑制作用的。但是外资银行究竟通过何种方式、造成了积极还是消极的影响，仍然有待验证。基于外资银行的信息劣势、技术优势、独立性等自身特征，前文提出了一些假设，接下来我们将针对这些假设进行验证。

一　信息劣势影响

正如假设 1 中所提到的信息不对称问题，理论上讲，在企业信息获取尤其是软信息获取上，外资银行相对于本土银行必然会具有信息劣势。Gormley（2010）在研究开放外资银行本币业务后印度市场对国内信贷获取和企业绩效的影响时，也提到开放外资银行本币业务后信息不对称加剧。因此，我们有理由假设，外资银行在进入国内市场后，可能会因信息劣势而无法区分出更劣质的企业，并"错误地"为这些企业发放贷款，进而导致僵尸企业的生成，即"信息劣势影响"。

Gormley（2010）以印度为例研究了开放外资银行本币业务后新兴市场对信贷获取和企业绩效的影响，认为外资银行对信息不透明的企业的影响要大于其他企业。因此，借鉴其方法，本节将公司按照规模分类，以探究外资银行由信息劣势带来的影响。

依据现有理论，相对于规模大的公司，规模小的公司信息不透明程度较高，而外资银行由于信息劣势，更不易获取小公司的信息。因此，外资银行在进入后，可能会因无法更好地鉴别小规模的企业而促进小规模企业更多地向僵尸企业转化。

本节使用 1998 年各个企业总资产的对数（ln$Size$）来代表企业规模。按照城市和年份分组，将总资产位于资产分布顶部四分位数的企业分类为"大规模企业"，将总资产位于底部四分位数的企业分类为"小规模企业"。

表 6.8 呈现了回归结果，被解释变量是僵尸企业 $Zombie$，若企业为僵尸企业，$Zombie = 1$，否则 $Zombie = 0$。核心解释变量 $BkOpen$ 的回归系数解释的是开放外资银行本币业务对僵尸企业生成概率的总体影响。第（1）~（2）列是小规模企业子样本的回归结果，第（3）~（4）列是大规模企业子样本的回归结果。所有回归都控制了企业固定效应（Firm FE）和年份固定效应（Year FE），捕捉了不随时间变化的企业特征和随时间变化的宏观层面的冲击。

表 6.8 外资银行的信息劣势：规模不同的企业

变量	小规模企业		大规模企业	
	（1）	（2）	（3）	（4）
	$Zombie$	$Zombie$	$Zombie$	$Zombie$
$BkOpen$	0.003	0.003	-0.007***	-0.007***
	(0.002)	(0.002)	(0.002)	(0.002)
$Firm\ Contrl$	No	Yes	No	Yes

续表

变量	小规模企业		大规模企业	
	（1）	（2）	（3）	（4）
	Zombie	Zombie	Zombie	Zombie
City Contrl	No	Yes	No	Yes
Firm FE	Yes	Yes	Yes	Yes
Year FE	Yes	Yes	Yes	Yes
N	624885	624885	683938	683938
Adj. R^2	0.165	0.165	0.263	0.264

注：括号内为企业层面聚类的标准误；*** $p < 0.01$。企业层面控制变量（Firm Contrl）包括企业规模（lnSize）、企业年龄（lnAge）、企业所有权性质（SOE）、企业出口量（Export）。城市层面控制变量（City Contrl）包括 GDP 增长速度（GDP_Growth）、人均 GDP 对数值（lnGDPperCapita）、第二产业占 GDP 份额（Ind2）、固定资产投资占 GDP 份额（Invest）、外商直接投资占 GDP 份额（FDI）、财政支出占 GDP 份额（FiscalExp）。

结果显示，在开放外资银行本币业务后，小规模企业成为僵尸企业的概率提高 0.3 个百分点，但统计上不显著。大规模企业成为僵尸企业的概率显著下降 0.7 个百分点。总的来看，此结果并未对假设 1 提供较好的验证。

二 技术优势影响

假设 2 提到，外资银行绝大多数来自发达国家，这些国家金融业和银行业较为发达，往往具有更先进、更适合的识别技术，在进入我国后，可以凭借这些先进技术在信贷发放时更好地判定企业资质，降低僵尸企业的生成概率。Gormley（2010）在考虑信息不对称问题时，也提出了外资银行的技术优势。他认为，如果银行在做出贷款决定时更多地依赖借款人的抵押品状况，而不是依赖现金的甄别技术来识别信誉良好的企业，那么对于有形资产较多的企业来说，它们更有可能获得银行信贷，也就更有可能成为僵尸企业。

因此，借鉴 Gormley（2010）的做法，本节按照"有形性"将样本进行分类。根据前文假设，开放外资银行本币业务后，由于技术优势，外资银行不再过度依赖借款人的抵押品，因此对于"有形性"较高的企业来说，僵尸企业的生成应该会受到抑制。这里，"有形性"是用 Berger 等（1996）的方法衡量的：

$$Tang = （0.715 \times 应收账款 + 0.54 \times 存货 + 0.535 \times 固定资产 + 现金）/ 总资产$$

$$(6.2)$$

由于中国工业企业数据库缺少现金数据，本节计算"有形性"时暂且不计入"现金"一项。依然使用 1998 年各个企业的"有形性"（$Tang$）来代表企业的有形资产程度。按照城市和年份分组，将"有形性"位于顶部四分位数的企业分类为"有形资产高的企业"，将"有形性"位于底部四分位数的企业分类为"有形资产低的企业"。

表 6.9 呈现的依旧是实证模型中式（6.1）的回归结果，被解释变量是僵尸企业 $Zombie$，若企业为僵尸企业，$Zombie = 1$，否则 $Zombie = 0$，核心解释变量 $BkOpen$ 的回归系数解释的是开放外资银行本币业务对僵尸企业生成概率的总体影响。第（1）~（2）列是"有形性"较低的企业的回归结果，第（3）~（4）列是"有形性"较高的企业的回归结果。所有回归都控制了企业固定效应（Firm FE）和年份固定效应（Year FE），捕捉了不随时间变化的企业特征和随时间变化的宏观层面的冲击。

结果显示，在对外资银行开放本币业务后，"有形性"较高的企业的僵尸企业生成概率在 1% 的水平下显著下降，而"有形性"较低的企业则无明显变化。以第（3）列为例，开放外资银行本币业务后，"有形性"较高的企业中，僵尸企业生成概率降低了 0.7 个百分点，具有经济显著性。同时，对比"有形性"较高和较低的企业的回归结果，第（3）列系数比第（1）列系数低了 0.008，这意味着假设 2 成立。这也符合我们的假设推断，外资银行确实因为技术优势影响了东道国僵尸企业的生成和存续，相对于技术不那么先进的本土银行，外资银行在鉴别企业优劣时，不会过于依赖企业的抵押品状况，而是会更好地使用技术。因此，这些"有形性"较高的企业原本不易被区分出优劣，有"漏网之鱼"就会生成僵尸企业，而外资银行在带来更大技术优势后，就会对其进行更好的甄别。

综上，开放外资银行本币业务确实经由技术优势对僵尸企业的生成起到了减缓作用，并集中在"有形性"较高的企业中，验证了前文的假设2。

表 6.9　外资银行的技术优势："有形性"不同的企业

变量	有形资产低的企业		有形资产高的企业	
	（1）	（2）	（3）	（4）
	Zombie	Zombie	Zombie	Zombie
BkOpen	0.001	0.001	−0.007 ***	−0.005 ***
	（0.002）	（0.002）	（0.002）	（0.002）
Firm Contrl	No	Yes	No	Yes
City Contrl	No	Yes	No	Yes
Firm FE	Yes	Yes	Yes	Yes
Year FE	Yes	Yes	Yes	Yes
N	624885	624885	683938	683938
Adj. R^2	0.259	0.260	0.219	0.220

注：括号内为企业层面聚类的标准误；*** p< 0.01。企业层面控制变量（Firm Contrl）包括企业规模（lnSize）、企业年龄（lnAge）、企业所有权性质（SOE）、企业出口量（Export）。城市层面控制变量（City Contrl）包括 GDP 增长速度（GDP_Growth）、人均 GDP 对数值（lnGDPperCapita）、第二产业占 GDP 份额（Ind2）、固定资产投资占 GDP 份额（Invest）、外商直接投资占 GDP 份额（FDI）、财政支出占 GDP 份额（FiscalExp）。

三　外资银行的独立性

在金融体系中，本地银行承担了不少政府政策的实施任务，比如为了稳定就业而注资一些资质不佳的企业，将其救活成为"僵尸企业"。外资银行带来了改变。外资银行背靠母国，相对于我国本地银行来说较为独立，与地方政府关联较弱，不太容易受到政府政策制度的影响。在开放外资银行本币业务后，我们预计，在政府干预程度更高的地区的企业"僵尸化"程度有所改善。

为了验证这一影响渠道，我们具体使用三个指标：政府对企业的干预程度、国有企业、劳动密集型行业。第一个指标来自樊纲等《中国市场化指数——各地区市场化相对进程 2011 年报告》中的"减少政府对企业的干预"指数。由于樊纲指数在 2008 年前后更换了衡量基准，本节在 2008 年之前使用原有指数，在 2008 年之后使用新指数，并且考虑到地区指数排名在更换基准前后没有变化，我们按照指数对地区进行排名，最终使用此排名的自然对数来表示。我们还使用企业所有权性质（即该企业是否为国有企业）作为指标加入回归。

表 6.10 呈现的是实证模型的回归结果，被解释变量是僵尸企业 $Zombie$，若企业为僵尸企业，$Zombie = 1$，否则 $Zombie = 0$，使用全样本。核心解释变量 $BkOpen$ 的回归系数解释的是开放外资银行本币业务对僵尸企业生成概率的总体影响。第（1）~（2）列加入了核心解释变量 $BkOpen$ 和"减少政府对企业的干预"指数的交乘项（$interv$），第（3）~（4）列加入了核心解释变量 $BkOpen$ 和"是否为国有企业"的交乘项（$state$），第（5）~（6）列加入了核心解释变量 $BkOpen$ 和"劳动密集型行业"的交乘项（$labor\_intensity$）。所有回归都控制了企业固定效应（Firm FE）和年份固定效应（Year FE），捕捉了不随时间变化的企业特征和随时间变化的宏观层面的冲击。

第（1）~（2）列结果显示，在开放外资银行本币业务后，原本政府干预更严重的地区，僵尸企业的生成概率有显著降低；以第（2）列为例，政府干预严重的地区在开放外资银行本币业务后，僵尸企业的生成概率降低了 0.2 个百分点，具有经济显著性。第（3）~（4）列结果显示，相比于所有权为非国有的企业，在对外资银行开放本币业务后，国有企业中僵尸企业生成概率的降低更加明显；以第（4）列为例，在开放外资银行本币业务后，企业性质为国有的僵尸企业生成概率降低了 0.3 个百分点，具有经济显著性。第（5）~（6）列表明，劳动密集型行业的企业在开放外资银行本币业务后向僵尸企业的转化概率也有显著降低，如以第（6）列为例，降低了 0.4 个百分点，具有经济显著性。以上影响都在至少 5% 的水平下显著，即外资银行凭借独立性，在进入国内后，对我国的僵尸企业生成总体上产生了抑制作用。

综上所述，这些结果足以支撑前文提出的假设 3——外资银行具有较强的独立性，不受地方政府干预，有较高的自由度，因此可以不用为了满足政府提出的政策制度而"帮助"僵尸企业，减少了当地的政府干预，从而降低了僵尸企业的生成概率。

表 6.10　外资银行的独立性

变量	（1）Zombie	（2）Zombie	（3）Zombie	（4）Zombie	（5）Zombie	（6）Zombie
BkOpen	−0.005 ***	−0.004 ***	−0.003 ***	−0.004 ***	−0.005 ***	−0.005 ***
	（0.002）	（0.002）	（0.001）	（0.001）	（0.002）	（0.002）
interv	−0.002 **	−0.002 **				
	（0.001）	（0.001）				
state			−0.003 ***	−0.003 ***		
			（0.001）	（0.001）		
labor_intensity					−0.003 ***	−0.004 ***
					（0.001）	（0.002）
Firm Contrl	No	Yes	No	Yes	No	Yes
City Contrl	No	Yes	No	Yes	No	Yes
Firm FE	Yes	Yes	Yes	Yes	Yes	Yes
Year FE	Yes	Yes	Yes	Yes	Yes	Yes
N	2868762	2868762	2868762	2868762	2868762	2868762
Adj. R^2	0.208	0.209	0.208	0.209	0.208	0.209

注：括号内为企业层面聚类的标准误；** $p < 0.05$，*** $p < 0.01$。企业层面控制变量（Firm Contrl）包括企业规模（lnSize）、企业年龄（lnAge）、企业所有权性质（SOE）、企业出口量（Export）。城市层面控制变量（City Contrl）包括 GDP 增长速度（GDP_Growth）、人均 GDP 对数值（lnGDPperCapita）、第二产业占 GDP 份额（Ind2）、固定资产投资占 GDP 份额（Invest）、外商直接投资占 GDP 份额（FDI）、财政支出占 GDP 份额（FiscalExp）。

四　竞争程度改变的影响

从理论上思考，开放外资银行本币业务，允许其经营人民币业务，会对我国银行业竞争产生影响（李伟、韩立岩，2008）。而根据已有文献（Corbae and Levine，2018），银行业竞争程度的变化会产生双面影响：银行竞争一方面可以通过"分布效应"提高银行贷款的供给、缓解企业的融资约束、加强信贷筛查和监督等，降低僵尸企业和低资质企业的生成概率；另一方面又可以通过"临界值效应"使得坏账更难处理，从而使低资质企业更容易变成僵尸企业。

我们使用 HHI 指数来衡量某年某市的银行业市场集中度，在回归中则用 1-HHI 来直接代表竞争程度（$BkCmpt$）来探究开放外资银行本币业务后，竞争程度的变化如何影响僵尸企业的生成。

表 6.11 呈现了回归结果。所有结果中都控制了企业和年份固定效应，并加入了企业和城市层面的所有控制变量。第（1）列的被解释变量为银行业竞争程度 $BkCmpt$，核心解释变量为 $BkOpen$，探究开放外资银行本币业务对银行业竞争程度的影响。第（2）列被解释变量是 $Zombie$，核心解释变量是银行业竞争程度 $BkCmpt$，核心回归系数解释了银行业竞争程度对僵尸企业生成概率的直接影响。第（3）列分析了开放外资银行人民币业务通过银行竞争影响僵尸企业的渠道效应。

第（1）列显示，对外资银行开放本币业务降低了以 1-HHI 指数代表的银行业竞争程度 $BkCmpt$。这符合 Yeyati 和 Micco（2007）运用 Panzar-Rosse H 统计量衡量的银行竞争的结果：外资银行的进入将削弱东道国银行竞争。而第（2）列显示，我国银行业竞争程度和僵尸企业生成概率间呈负相关关系，即银行竞争程度提高可以显著降低僵尸企业的生成概率。结合李伟和韩立岩（2008）的结论，开放外资银行本币业务与市场竞争程度的关系是 U 形关系，开放外资银行本币业务的程度只有超过一定水平时，才会对我国银行竞争有积极作用，在此基础上才会进一步抑制僵尸企业的生成。总的来看，结果符合前文提出的假设4。

表 6.11 竞争影响

变量	(1) *BkCmpt*	(2) *Zombie*	(3) *Zombie*
BkOpen	−0.023*** (0.000)		−0.011*** (0.001)
BkCmpt		−0.026*** (0.004)	−0.042*** (0.003)
Firm Contrl	Yes	Yes	Yes
City Contrl	Yes	Yes	Yes
Firm FE	Yes	Yes	Yes
Year FE	Yes	Yes	Yes
N	2868762	2868762	2868762
Adj. R^2	0.925	0.208	0.209

注：括号内为企业层面聚类的标准误；*** p< 0.01。企业层面控制变量（*Firm Contrl*）包括企业规模（ln*Size*）、企业年龄（ln*Age*）、企业所有权性质（*SOE*）、企业出口量（*Export*）。城市层面控制变量（*City Contrl*）包括 GDP 增长速度（*GDP_Growth*）、人均 GDP 对数值（ln*GDPperCapita*）、第二产业占 GDP 份额（*Ind2*）、固定资产投资占 GDP 份额（*Invest*）、外商直接投资占 GDP 份额（*FDI*）、财政支出占 GDP 份额（*FiscalExp*）。

结 论

本章基于中国的政治环境和经济政策，简单探究了开放外资银行本币业务对僵尸企业生成和存续的影响。

实证结果显示，不同城市开放外资银行本币业务对僵尸企业的生成和存续都有着明显的抑制作用。在探究影响渠道时，我们主要得出以下结论：（1）外资银行凭借技术优势，降低了僵尸企业的生成概率；（2）外资银行相对于本土银行具有较强的独立性，因不受地方政府过度干预而抑制了僵尸企业的生成；（3）开放外资银行本币业务后，我国的银行业竞争有所减弱，反而使得僵尸企业的生成概率有所增加。我们在更换僵尸企业识别方式、进行安慰剂检验和使用工具变量控制内生性后都得到了相似结果，因此本章得到的结论具有一定的稳健性。

本章的结果补充了银行竞争的开放性特征细节，以及在我国具体情况下银行如何影响僵尸企业的相关实证研究。本章通过实证得到的基本结论和探究的影响渠道也为僵尸企业问题的解决和经济结构的优化提供了一些思路。

第七章　僵尸企业债务支付拖欠与民营企业 TFP

"我国民营经济只能壮大、不能弱化，而且要走向更加广阔舞台。"① 当前如何解决民营企业面临的难题、推动民营企业健康发展，是重要的经济和政策话题。

被拖欠的高额应收账款，是阻碍民营企业发展的突出因素。根据 Wind 数据，剔除掉银行、券商等之后，A 股中小板有 910 家企业，大部分是民营企业。2018 年三季报显示，910 家企业共形成 9789.01 亿元应收账款，应收账款占营业收入比例超过 50%的有 268 家。② 那么，民营企业如此大规模的应收账款是怎么产生的？债务支付拖欠对其发展又造成了什么样的影响？

金碚（2006）认为"没有正式信用工具的延期支付（例如'打白条'），甚至卖方（债权人）被迫接受的'支付拖欠'"是一种"强制性信用"和"恶俗性竞争工具"，"当这种现象在企业之间蔓延，就成为通常所说的'三角债'"。③ 债务支付拖欠造成了信用异化，扭曲了货币政策并对宏观经济产生了不良影响，与之相关的许多问题值得进行系统深入的研究。

---

① 2018 年 11 月 1 日上午，习近平总书记在北京主持召开民营企业座谈会并发表重要讲话，参见《习近平：毫不动摇鼓励引导非公有制经济发展　支持民营企业发展并走向更加广阔舞台》，http://cpc.people.com.cn/n1/2018/1102/c64094-30377324.html。
② 《中小板应收款达万亿 已有省份开始摸底国企拖欠民企账款》，https://www.163.com/dy/article/E0JQG2RB05198NMR.html。
③ 我国企业账款拖欠平均为 90 多天，美国仅为 7 天（金碚，2006）。

但金碚（2006）的"以上讨论具有假说性"，其理论模型尚未被实证研究充分验证，一个重要的原因是"现有的财务指标难以反映支付拖欠的全貌和实际规模"，即如何识别债务支付拖欠的问题。过去研究"三角债"现象，主要是通过财务报表中的"应收"和"应付"来反映[①]，但企业的商业信用有其"自愿"并且符合效率的成分（Petersen and Rajan，1997）[②]，并不都来源于"被迫"接受的支付拖欠，应当予以区分，但同时也很难区分。因此，从应收账款和应付账款中识别出"债务支付拖欠"，是研究相关话题的必要工作。[③]

本章从产业链的视角，探讨下游行业僵尸企业对上游行业民营企业应收账款及全要素生产率的影响，有助于"债务支付拖欠"的识别。第一，僵尸企业的自身特征表现出明显的支付拖欠倾向。首先，丧失盈利能力和偿还能力是僵尸企业的本质特征。从理论上讲，僵尸企业很难获得债务融资（Myers and Majluf，1984），即使获得债务融资也不应该高于正常企业。然而，从事实上看，僵尸企业的杠杆率，特别是应付账款占中间投入的比例显著高于正常企业，说明僵尸企业获得的商业信用有支付拖欠的性质。其次，僵尸企业规模较大且往往受到政府的干预（申广军，2016；谭语嫣等，2017），具备一定的市场势力和行政保护，从而提高了其交易支付的谈判地位，更有能力拖欠上游供应商的账款。第二，从商业信用供应的角度来看，应收账款是否"自愿"供应，应当以是否提高供应者的绩效为标准。如果商业信用明显降低了供应者的

---

① 会计上，企业的应收账款属于流动资产，应付账款属于流动负债。

② Petersen 和 Rajan（1997）总结了商业信用的三种理论：（1）供应商相对于银行等传统贷款方，具有信息、监管以及强制付款等优势，商业信用可以作为银行贷款的一种替代性融资方式；（2）通过商业信用的提供（提供与否、提供多少）对客户进行价格歧视；（3）减少频繁支付的交易成本。

③ 另一个问题是，许多支付拖欠额可能是没有账面反映的，如工程业主欠建筑商的工程款、建筑承包商欠民工的工资、书店或书商欠出版社的书款等，都未必反映在财务报表上（金碚，2006）。这样的话，应收账款和应付账款可能低估了支付拖欠。因此，本章实证结果低估了支付拖欠对全要素生产率的负面影响。

绩效，则可把应收账款划归为支付拖欠。本章的实证结果表明，僵尸企业给上游民营企业造成的应收账款明显降低了民营企业的全要素生产率，因此属于债务支付拖欠。

另外，以僵尸企业为切入点探讨民营企业的债务支付拖欠，既具有针对性，又具有广泛性。政府部门和大型国有企业拖欠了民营企业的大量账款①，而僵尸企业与国有企业高度相关，具有针对性②。同时，僵尸企业中也有大量的非国有企业（李旭超、宋敏，2021；谭语嫣等，2017）。③ 因此从僵尸企业切入，在国有企业拖欠账款之外，以更广阔的视角探讨民营企业的支付拖欠问题。

本章的实证结果发现：（1）僵尸企业具有高应付账款的特征。从绝对规模来看，僵尸企业的应付账款比正常企业高 7.85%；从相对比例来看，僵尸企业应付账款占中间投入的份额比正常企业高 3.22 个百分点。并且国有僵尸企业的应付账款规模和占比都高于非国有僵尸企业。虽然丧失盈利能力和偿还能力是僵尸企业的本质特征，但僵尸企业的应付账款占比却明显高于正常企业，说明其应付账款具有债务支付拖欠的性质。（2）下游僵尸企业的数量占比、中间投入占比和应付账款占比每提高 1 个百分点，上游民营企业的应收账款占销售收入的比例提高 2.36 个百分点、2.48 个百分点和 2.56 个百分点，但下游僵尸企业对上游国有企业应收账款的影响只有对上游民营企业影响的 1/8~1/4。这说

---

① 2018 年 11 月 9 日，国务院常务会议特别要求：抓紧开展清欠专项行动，切实解决政府部门和国有大企业拖欠民营企业账款问题。2019 年 1 月 30 日，国务院常务会议称，全国政府部门、大型国有企业已清偿账款 1600 多亿元，并要求对目前已确认的多年拖欠款，力争年底前全国政府部门和大型国有企业清偿一半以上；中央企业要带头优先偿还对民营企业的逾期债务，年底前做到"零拖欠"。

② 申广军（2016）指出，各行业僵尸企业比例与国有企业比例的相关系数在 0.22~0.35。

③ 根据下文对僵尸企业的识别，僵尸企业中民营企业已逐渐占据主导地位。1999 年僵尸企业中民营企业的数量、资产和中间投入占比分别为 46.14%、27.39% 和 33.64%，而国有企业数量、资产和中间投入占比分别为 43.68%、61.34% 和 50.27%。2013 年，僵尸企业中民营企业数量和资产占比分别为 78.73%、60.93%，国有企业数量和资产占比分别为 5.07% 和 21.09%。

明下游僵尸企业显著拖欠了民营企业的应收账款，并且僵尸企业的应付账款主要是拖欠民营企业的。从异质性分析来看，下游国有僵尸企业比非国有僵尸企业更容易拖欠上游民营企业的账款，民营企业自身的市场势力和所在省份的生产者权益保护制度能减少下游僵尸企业的债务支付拖欠。（3）在控制了产品定价渠道、融资挤出和税收扭曲渠道之后，下游僵尸企业通过商业信用渠道（债务支付拖欠）显著降低了上游民营企业的 TFP，并且对于强融资约束的企业来说，该负面效应更大，说明债务支付拖欠通过融资约束机制影响民营企业的 TFP。

本章的主要创新点和贡献体现在以下四个方面。第一，本章从新的视角探讨了商业信用的功能。大部分文献关注商业信用的融资功能，聚焦于商业信用与银行贷款的替代关系（Petersen and Rajan，1997；Giannetti et al.，2011；Fabbri and Menichini，2010；Cuñat，2007；Burkart and Ellingsen，2004），并认为商业信用有助于缓解企业融资约束（马述忠、张洪胜，2017；陈胜蓝、马慧，2018）。只有少量文献基于发达国家的特殊案例探讨商业信用可能造成的负面影响，如 Murfin 和 Njoroge（2015）研究大企业的付款期限对小供应商所造成的隐性伤害。本章以僵尸企业为切入点，解决了债务支付拖欠难以识别的问题，验证了市场扭曲条件下商业信用对民营企业全要素生产率的负面影响。

第二，本章从新的视角探讨了民营企业的融资难题。融资约束一直是困扰民营企业发展的重要问题，已有文献从信贷歧视（卢峰、姚洋，2004）、信贷挤出（谭语嫣等，2017）、信贷政策（王丹，2018）、物权担保（钱雪松、方胜，2017）等"外源融资"的角度进行了深入探讨，本章则从产业链与商业信用的"内源融资"角度对已有文献进行补充与拓展，发现商业信用方式的支付拖欠，加剧了民营企业的内部融资约束。

第三，本章从新的视角探讨了僵尸企业的危害。已有文献从区域内部或者行业内部出发，探讨了僵尸企业在降低信贷资源配置效率（聂辉华等，2016）、挤占正常企业投资（谭语嫣等，2017）、扭曲正常企业税负（李旭超等，2018）、减少正常企业创新（王永钦等，2018）等方面的危害。这些文献忽视了僵尸企业通过产业链造成的跨行业的影响，从而低估了僵尸企业的危害。本章探讨僵尸企业通过产业链以商业信用的形式对上游民营企业造成的支付拖欠和效率损失，丰富了僵尸企业的研究。

第四，本章具有重要的政策含义。以适当的方式处置和清理僵尸企业是社会各界的共识，然而，在此过程中，民营企业也会遇到"麻烦"。一方面，中国破产清算的回收率较低，清算损失往往较高（Djankov et al.，2008）。① 另一方面，在僵尸企业的潜在偿还对象中，与劳工、税务部门以及银行等相比，民营企业的谈判地位较低，其债权更难得到充分保障。因此，既要在僵尸企业生成过程中防止其拖欠民营企业的债务，也要在僵尸企业清理过程中切实保护民营企业债权，否则民营企业会面临双重损失。

第一节 典型事实：僵尸企业的应付账款与债务支付拖欠

本部分将利用通行的 FN-CHK 方法识别僵尸企业，并在此基础上分析僵尸企业的赢利、应付账款和负债等特征，进而探讨僵尸企业应付账款的债务支付拖欠属性。

一 僵尸企业的识别

本章使用中国工业企业数据库，基于李旭超等（2019）方法对僵

---

① Djankov 等（2008）的研究表明，中国的破产过程平均持续时间为 1.79 年，破产成本（包括诉讼费、律师费、审计费等）约占资产的 22%，破产效率为 43.6%（即产生 56.4% 的价值损失）。作为对照，破产过程持续时间在美国为 2 年，英国为 0.5 年，德国为 0.92 年，日本为 0.58 年，巴西为 3.67 年；破产成本占比在美国为 7%，英国为 6%，德国为 8%，日本为 4%，巴西为 12%；破产效率在美国为 85.8%，英国为 92.3%，德国为 57.0%，日本为 95.5%，巴西为 13.4%。

尸企业进行识别。

本节根据 Brandt 等（2012）的方法对工业企业数据进行了匹配，并剔除数据库中的异常和错误样本，包括以下三类：规模以下、从业人数少于 10 人的企业；总资产、总负债、工业总产值、固定资产小于 0 的企业；流动资产大于总资产、利润总额大于总资产、流动负债大于总负债的企业。市场最优惠利率是当期的央行贷款基准利率乘以贷款利率下限。在计算 $EBIT$ 时，本章使用营业利润与利息支出之和，而非使用利润总额与利息支出之和。由于企业的经营业绩可能受到短期负面冲击的影响，即使"高资质企业"也可能会出现短期的利润下滑。如果只对 1 期的 $EBIT$ 进行识别，可能会因短期因素而把"高资质企业"划分为僵尸企业。因此，为了保证僵尸企业识别的准确性，本章使用前后两年平均的负债水平替代滞后期的负债水平、用前后两年平均的 $EBIT$ 代替当期的 $EBIT$ 进行僵尸企业识别。①

二　僵尸企业的高应付账款特征

1999~2013 年僵尸企业占全部企业的各类比例指标，以及其随时间的变化趋势如图 2.1 所示，结果表明，僵尸企业的高应付账款可能与其企业特征密切相关。

表 7.1 用回归的方法控制了一系列变量后，进一步比较僵尸企业和正常企业在应付账款、负债等方面的区别。解释变量 $Zombie$ 是虚拟变量，若企业被识别为僵尸企业，则 $Zombie = 1$；若被识别为正常企业，则 $Zombie = 0$。被解释变量包括应付账款对数（$\ln Yf$）、应付账款占企业中间投入的比例（$YfIm$）、应付账款占总负债的比例（$YfFz$）、应付

---

① 当然这种做法也并不完美。零售巨头亚马逊曾连续亏损约 20 年，京东亦曾长期亏损，显然把它们划入"僵尸企业"是不恰当的。然而，如此长期亏损却依旧被投资者看好和支持的企业多出现在新兴行业。本章研究的样本是生产技术和流程都相对成熟的制造业，可以在很大程度上避免此类问题。另外，支持亚马逊和京东的主要是股权融资，而非债务融资。

账款占总资产的比例（ $YfZc$ ），以及企业杠杆率（ $Leverage$ ），即总负债与总资产的比值。控制变量包括企业的规模（ $lnSize$ ）、年龄（ $lnAge$ ）、出口状态（ $Export$ ）、所有制类型（ SOE ）、市场份额（ $MKTS$ ），同时控制了不随时间变化的企业固定效应（Firm FE）以及宏观经济波动的影响（Year FE）。

表 7.1 中的第（1）列表明，僵尸企业的应付账款绝对规模比正常企业高 12.0%。第（2）列表明，僵尸企业的应付账款占中间投入的比例高于正常企业 3.623 个百分点，即僵尸企业更偏向于以商业信用的方式取得所需的中间产品。企业的应付账款是企业负债的一部分，被计入流动负债。第（3）列表明，僵尸企业的应付账款占总负债的比例会比正常企业高出 2.552 个百分点，僵尸企业的应付账款对总负债的贡献高于正常企业。第（4）列表明，僵尸企业应付账款占企业总资产的比例（这是企业杠杆的一部分）高出正常企业 1.574 个百分点。第（5）列对企业杠杆率进行了回归，僵尸企业的杠杆率比正常企业高 4.289 个百分点。对比第（4）列和第（5）列，僵尸企业杠杆高于正常企业的部分，大约 1/3（1.574/4.289）是由僵尸企业的应付账款贡献的。

表 7.1　僵尸企业与正常企业的比较：应付账款和杠杆率

变量	（1） $lnYf$	（2） $YfIm$	（3） $YfFz$	（4） $YfZc$	（5） $Leverage$
$Zombie$	0.120***	3.623***	2.552***	1.574***	4.289***
	(0.010)	(0.067)	(0.081)	(0.056)	(0.072)
$Firm\ Contrl$	Yes	Yes	Yes	Yes	Yes
Ind FE	Yes	Yes	Yes	Yes	Yes
Prov FE	Yes	Yes	Yes	Yes	Yes
Year FE	Yes	Yes	Yes	Yes	Yes
N	1932894	1932675	1932894	1932894	1932894
R^2	0.263	0.125	0.197	0.181	0.145

注：*** $p<0.01$，括号里是聚类到行业层面的标准误。企业层面控制变量（ $Firm\ Contrl$ ）包括企业规模（ $lnSize$ ）、年龄（ $lnAge$ ）、出口状态（ $Export$ ）、所有制类型（ SOE ）、市场份额（ $MKTS$ ）。

僵尸企业中，既有国有企业，也有非国有企业，并且非国有企业占据相当大的比例。表 7.2 比较了国有僵尸企业和非国有僵尸企业的应付账款和杠杆率。如果企业是国有企业，则 $SOE = 1$，否则为 0。$Zombie$ 的系数表示非国有僵尸企业与正常企业的区别。$Zombie \times SOE$ 是 SOE 与 $Zombie$ 的交乘项，其系数表示国有僵尸企业与非国有僵尸企业的差异性影响。第（1）列显示，国有僵尸企业的应付账款规模比非国有僵尸企业高 6.1%。第（2）列表明，国有僵尸企业应付账款占中间投入的比例高出非国有僵尸企业 3.295 个百分点。第（3）~（5）列国有僵尸企业的应付账款占总负债的比例、占总资产的比例和杠杆率指标都显著高于非国有僵尸企业。这说明，与非国有僵尸企业相比，国有僵尸企业更倾向于通过商业信用获得融资。

表 7.2 回归结果显示，国有僵尸企业具有更高的应付账款，这与现实情况一致。现实中，国有企业是拖欠民营企业账款的非常重要的主体。2018 年 11 月 9 日，国务院常务会议特别要求：抓紧开展清欠专项行动，切实解决政府部门和国有大企业拖欠民营企业账款问题。2019 年 1 月 30 日，国务院常务会议称，全国政府部门、大型国有企业已清偿账款 1600 多亿元，并要求对目前已确认的多年拖欠款，力争年底前全国政府部门和大型国有企业清偿一半以上；中央企业要带头优先偿还对民营企业的逾期债务，年底前做到"零拖欠"。

表 7.2 不同所有制僵尸企业的比较：应付账款和杠杆率

变量	（1） lnYf	（2） YfIm	（3） YfFz	（4） YfZc	（5） Leverage
Zombie	0.088 ***	3.295 ***	2.320 ***	1.332 ***	4.001 ***
	(0.011)	(0.072)	(0.095)	(0.061)	(0.068)
Zombie×SOE	0.061 ***	0.850 ***	0.466 ***	0.660 ***	0.552 ***
	(0.012)	(0.262)	(0.146)	(0.203)	(0.201)
Firm Contrl	Yes	Yes	Yes	Yes	Yes
Ind FE	Yes	Yes	Yes	Yes	Yes

变量	(1) lnYf	(2) YfIm	(3) YfFz	(4) YfZc	(5) Leverage
Prov FE	Yes	Yes	Yes	Yes	Yes
Year FE	Yes	Yes	Yes	Yes	Yes
N	1932894	1932675	1932894	1932894	1932894
Adj. R^2	0.427	0.563	0.514	0.521	0.611

注：*** p<0.01，括号里是聚类到行业层面的标准误。企业层面控制变量（Firm Contrl）包括企业规模（lnSize）、年龄（lnAge）、出口状态（Export）、所有制类型（SOE）、市场份额（MKTS）。

三 僵尸企业的债务支付拖欠

图2.1、表7.1和表7.2确认了僵尸企业高应付账款与高负债特征，而应付账款是驱动僵尸企业高杠杆的重要原因。与以上结果形成对比的却是僵尸企业的低盈利能力和低偿债能力。

第一，从僵尸企业的基本定义和识别方法上看，低盈利能力和低偿还能力是其本质特征之一。首先，僵尸企业的概念最早由美国经济学家Kane（1987）提出，特指那些丧失盈利能力、资不抵债，却能依靠外部融资存活下来的企业。其次，本章识别僵尸企业的一个前提标准是"企业的息税前利润小于市场最优惠利息支出且前一期杠杆率大于50%"，即赢利不足以支付按市场最优惠利率计算的利息，且财务风险较高。再次，大量实证研究也证实了僵尸企业的低盈利能力。谭语嫣等（2017）发现，僵尸企业的平均利润率为-0.29%、资产回报率为-0.16%，其资本产出率、劳动生产率、利润率和资产回报率都显著低于正常企业。理论上讲，对于僵尸企业而言，一方面很难获得债务融资（Myers and Majluf，1984），另一方面即使获得债务融资也不应该高于正常企业。然而，事实上，僵尸企业的应付账款和杠杆率都高于正常企业。不少文献表明，在一定条件下，银行有动机为企业提供"利息补贴"和"常青贷款"①，但并没有文献证实供应商"自愿"为低盈利能力、低偿还能力的客户提供商业信用的动机。因此，与银行贷款相比，僵尸企业的应付账款更有债务支付拖欠的性质。

第二，从僵尸企业的成因来看，其规模较大且往往受到政府的干预（申广军，2016；谭语嫣等，2017），具备一定的市场势力和行政保护，从而提高了在交易支付中的谈判地位，有"能力"拖欠上游供应商的账款。

第三，从商业信用供应的角度来看，应收账款是否"自愿"供应，是否合理，应当以是否提高供应者的绩效为标准。如果商业信用明显降低了供应者的绩效，则可把应收账款划归为支付拖欠。下文的实证结果表明，下游僵尸企业的高应付账款明显地降低了民营企业的全要素生产率，因此属于债务支付拖欠。

第二节　实证模型和变量构建

本节探讨了僵尸企业应付账款的债务支付拖欠性质，但仍有两个问题需要探讨：（1）僵尸企业的应付账款在多大程度上是拖欠民营企业的？（2）如果僵尸企业的应付账款主要是拖欠民营企业的，那么会对民营企业的经营绩效产生什么样的影响？本部分构建计量模型和数据变量来回答以上两个问题。

一　计量模型设计

（一）下游僵尸企业对上游民营企业应收账款的影响

应收账款和应付账款是商业信用的一体两面。本章实证考察下游僵

---

① 银行"救助"僵尸企业的动机主要包括隐藏坏账损失（Sakuragawa，2002；Peek et al.，2018）、清算损失和不确定性带来的期权价值（Baba，2001）以及关联方利益合谋（Peek et al.，2018）等。

尸企业占比对上游民营正常企业的应收账款的影响，以探讨僵尸企业是否拖欠了民营企业的账款。

$$ArSl_{iut} = \alpha_0 + \alpha_1 DsZb_{ut} + \alpha_2 X_{iut} + \delta_t + \sigma_i + \varepsilon_{iut} \qquad (7.1)$$

式（7.1）中的下标 i 表示企业，u 表示上游行业（Upstream Industry，u），t 表示年份。被解释变量 $ArSl_{iut}$ 为民营正常企业 i 的应收账款（Account Receivable，Ar）占销售额（Sales，Sl）的比例。主要解释变量 $DsZb_{ut}$ 为 t 年度企业 i 所在行业 u 的下游行业中僵尸企业的占比（Downstream Industry，Ds）。X_{iut} 控制了企业和行业层面随时间变化的因素。δ_t 是年份固定效应，控制宏观经济波动的影响；σ_i 是企业层面固定效应，控制不随时间变化的企业特征。α_1 是本章的核心系数，预期符号为正。

（二）下游僵尸企业对上游民营企业全要素生产率的影响

进一步，考察下游僵尸企业占比对上游民营企业全要素生产率的影响，以探讨僵尸企业拖欠民营企业账款对民营企业的影响及影响机制。

$$TFP_{iut} = \varphi_0 + \varphi_1 DsZb_{ut} + \varphi_2 X_{iut} + \delta_t + \sigma_i + \varepsilon_{iut} \qquad (7.2)$$

式（7.2）中被解释变量 TFP_{iut} 为企业 i 的全要素生产率（Total Factor Productivity，TFP）。主要解释变量 $DsZb_{ut}$ 为 t 年度企业 i 所在行业 u 的下游行业中僵尸企业的占比。X_{iut} 控制一系列随时间变化的因素，δ_t 是年份固定效应，σ_i 是企业层面固定效应。φ_1 是本章的核心系数，预期符号为负。

为了验证下游僵尸企业是通过商业信用渠道影响民营企业全要素生产率的，在式（7.2）中加入民营企业应收账款作为解释变量：

$$TFP_{iut} = \phi_0 + \phi_1 DsZb_{ut} + \phi_2 ArSl_{iut} + \phi_3 X_{iut} + \delta_t + \sigma_i + \varepsilon_{iut} \qquad (7.3)$$

$ArSl_{iut}$ 是民营企业应收账款占销售额的比例。关于式（7.3）中主要解释变量系数的预期为 $\phi_1 < \varphi_1$，即控制了 $ArSl_{iut}$ 之后 $DsZb_{ut}$ 系数变小（甚至不显著），应收账款部分（或全部）吸收了下游僵尸企业对上游

民营企业全要素生产率的效应；同时 $ø_2$ 小于 0，说明控制了 $DsZb_{ut}$ 后，应收账款不利于民营企业全要素生产率的提升。

接着，在式（7.3）中加入应收账款与融资约束指标的交乘项，用以刻画商业信用影响民营企业全要素生产率的融资约束机制：

$$TFP_{iut} = \gamma_0 + \gamma_1 DsZb_{ut} + \gamma_2 ArSl_{iut} + \gamma_3 ArSl_{iut} \times Fc_{iut} + \gamma_4 X_{iut} + \delta_t + \sigma_i + \varepsilon_{iut} \quad (7.4)$$

式（7.4）中 Fc_{iut} 表示民营企业 i 面临的融资约束（Financial Constraint，Fc）。γ_3 的符号预期为负，即融资约束越大的企业，应收账款对全要素生产率的负面作用越大。

二　数据说明和变量构建

（一）数据说明：样本筛选

表 7.2 显示，民营僵尸企业同样具有债务支付拖欠的性质，因此本章的被解释对象是民营企业中的正常企业，即被解释对象剔除了民营企业中的僵尸企业，排除其对本章实证结果的干扰。

图 2.1 使用 1999~2013 年中国工业企业数据库中的制造业数据识别僵尸企业。由于 1999~2003 年应付账款数据的缺失，本章在涉及应付账款指标时把样本限制在 2004~2013 年。

（二）变量构建

1. 被解释变量：应收账款占比和 TFP

在探讨僵尸企业是否拖欠了民营企业账款时，被解释变量是民营企业应收账款占销售额的比例，用符号 $ArSl$ 表示。由于应收账款指标的大量缺失，本章使用应收账款净额作为替代变量。应收账款净额剔除了应收账款中被公司认定为坏账的部分，低于应收账款。因此，本章的结果低估了债务支付拖欠对民营企业的影响。

在探讨僵尸企业拖欠民营企业账款如何影响民营企业绩效时，被解释变量是民营企业的全要素生产率，即 TFP。TFP 被视为经济增长最为重要的源泉，中国经济增长如何转向 TFP 驱动型是一个重要的政策议题。由于 2008~2013 年缺失用来估计 TFP 的中间投入和工业增加值，本章参照寇宗来和刘学悦（2020）以及 Brandt 等（2017）的做法先对中间投入和工业增加值进行推算。① 使用微观企业数据测算 TFP，难点在于估计资本和劳动弹性时，如何处理由联立性（Simultaneity）和选择性偏差（Selection Bias）导致的内生性问题。参考杨汝岱（2015）的方法，本章使用 OP 方法估计 1998~2013 年企业 TFP。

2. 解释变量：下游行业僵尸企业占比

本章关注下游行业僵尸企业债务支付拖欠对上游行业中民营企业应收账款和全要素生产率的影响，因此需要测算上下游关系。根据 2002 年中国投入产出表的直接消耗系数矩阵构建产业关联指标，进而计算下游行业的僵尸企业占比。

以产业关联指数（Ds_{udt}）度量下游 d 行业通过向上游 u 行业购买中间投入品对 u 行业产生的一种前向关联，具体计算方式为：

$$Ds_{udt} = \frac{TII_{udt}}{TII_{ut}} \tag{7.5}$$

其中，TII_{udt} 是 d 行业在 t 年向 u 行业购买的中间投入品数量，TII_{ut} 是 u 行业在 t 年的总产出中被用作中间产品的部分，因此 Ds_{udt} 表示行业 u 向行业 d 提供的中间产品数量占行业 u 向全行业提供的所有中间产品数量的比例。② 由此 $\sum_d Ds_{udt} = 1$。

本章用行业 u 的下游行业的僵尸企业占比的加权平均值表示僵尸企

---

① 具体来说：（1）根据 2004~2007 年中国工业企业数据库计算四位代码行业的总劳动力成本/应付工资总额的平均值 a_j，再用 2008~2013 年企业的应付工资总额乘以行业系数 a_j 推算总劳动成本；（2）企业生产成本=总产出×（销售成本/销售收入）；（3）中间投入=生产成本−总劳动成本−本年折旧；（4）工业增加值=生产成本−中间投入=本年应交增值税。

② 在 2002 年中国投入产出表中，每个行业总产出的用途包括中间产品和最终产品，其中，最终产品包括最终消费品（居民消费、政府消费）、资本形成（固定资本形成、存货）、出口。

业基于产业链的前向关联效应，即：

$$DsZb_{ut} = \sum_{d}^{d \neq u} Ds_{udt} \times Zombie_{dt} \qquad (7.6)$$

由于行业 u 的产品可能被本行业的企业作为中间产品使用①，为了避免行业内影响，更精确地区分产业链效应，本章在计算 $DsZb_{ut}$ 时未考虑本行业的僵尸企业，即令 $d \neq u$。所以 $\sum_{d}^{d \neq u} Ds_{udt} < 1$。

$Zombie_{dt}$ 是下游 d 行业的僵尸企业占比，本章设计 3 个指标来刻画这个比例：

$$ZombieNum_{dt} = \frac{ZNum_{dt}}{TNum_{dt}} \qquad (7.7)$$

$$ZombieIm_{dt} = \frac{\sum_{z=1} Im_{izdt}}{\sum_{z=0,1} Im_{izdt}} \qquad (7.8)$$

$$ZombieAp_{dt} = \frac{\sum_{z=1} Ap_{izdt}}{\sum_{z=0,1} Im_{izdt}} \qquad (7.9)$$

式（7.7）至式（7.9）中下标 z 是僵尸企业的指标变量，$z \in \{0, 1\}$，如果企业是僵尸企业则 $z = 1$，不是僵尸企业则 $z = 0$。$ZombieNum_{dt}$ 表示 d 行业僵尸企业数量（$ZNum_{dt}$）占企业总数的比例（$TNum_{dt}$）。$ZombieIm_{dt}$ 表示 d 行业僵尸企业中间投入占全行业中间投入的比例，刻画僵尸企业在购买上游行业产品时的重要性。$ZombieAp_{dt}$ 是行业 d 僵尸企业应付账款占全行业中间投入的比例，刻画了僵尸企业应付账款在 d 行业购买上游行业产品时的重要性。

$ZombieNum_{dt}$、$ZombieIm_{dt}$ 和 $ZombieAp_{dt}$ 这 3 个指标根据式（7.6）经过产业关联指数加权平均后，得到 $DsZbNum_{ut}$、$DsZbIm_{ut}$ 和 $DsZbAp_{ut}$，即

①　比如金属制品业生产的一部分机械设备、配件仍会被用于金属制品业生产，2002 年中国投入产出表显示，金属制品业的产品被本行业企业作为中间产品使用的达 6876567 万元。

u 行业的下游行业僵尸企业数量占比、僵尸企业中间投入占比以及下游行业僵尸企业应付账款占下游行业中间投入的比例。

同理，为了刻画下游行业僵尸企业中国有企业的占比，本章设计了 $DsZbSoeNum_{ut}$、$DsZbSoeIm_{ut}$ 和 $DsZbSoeAp_{ut}$，分别表示国有僵尸企业数量占全部僵尸企业的比例、国有僵尸企业中间投入占全部僵尸企业中间投入的比例、国有僵尸企业应付账款占全部僵尸企业应付账款的比例。

3. 主要控制变量

企业层面的控制变量包括：企业规模（$lnSize$），以总资产的对数值来衡量；企业年龄（$lnAge$），比起较为年轻的企业，具有声誉效应或者较稳定利润率的成熟企业更容易以应付账款的方式进行中间投入品的购买；出口虚拟变量（$Export$），如果当年企业出口交货值大于 0 则 $Export = 1$；上游企业自身的市场份额（$MKTS$），上游企业自身的市场份额越大，受到下游僵尸企业应付账款带来的现金流减少问题的影响就越小。

行业层面的控制变量包括：下游行业市场的集中度（Ds_HHI），该指标也通过产业关联指标进行了加权；上游行业市场的集中度（HHI）；企业所在行业的僵尸企业的份额（$Zombie\_ZcR$），僵尸企业份额越大，正常企业受到的信贷扭曲、投资挤出的影响就越大。

本章还控制了省内僵尸企业份额（Prv_Zombie_ZcR）这个变量，以排除具有地域性的因素（金融、税收）对上游企业全要素生产率的影响。

4. 工具变量

僵尸企业的存在具有多方面的影响因素，虽然在基准回归中加入了许多企业、行业层面的控制变量以尽量缓解由遗漏变量导致的内生性问题，但是下游行业内僵尸企业比例变量也许仍和其他因素有关，而这一因素同时影响上游民营正常企业的应收账款净额或全要素生产率。针对由遗漏变量导致的内生性问题，选择兼具相关性和排他性的工具变量进行回归。

本章参考谭语嫣等（2017）的做法并加以修改，选择样本初期 1998 年行业的国有企业份额（$DsSoe$）与前一年全国国有企业资产负债率（Soe_DAR）的乘积作为行业僵尸企业比例的工具变量进行回归。该工具变量亦根据式（7.6）按照产业关联指数进行加权平均。

样本初期 1998 年的行业国有企业份额是前定变量，鉴于国有企业中僵尸企业占比更高（谭语嫣等，2017），所以该工具变量与僵尸企业比例相关。为了增加时间维度的变化，参考 Nunn 和 Qian（2014）的方法，将其与前一年全国国有企业资产负债率相乘。这一变量是前定的，与上游民营正常企业的应收账款净额和全要素生产率并无明显关系，但与僵尸企业占比相关，满足相关性和排他性要求。

下文把民营企业应收账款占销售额的比重（$ArSl$）作为解释变量加入回归方程，以刻画僵尸企业影响民营企业 TFP 的商业信用渠道，此处使用行业应收账款占比均值作为企业应收账款占比的工具变量。

本章对企业层面的比例变量进行了 1% 的缩尾处理。变量的描述性统计结果如表 7.3 所示。

表 7.3　变量的描述性统计结果

变量	样本量	最小值	中位数	均值	最大值	标准差
$ArSl$	1640961	0	10.414	25.171	61.513	36.759
TFP	1640961	−0.1	2.765	2.776	5.642	1.023
$DsZbNum$	1640961	0.029	3.896	4.647	22.748	3.781
$DsZbIm$	1640961	0.017	2.837	3.604	28.827	3.145
$DsZbAp$	1313861	0	1.14	2.82	17.637	3.408
$lnSize$	1640961	2.565	9.377	9.557	18.141	1.358
$lnAge$	1640961	0	1.946	1.93	5.568	0.874
$Export$	1640961	0	0	0.216	1	0.411
$MKTS$	1640961	0	0.013	0.053	46.407	0.272
Ds_HHI	1640961	0.002	0.373	0.585	2.99	0.555
HHI	1640961	0.110	0.604	0.968	61.566	1.002

第三节　实证结果

本章第一部分论证了僵尸企业的高应付账款特征，以及应付账款的债务支付拖欠性质。那么，僵尸企业的这些应付账款在多大程度上是拖欠民营企业的？① 对民营企业造成了什么样的影响？本部分的实证结果将对这些问题进行探讨。

一　僵尸企业对民营企业的债务支付拖欠

应付账款和应收账款是商业信用的一体两面，下游企业在中间投入品购买中使用应付账款，计入企业（流动）负债；上游企业在产品销售中得到应收账款，计入（流动）资产。本部分首先探讨下游行业的僵尸企业债务支付拖欠对上游行业民营企业应收账款的影响。

（一）僵尸企业对民营企业的债务支付拖欠：基准回归

表 7.4 的被解释变量是民营企业的应收账款净额占销售额的比例（$ArSl$）；解释变量是下游行业的僵尸企业占比，包括 $DsZbNum$、$DsZbIm$ 和 $DsZbAp$ 三个指标。控制变量包括民营企业的规模（$lnSize$）、年龄（$lnAge$）、出口状态（$Export$）、所有制类型（SOE）和市场份额（$MKTS$）。企业固定效应（Firm FE）控制了不随时间变化的企业特征，年份固定效应（Year FE）控制了宏观经济波动的影响。为了排除行业层面随时间变化的遗漏变量造成的内生性问题，表 7.4 的第（2）（4）（6）列进行了工具变量回归。

$DsZbNum$ 是下游行业僵尸企业数量占全部企业数量的比例。表 7.4第（1）列结果表明，下游行业僵尸企业的数量占比每提高 1 个百分

---

① 民营企业中亦有大量的僵尸企业：1999 年民营企业中僵尸企业占比为 19.6%，2013年为 6.3%。为了排除这些民营僵尸企业的干扰，本章作为被解释变量的样本选定为民营正常企业。

点，民营企业的应收账款占销售额的比例提高 1.398 个百分点。第（2）列 2SLS 回归结果显示，下游僵尸企业数量占比每提高 1 个百分点，民营企业的应收账款占比提高 2.305 个百分点，约占 *ArSl* 均值的 9.16%。因此，下游僵尸企业数量占比对上游民营正常企业的应收账款净额的影响既是稳健的，又具有统计显著性和经济显著性。

DsZbIm 是下游行业僵尸企业中间投入占全部企业中间投入的比例，刻画了僵尸企业在购买上游行业产品时的重要性和市场势力。表 7.4 第（3）列表明，下游行业僵尸企业的中间投入占比每提高 1 个百分点，民营企业的应收账款占比提高 1.240 个百分点。第（4）列的工具变量回归结果表明，下游僵尸企业中间投入占比每提高 1 个百分点，民营企业应收账款占比提高 2.383 个百分点。*DsZbIm* 的系数大于 *DsZbNum* 的系数，说明下游僵尸企业的市场势力越大，越容易以应付账款的方式进行中间投入品的购买，上游民营企业受此影响就越大。

DsZbAp 是下游行业僵尸企业的应付账款占全部企业中间投入的比例，刻画了下游行业的中间品采购过程中僵尸企业造成的支付拖欠的比例。表 7.4 第（5）列 *DsZbAp* 的系数并不显著，但第（6）列工具变量回归结果显示，下游僵尸企业应付账款占比每增加 1 个百分点，民营企业应收账款占比提高 2.497 个百分点。同时 *DsZbAp* 的系数大于 *DsZbIm* 和 *DsZbNum* 的系数，说明下游僵尸企业的债务支付拖欠越严重，上游民营企业的应收账款占比越高。

表 7.4　下游僵尸企业对上游民营企业的债务支付拖欠

变量	（1） *ArSl*	（2） *ArSl*	（3） *ArSl*	（4） *ArSl*	（5） *ArSl*	（6） *ArSl*
DsZbNum	1.398 *** （0.328）	2.305 *** （0.419）				
DsZbIm			1.240 *** （0.132）	2.383 *** （0.427）		

续表

变量	（1）ArSl	（2）ArSl	（3）ArSl	（4）ArSl	（5）ArSl	（6）ArSl
DsZbAp					−0.002 (0.010)	2.497*** (0.647)
2SLS	No	Yes	No	Yes	No	Yes
Firm Contrl	Yes	Yes	Yes	Yes	Yes	Yes
Year FE	Yes	Yes	Yes	Yes	Yes	Yes
Firm FE	Yes	Yes	Yes	Yes	Yes	Yes
N	1640961	1640961	1640961	1640961	1313861	1313861
R²	0.242	0.161	0.238	0.155	0.252	0.187
CD Wald F		80		101		93

注：*** p<0.01，括号里是聚类到行业层面的标准误。企业层面控制变量（Firm Contrl）包括企业规模（lnSize）、企业年龄（lnAge）、出口状态（Export）、所有制类型（SOE）、市场份额（MKTS）。CD Wald F 是 Cragg-Donald Wald F 统计量。

表 7.4 的结果说明，僵尸企业的债务支付拖欠造成了民营企业应收账款的提高。但是，下游行业僵尸企业的应付账款主要是拖欠民营企业的吗？为回答这个问题，表 7.5 对比了下游行业僵尸企业对上游行业国有企业①应收账款的影响。

表 7.5　下游僵尸企业对上游国有企业的债务支付拖欠

变量	（1）ArSl	（2）ArSl	（3）ArSl	（4）ArSl	（5）ArSl	（6）ArSl
DsZbNum	0.328*** (0.087)	0.511*** (0.083)				
DsZbIm			0.502*** (0.082)	0.610*** (0.097)		
DsZbAp					0.242** (1.178)	0.322* (0.183)
2SLS	No	Yes	No	Yes	No	Yes
Firm Contrl	Yes	Yes	Yes	Yes	Yes	Yes

① 这里的国有企业是指国有正常企业，不包括国有僵尸企业。

144

变量	（1） *ArSl*	（2） *ArSl*	（3） *ArSl*	（4） *ArSl*	（5） *ArSl*	（6） *ArSl*
Year FE	Yes	Yes	Yes	Yes	Yes	Yes
Firm FE	Yes	No	Yes	No	Yes	No
N	443812	443812	443812	443812	331512	331512
Adj. R^2	0.182	0.149	0.183	0.145	0.152	0.119
CD Wald F		72		69		81

注：*** $p<0.01$，** $p<0.05$，* $p<0.10$，括号里是聚类到行业层面的标准误。企业层面控制变量（*Firm Contrl*）包括企业规模（ln*Size*）、企业年龄（ln*Age*）、出口状态（*Export*）、所有制类型（*SOE*）、市场份额（*MKTS*）。CD Wald F 是 Cragg-Donald Wald F 统计量。

首先，表7.5中第（1）~（6）列的核心解释变量的系数都显著，说明下游僵尸企业的债务支付拖欠也显著提高了上游国有企业的应收账款。其次，比较而言，表7.5工具变量回归中解释变量的系数只占表7.4中相对应解释变量的1/8~1/4，这说明下游僵尸企业债务支付拖欠对上游民营企业应收账款的影响比对上游国有企业的影响大得多。其中的原因可能来自两方面：第一，国有企业有政府的支持，其债权更容易得到法律的保护；第二，国有企业规模相对较大，市场势力更大，更具有支付谈判能力和自我保护能力。

综合表7.4和表7.5的实证结果，下游僵尸企业债务支付拖欠对上游民营企业应收账款的影响比对上游国有企业的影响大得多。同时结合民营企业销售收入占比高于国有企业的特征，本章可以做出以下判断：下游行业僵尸企业显著提高了上游行业民营企业的应收账款，并且僵尸企业的高额应付账款主要是拖欠民营企业的。

（二）僵尸企业对民营企业的债务支付拖欠：异质性

1. 异质性：下游行业国有僵尸企业的影响

表7.2的结果显示，国有僵尸企业的应付账款和杠杆率都高于非国有僵尸企业，债务支付拖欠性质更强。接下来，表7.6比较了国有僵尸企业和非国有僵尸企业对上游民营企业应收账款的异质性影响。

表 7.6 下游国有僵尸企业对上游民营企业的债务支付拖欠

变量	(1) ArSl	(2) ArSl	(3) ArSl	(4) ArSl	(5) ArSl	(6) ArSl
DsZbNum	1.212*** (0.331)	2.103*** (0.0365)				
DsZbNum×DsZbSoeNum	0.123 (0.228)	0.210*** (0.0617)				
DsZbIm			1.002*** (0.151)	2.227*** (0.0541)		
DsZbIm×DsZbSoeIm			0.101 (0.132)	0.213*** (0.0651)		
DsZbAp					−0.001 (0.0114)	2.318*** (0.0711)
DsZbAp×DsZbSoeAp					0.002 (0.0102)	0.242*** (0.0632)
2SLS	No	Yes	No	Yes	No	Yes
Firm Contrl	Yes	Yes	Yes	Yes	Yes	Yes
Year FE	Yes	Yes	Yes	Yes	Yes	Yes
Firm FE	Yes	Yes	Yes	Yes	Yes	Yes
N	1640961	1640961	1640961	1640961	1313861	1313861
R^2	0.252	0.179	0.258	0.175	0.272	0.191
CD Wald F		94		110		103

注： *** $p<0.01$，括号里是聚类到行业层面的标准误。企业层面控制变量（*Firm Contrl*）包括企业规模（ln*Size*）、企业年龄（ln*Age*）、出口状态（*Export*）、所有制类型（*SOE*）、市场份额（*MKTS*）。CD Wald F 是 Cragg-Donald Wald F 统计量。

DsZbSoeNum、*DsZbSoeIm* 和 *DsZbSoeAp* 分别表示下游行业僵尸企业里国有企业的数量占比、中间投入占比和应付账款占比。*DsZbNum* × *DsZbSoeNum*、*DsZbIm* × *DsZbSoeIm*、*DsZbAp* × *DsZbSoeAp* 是下游行业僵尸企业占比与下游行业僵尸企业里国有企业占比的交乘项。表 7.6 第（2）（4）（6）列工具变量回归的结果显示，交乘项的系数显著为正，说明与非国有僵尸企业相比，国有僵尸企业更容易拖欠上游民营企业的账款，与预期一致。

2. 异质性：民营企业市场势力的影响

商业信用的竞争假说认为，企业向客户提供商业信用可以锁定客户,避免客户转向同行业竞争对手(余明桂、潘红波,2010)。同时,商业信用的提供也取决于交易双方的谈判能力(Fabbri and Klapper, 2016)。但当民营企业具有较强的市场势力时,其面临客户流失的威胁较小,而且在支付方式选择中具有较强的谈判力,可以减少账款拖欠,增强自我保护能力。

表 7.7 探讨了民营企业市场势力对自身应收账款的影响。*MKTS* 表示民营企业在本行业的市场份额,即该企业销售收入占所在行业总销售收入的比重,代表了民营企业的市场势力。*DsZbNum* × *MKTS*、*DsZbIm* × *MKTS* 和 *DsZbAp* × *MKTS* 是下游行业僵尸企业占比与民营企业市场势力的交乘项,其系数显著为负,说明民营企业的市场势力在一定程度上能够起到自我保护的作用,减小下游行业僵尸企业债务支付拖欠对其的影响。

表 7.7 民营企业市场势力与债务支付拖欠

变量	(1) ArSl	(2) ArSl	(3) ArSl	(4) ArSl	(5) ArSl	(6) ArSl
DsZbNum	1. 352 *** (0. 430)	2. 011 *** (0. 038)				
DsZbNum×MKTS	-0. 105 *** (0. 023)	-0. 117 *** (0. 023)				
DsZbIm			1. 560 *** (0. 242)	2. 547 *** (0. 043)		
DsZbIm×MKTS			-0. 115 *** (0. 028)	-0. 122 *** (0. 034)		
DsZbAp					1. 735 ** (0. 757)	2. 931 *** (0. 083)
DsZbAp×MKTS					-0. 111 *** (0. 010)	-0. 122 *** (0. 027)
2SLS	No	Yes	No	Yes	No	Yes
Firm Contrl	Yes	Yes	Yes	Yes	Yes	Yes
Year FE	Yes	Yes	Yes	Yes	Yes	Yes
Firm FE	Yes	Yes	Yes	Yes	Yes	Yes

续表

变量	（1）ArSl	（2）ArSl	（3）ArSl	（4）ArSl	（5）ArSl	（6）ArSl
N	1640961	1640961	1640961	1640961	1313861	1313861
R^2	0.258	0.181	0.248	0.179	0.261	0.180
CD Wald F		63		72		69

注：** $p<0.05$，*** $p<0.01$，括号里是聚类到行业层面的标准误。企业层面控制变量（*Firm Contrl*）包括企业规模（ln*Size*）、企业年龄（ln*Age*）、出口状态（*Export*）、所有制类型（*SOE*）、市场份额（*MKTS*）。CD Wald F 是 Cragg-Donald Wald F 统计量。

3. 异质性：生产者权益保护的影响

债务支付拖欠是一种侵犯供应商权益的"非法行为"，"随着债权债务规则的强化，特别是破产制度的硬化，支付拖欠的作用将趋于减弱"（金碚，2006）。

表7.8探讨了生产者权益保护制度是否有利于减少僵尸企业对民营企业的债务支付拖欠。*RP* 是《中国市场化指数——各地区市场化相对进程2011年报告》中"市场中介组织的发育和法律制度环境"指标的细分指标"对生产者合法权益的保护"。本章对各省份1998～2013年"对生产者合法权益的保护"指标分别求平均值，然后求各省份均值的中位数。如果企业所在省份的"对生产者合法权益的保护"均值超过各省的中位数，则说明企业位于生产者权益保护制度较好的省份，令 *RP* = 1。如果企业所在省份的"对生产者合法权益的保护"均值低于各省的中位数，则说明企业位于生产者权益保护制度较差的省份，令 *RP* = 0。*DsZbNum* × *RP*、*DsZbIm* × *RP* 和 *DsZbAp* × *RP* 是下游行业僵尸企业占比与生产者权益保护的交乘项。工具变量回归显示，*DsZbNum* × *RP* 和 *DsZbIm* × *RP* 的系数显著为负，说明加强生产者权益保护，能够有效降低下游僵尸企业对民营企业的债务支付拖欠，起到外部保护的作用。*DsZbAp* × *RP* 的系数不显著，可能跟 *DsZbAp* 的指标设计有关，因为 *DsZbAp* 表示已经形成的债务支付拖欠。

表 7.8　生产者权益保护与债务支付拖欠

变量	（1）ArSl	（2）ArSl	（3）ArSl	（4）ArSl	（5）ArSl	（6）ArSl
DsZbNum	1.512*** (0.430)	2.631*** (0.0495)				
DsZbNum×RP	-0.103 (0.0721)	-0.110* (0.0651)				
DsZbIm			1.402*** (0.173)	2.673*** (0.0511)		
DsZbIm×RP			-0.101 (0.0912)	-0.129* (0.0752)		
DsZbAp					-0.001 (0.0141)	2.722*** (0.0919)
DsZbAp×RP					0.001 (0.0114)	-0.108 (0.0695)
2SLS	No	Yes	No	Yes	No	Yes
Firm Contrl	Yes	Yes	Yes	Yes	Yes	Yes
Year FE	Yes	Yes	Yes	Yes	Yes	Yes
Firm FE	Yes	Yes	Yes	Yes	Yes	Yes
N	1640961	1640961	1640961	1640961	1313861	1313861
R^2	0.251	0.181	0.249	0.179	0.261	0.181
CD Wald F		88		94		81

注：*** p<0.01，* p<0.10，括号里是聚类到行业层面的标准误。企业层面控制变量（Firm Contrl）包括企业规模（lnSize）、企业年龄（lnAge）、出口状态（Export）、所有制类型（SOE）、市场份额（MKTS）。CD Wald F 是 Cragg-Donald Wald F 统计量。

二　僵尸企业债务支付拖欠对民营企业 TFP 的影响

Petersen 和 Rajan（1997）总结了商业信用的三种理论：（1）供应商相对于银行等传统贷款方，具有信息、监管等优势，商业信用可以作为银行贷款的一种替代性融资方式；（2）通过商业信用的提供（提供与否、提供多少）对客户进行价格歧视；（3）减少频繁支付的交易成本。所以，在正常的市场状态下，企业的商业信用有其"自愿"并且符合效率的决策。然而，在扭曲的市场状态下，债务支付拖欠行为已经成为一种普遍的"强制性信用"现象和"恶俗性竞争工具"（金碚，2006）。因此，从商业信用供应的角度来看，应收账款是否属于"自愿"供应，应当以是否提高供应者的绩效为标准。

僵尸企业就是市场退出机制扭曲的结果。本部分将从 TFP 的角度探讨下游行业僵尸企业对民营企业绩效的影响。

（一）僵尸企业债务支付拖欠对民营企业 TFP 的影响：商业信用渠道

从已有文献可知，僵尸企业对纯技术进步效应和资源再配置效应都有显著的负向作用，会削弱全要素生产率（李旭超、申广军，2017），但这些都是基于地区面板数据的研究。表 7.9 则从产业链的角度探讨僵尸企业跨行业对民营企业全要素生产率产生的影响。

表 7.9 的被解释变量是以 OP 方法计算的民营企业 TFP，解释变量是下游行业的僵尸企业占比，包括 *DsZbNum*、*DsZbIm* 和 *DsZbAp*。控制变量包括民营企业的规模（ln*Size*）、年龄（ln*Age*）、出口状态（*Export*）、所有制类型（*SOE*）和市场份额（*MKTS*），企业固定效应（Firm FE）控制了不随时间变化的企业特征，年份固定效应（Year FE）控制了宏观经济波动的影响。

表 7.9 债务支付拖欠对民营企业 TFP 的影响：基准回归

变量	(1) TFP	(2) TFP	(3) TFP	(4) TFP	(5) TFP	(6) TFP
DsZbNum	-0.003 (0.022)	-0.035** (0.017)				
DsZbIm			-0.002 (0.028)	-0.042** (0.021)		
DsZbAp					-0.004 (0.012)	-0.037*** (0.014)
Ds_HHI	-0.078* (0.047)	0.209*** (0.055)	-0.077 (0.047)	0.210*** (0.058)	-0.074 (0.046)	0.854*** (0.066)
HHI	-0.020*** (0.002)	-0.072*** (0.001)	-0.021*** (0.002)	-0.066*** (0.001)	-0.021*** (0.002)	-0.108*** (0.002)

续表

变量	(1) TFP	(2) TFP	(3) TFP	(4) TFP	(5) TFP	(6) TFP
Prv_Zombie_ZcR	-0.758^{***}	-0.811^{***}	-0.759^{***}	-0.826^{***}	-0.756^{***}	-0.906^{***}
	(0.027)	(0.021)	(0.027)	(0.021)	(0.027)	(0.025)
Zombie_ZcR	-0.721^{***}	-0.871^{***}	-0.583^{***}	-0.799^{***}	-1.772^{***}	-1.772^{***}
	(0.030)	(0.020)	(0.020)	(0.020)	(0.041)	(0.036)
2SLS	No	Yes	No	Yes	No	Yes
Firm Contrl	Yes	Yes	Yes	Yes	Yes	Yes
Year FE	Yes	Yes	Yes	Yes	Yes	Yes
Firm FE	Yes	Yes	Yes	Yes	Yes	Yes
N	1640961	1640961	1640961	1640961	1313861	1313861
R^2	0.521	0.215	0.504	0.225	0.521	0.223
CD Wald F		59		62		62

注：*** p<0.01，** p<0.05，* p<0.10，括号里是聚类到行业层面的标准误。企业层面控制变量（*Firm Contrl*）包括企业规模（ln*Size*）、企业年龄（ln*Age*）、出口状态（*Export*）、所有制类型（*SOE*）、市场份额（*MKTS*）。CD Wald F 是 Cragg-Donald Wald F 统计量。

从理论上讲，下游僵尸企业可以通过多种渠道对民营企业产生影响，包括定价渠道、融资挤出和税收扭曲渠道、商业信用渠道。为了探讨下游僵尸企业的债务支付拖欠（商业信用渠道）如何影响民营企业的全要素生产率，需要区分和控制另外两种渠道。

定价渠道。当行业内下游僵尸企业的市场势力较强时，它可以在中间投入品的定价谈判中占据优势，以利用自身的优惠价格取得更多的中间产品，同时降低上游民营企业的正常收益，最终可能致使其全要素生产率降低。表 7.9 控制了影响定价的因素，具体包括：下游行业市场集中度（*Ds_HHI*），即下游行业的定价能力；民营企业所在行业的市场集中度（*HHI*），即上游行业的定价能力。

融资挤出和税收扭曲渠道。一是僵尸企业对正常企业的融资挤出。谭语嫣等（2017）发现，当一个省的僵尸企业比例较高，当地正常企业的投资规模就会缩小，且这一挤出效应对民营企业尤为明显，而对于国有企业并不显著。二是僵尸企业对正常企业的税收扭曲。僵尸企业一方面不具有营利性，纳税能力低，会减少税源；另一方面其生存往往需要依赖财政补贴或外部融资支持（申广军，2016），加剧地方政府的财政紧张。在地方财政收入需要保持稳定、税源又减少的情况下，具有盈利能力和纳税能力的正常企业可能会面临更强的税收征管和更高的实际税负。李旭超等（2018）发现，省级层面的僵尸企业占比高显著提高了正常企业的实际所得税税率。

关于僵尸企业对正常企业的融资挤出和税收扭曲的研究都是基于省级层面面板数据的研究，也就是省内僵尸企业对正常企业的影响。产业链具有跨行业的特征，产业链条不必然局限于某区域之内，不过企业出于运输成本、经济集聚等原因，往往就近采购（杨万东，2004）。因此，对特定企业来说，跨行业的产业链很可能位于企业所处区域之内。这样一来，产业链渠道与融资挤出渠道、税收扭曲渠道就可能混为一谈。鉴于中国依赖银行直接融资的金融体系以及金融市场区域分割的特征（张杰等，2017），税收也具有明显的区域分割和区域竞争的特点，所以表 7.9 进一步加入民营企业所在省份的僵尸企业资产占比（ Prv_Zombie_ZcR ）、所在行业的僵尸企业资产占比（ $Zombie\_ZcR$ ）这两个变量以控制融资挤出和税收扭曲渠道。

为了排除行业层面随时间变化的遗漏变量造成的内生性问题，表 7.9 的第（2）（4）（6）列进行了工具变量回归。

表 7.9 的第（2）列显示，下游行业的僵尸企业数量占全行业企业数量的比例（ $DsZbNum$ ）每提高 1 个百分点，民营企业 TFP 降低 0.035 个单位。第（4）列显示，下游僵尸企业的中间投入占全行业中间投入的比例（ $DsZbIm$ ）每提高 1 个百分点，民营企业 TFP 降低 0.042 个单位。第（6）列表明，下游行业僵尸企业的应付账款占全行业中间投入的比例每增加 1 个百分点，民营企业的 TFP 降低约 0.037 个单位。

OP 方法以柯布-道格拉斯生产函数的对数形式估计 TFP，即 $\ln Y = \ln A + \alpha \ln L + \beta \ln K$ 。其中 Y 、 L 和 K 分别表示企业的产出、劳动投入和资本投入。α 和 β 分别表示劳动产出弹性和资本产出弹性。A 则表示企业的效率，即把投入转化成产出的能力。相关文献中，一般将全要素生产率默认为 $\ln A$。因此，表7.9中第（2）（4）（6）列的系数的实际含义为，下游行业僵尸企业的 $DsZbNum$、$DsZbIm$ 和 $DsZbAp$ 每提高1个百分点，民营企业的 TFP 分别降低 0.035 个单位、0.042 个单位和 0.037 个单位，即民营企业的效率（A）分别降低 3.5%、4.2% 和 3.7%。

表7.9的结果显示，在控制定价渠道、融资挤出和税收扭曲渠道之后，$DsZbNum$、$DsZbIm$ 和 $DsZbAp$ 的系数仍然显著为负。这表明除定价渠道、融资挤出渠道和税收扭曲渠道之外，下游僵尸企业占比还通过其他渠道影响民营企业 TFP。表7.10将验证商业信用渠道。

在表7.9的基础上，表7.10进一步加入民营企业的应收账款占销售额的比重（$ArSl$）作为解释变量。从第（2）（4）（6）列的工具变量回归来看，表7.10的结果显示了以下3个特征。

第一，$ArSl$ 的系数显著为负，民营企业的应收账款对 TFP 有负面作用。应收账款占销售额的比重每提高1个百分点，TFP 下降 0.028～0.032 个单位。相对应地，企业效率下降 2.8%～3.2%。

第二，表7.10中 $DsZbNum$、$DsZbIm$ 和 $DsZbAp$ 系数依然显著为负，但与表7.9中相对应的系数比较，其绝对值降低了约 2/3。这意味着，在控制了定价渠道、融资挤出和税收扭曲渠道之后，下游僵尸企业占比对民营企业 TFP 的负面影响有 2/3 被商业信用渠道吸收了，从而验证了下游僵尸企业影响民营企业 TFP 的商业信用渠道。

表 7.10　债务支付拖欠对民营企业 TFP 的影响：商业信用渠道

变量	(1) TFP	(2) TFP	(3) TFP	(4) TFP	(5) TFP	(6) TFP
$DsZbNum$	-0.002 (0.002)	-0.013* (0.007)				
$DsZbIm$			-0.003 (0.007)	-0.015** (0.007)		

续表

变量	(1) TFP	(2) TFP	(3) TFP	(4) TFP	(5) TFP	(6) TFP
DsZbAp					-0.002** (0.001)	-0.012** (0.006)
ArSl	-0.004 (0.011)	-0.028** (0.013)	-0.007 (0.009)	-0.032** (0.016)	-0.008 (0.013)	-0.031** (0.014)
Ds_HHI	-0.076* (0.047)	0.268*** (0.055)	-0.077 (0.047)	0.269*** (0.055)	-0.070 (0.046)	1.112*** (0.070)
HHI	-0.014*** (0.002)	-0.062*** (0.001)	-0.015*** (0.002)	-0.055*** (0.001)	-0.014*** (0.002)	-0.106*** (0.002)
Prv_Zombie_ZcR	-0.653*** (0.0267)	-0.841*** (0.020)	-0.655*** (0.0267)	-0.859*** (0.020)	-0.651*** (0.027)	-0.971*** (0.027)
Zombie_ZcR	-0.725*** (0.088)	-0.911*** (0.020)	-0.679*** (0.060)	-0.822*** (0.020)	-1.022** (0.059)	-2.078*** (0.041)
2SLS	No	Yes	No	Yes	No	Yes
Firm Contrl	Yes	Yes	Yes	Yes	Yes	Yes
Year FE	Yes	Yes	Yes	Yes	Yes	Yes
Firm FE	Yes	Yes	Yes	Yes	Yes	Yes
N	1640961	1640961	1640961	1640961	1313861	1313861
R^2	0.557	0.256	0.291	0.685	0.282	0.277
CD Wald F		77		92		101

注：*** $p<0.01$，** $p<0.05$，* $p<0.10$，括号里是聚类到行业层面的标准误。企业层面控制变量（Firm Contrl）包括企业规模（lnSize）、企业年龄（lnAge）、出口状态（Export）、所有制类型（SOE）、市场份额（MKTS）。CD Wald F 是 Cragg-Donald Wald F 统计量。

第三，除定价渠道、融资挤出和税收扭曲渠道、商业信用渠道之外，下游僵尸企业占比还通过其他渠道影响民营企业 TFP，然而这并非本章探讨的重点。

（二）僵尸企业债务支付拖欠对民营企业 TFP 的影响：融资约束机制

表 7.10 的结果验证了下游僵尸企业可以通过商业信用渠道降低民营企业的 TFP。那么，下游行业僵尸企业的债务支付拖欠是通过什么样的机制影响民营企业 TFP 的？表 7.11 将从融资约束的角度进行解读。

融资优序理论（Pecking Order Theory）认为，企业存在投资需求时，应优先使用内部资金（即"内源融资"），其次可通过债务融资或者向银行贷款的形式，获得低成本外部资金，最后考虑成本较高的股权融资（Myers，1984）。当大量僵尸企业处于民营企业下游时，其产生的债务支付拖欠行为将直接降低上游民营企业当期可用的内部现金流，进而降低民营企业的生产率。由于交易成本、税收优势、代理问题、财务危机成本、信息不对称等问题的存在，面临强外部融资约束的企业难以通过外部融资获得资金，内外部资金难以替代（Fazzari et al.，1988），债务支付拖欠问题对其生产率的边际影响更大。

为了探讨僵尸企业债务支付拖欠影响民营企业 TFP 的融资约束机制，表 7.11 进一步加入融资约束指标。根据 Hadlock 和 Pierce（2010）的方法计算企业 SA 指数，该指数越大，说明企业面临的外部融资约束越强，其投资和效率越依赖于内部现金流的实现。如果企业的 SA 指数高于中位数，则令 $HSA = 1$，表示融资约束较强；否则 $HSA = 0$，表示融资约束较弱。

表 7.11 第（2）（4）（6）列工具变量回归的结果显示，$ArSl \times HSA$ 的系数显著为负，说明对于融资约束较强的企业来说，债务支付拖欠对 TFP 的负面效应更大。

表 7.11　债务支付拖欠对民营企业 TFP 的影响：融资约束机制

变量	(1) TFP	(2) TFP	(3) TFP	(4) TFP	(5) TFP	(6) TFP
DsZbNum	-0.002** (0.001)	-0.012** (0.006)				
DsZbIm			-0.002 (0.005)	-0.017** (0.007)		
DsZbAp					-0.003*** (0.001)	-0.010 (0.007)
ArSl	-0.003 (0.011)	-0.024** (0.012)	-0.003 (0.007)	-0.025** (0.012)	-0.003 (0.011)	-0.022** (0.009)

变量	(1) TFP	(2) TFP	(3) TFP	(4) TFP	(5) TFP	(6) TFP
ArSl×HSA	−0.002**	−0.014**	−0.002**	−0.013**	−0.002**	−0.013***
	(0.001)	(0.007)	(0.001)	(0.006)	(0.001)	(0.005)
HSA	−0.0345***	−0.103***	−0.035***	−0.102***	−0.035***	−0.142***
	(0.005)	(0.005)	(0.005)	(0.005)	(0.005)	(0.007)
Ds_HHI	−0.075	0.267***	−0.076	0.268***	−0.069	1.105***
	(0.047)	(0.055)	(0.047)	(0.067)	(0.0046)	(0.070)
HHI	−0.014***	−0.062***	−0.014***	−0.055***	−0.014***	−0.106***
	(0.002)	(0.001)	(0.002)	(0.001)	(0.002)	(0.002)
Prv_Zombie_ZcR	−0.637***	−0.852***	−0.638***	−0.870***	−0.634***	−0.980***
	(0.027)	(0.020)	(0.027)	(0.020)	(0.027)	(0.027)
Zombie_ZcR	−0.714***	−0.916***	−0.799***	−0.828***	−1.231***	−2.075***
	(0.035)	(0.020)	(0.040)	(0.020)	(0.049)	(0.041)
2SLS	No	Yes	No	Yes	No	Yes
Firm Contrl	Yes	Yes	Yes	Yes	Yes	Yes
Firm FE	Yes	Yes	Yes	Yes	Yes	Yes
Year FE	Yes	Yes	Yes	Yes	Yes	Yes
N	1640961	1640961	1640961	1640961	1313861	1313861
R²	0.539	0.694	0.552	0.695	0.604	0.691
CD Wald F		83		85		111

注：*** $p<0.01$，** $p<0.05$，括号里是聚类到行业层面的标准误。企业层面控制变量（Firm Contrl）包括企业规模（lnSize）、企业年龄（lnAge）、出口状态（Export）、所有制类型（SOE）、市场份额（MKTS）。CD Wald F 是 Cragg-Donald Wald F 统计量。

第四节 稳健性检验

本章主要使用 FN-CHK 方法识别僵尸企业，其中"常青贷款"标准认为，如果一个企业盈利能力差且外部负债已经达到了总资产的50%以上还继续获得银行的贷款，则将其认定为僵尸企业。但是，50%的阈值只是 Fukuda 和 Nakamura（2011）提出的经验标准，并无严谨的理论支撑。另外，不同行业的杠杆水平差异性较大，"一刀切"地用50%作为阈值可能不合适。为了保证实证结果的稳健性，本章分别使用企业所在行业杠杆率的中位数、75%分位数替代 50%作为阈值来识别僵尸企业。新的结果显示，本章结论保持稳健。

本章在计算 1998~2013 年 TFP 时，用以计算 2008~2013 年 TFP 的中间投入指标和工业增加值指标是笔者根据会计等式推算得到的，并非源于中国工业企业数据库本身所报告的。为了避免测度误差的影响，笔者只选取具有完整数据的 1999~2007 年样本进行回归，结论保持稳健。

本章在计算产业链的上下游关联度时，采用了 2002 年的中国投入产出表，若换成采用 2007 年中国投入产出表或 2012 年中国投入产出表计算产业关联度，结论依旧保持不变。用 LP 算法替代 OP 算法估计企业 TFP，结论仍具有稳健性。

结　论

为了更好地从产业链的角度研究债务支付拖欠对上游民营企业全要素生产率的影响，本章选取了僵尸企业作为切入点进行"债务支付拖欠"识别。盈利能力低下且不具备偿还能力的僵尸企业往往有比正常企业更高的应付账款、更高的负债（应付账款是其高负债的重要原因），具有债务支付拖欠的性质，僵尸企业也更倾向于通过应付账款的方式从上游获取生产经营所需的中间产品。上游民营企业为僵尸企业提供的"商业信用"无法提高自身绩效，成为一种"强制性信用"，对自身发展产生了不利影响。本章运用中国工业企业数据库中的制造业企业数据，实证结果表明，僵尸企业具有高应付账款的特征，国有僵尸企业的应付账款规模和占比都高于非国有僵尸企业。下游企业的应付账款对应上游企业的应收账款，下游僵尸企业的占比（数量占比、中间投入占比和应付账款占比）对上游民营企业的应收账款占比具有显著影响，但下游僵尸企业对上游国有企业应收账款的影响只有对上游民营企业影响的

1/8～1/4。这表明下游僵尸企业显著拖欠了民营企业的应收账款，并且僵尸企业的应付账款主要是拖欠民营企业的。本章还进行了异质性分析，下游国有僵尸企业比非国有僵尸企业更容易拖欠上游民营企业的账款。本章进一步考察企业所处的市场结构异质性后发现，上游企业的自身市场份额较高，即上游企业的市场势力较强时，能更好地处理下游僵尸企业的应付账款问题，可以敦促下游企业还款，减少债务支付拖欠，削弱僵尸企业对其应收账款的影响。此外，所在省份的生产者权益保护制度也能减少下游僵尸企业的债务支付拖欠。在控制了产品定价渠道、融资挤出和税收扭曲渠道之后，下游僵尸企业通过商业信用渠道（债务支付拖欠）显著地降低了上游民营企业的 TFP，并且对于强融资约束的企业来说，该负面效应更大，说明债务支付拖欠通过融资约束机制影响民营企业 TFP。

本章具有一定的政策含义，考虑到中国民营企业与传统银行以及税务部门相比谈判地位较低，债权难以得到充分保障，以及中国破产清算的回收率较低的现状，清理僵尸企业既要在僵尸企业生成过程中防止其拖欠民营企业的债务，也要在僵尸企业清理过程中切实保护民营企业的债权。

第八章 僵尸企业的产业链效应
与民间投资挤出

投资在稳定经济增长、调整经济结构和推动经济转型中都有不可替代的作用（郭凯明等，2018；李扬，2015；申广军，2016）。"发挥投资对优化供给结构的关键性作用"①，一方面要靠基础设施和公共服务等领域政府投资的"公共性"和"托底性"功能，另一方面要靠民间投资②的"活力性"和"效率性"功能。然而，自2016年初以来，民间投资增速严重下滑。③ 作为民间投资的重要组成部分，民营企业的投资规模深刻影响了民间投资规模的变化（刘树成，2016；余靖雯等，2013）。如何扩大民营企业的投资规模，刺激民间投资发展，实现"稳投资"成为当前经济形势下的重要政策议题。④

融资约束和投资机会被视为影响企业投资规模的两大重要因素（Fazzari et al.，1988）。一方面，根据融资优序理论，"内源融资"具

---

① 2017年10月18日，中国共产党第十九次全国代表大会在人民大会堂开幕。习近平总书记代表第十八届中央委员会向大会作了题为《决胜全面建成小康社会 夺取新时代中国特色社会主义伟大胜利》的报告。

② 民间投资是来自民营经济所涵盖的各类主体的投资，包括个体投资（居民个人的生产性投资和住宅投资、城乡个体工商户经营性投资）、民营企业投资、私有资本控股的股份制企业投资以及集体企业投资。

③ 根据国家统计局数据，自2012年以来，民间投资规模增速虽高于全国累计增速，但两者均呈下降趋势。2016年4月，民间投资增速急速下降，首次低于全国增速，并于2016年7月达到最低增速2.1%。

④ 中共中央政治局于2018年10月31日召开会议，会议强调，要切实办好自己的事情，坚定不移推动高质量发展，实施好积极的财政政策和稳健的货币政策，做好稳就业、稳金融、稳外贸、稳外资、稳投资、稳预期工作，有效应对外部经济环境变化，确保经济平稳运行。

有低成本优势，当企业存在投资需求时被优先考虑（Myers，1984）。若僵尸企业大量存在于正常企业下游，使用商业信用的同时可能存在债务支付拖欠，将会导致上游正常企业的"内源融资"不足，影响其投资规模。另一方面，投资收益的高低决定了企业投资规模的大小，面对僵尸企业强大的市场势力和议价能力，上游企业在谈判中处于不利地位，僵尸企业在中间品购买时可能存在的压价行为将导致上游民营企业的成本加成率和投资收益下降，抑制其投资规模的扩张。

因此，僵尸企业的存在可能造成上游企业的内源资金短缺和投资决策扭曲。在中国货币政策和财政政策的实施空间与效果都有限的情况下（刘啟仁等，2019；许伟、陈斌开，2016），若能通过治理僵尸企业，使用市场化的方法充沛民营企业的"内源融资"，缓解民营企业"畸形"的投资决策，则能达到刺激民间投资的效果。因此，本章试图以僵尸企业的产业链效应为切入点，探讨商业信用和产品定价如何通过"内源融资"和投资收益影响民营企业的投资规模，力求为稳定民间投资提供新的理论和政策视角。

本章的实证结果表明：（1）下游僵尸企业会显著降低上游民营企业的投资，僵尸企业的中间投入占比和资产占比每增加1个百分点，上游民营企业的投资下降2.1%和1.4%；（2）从作用机制来看，僵尸企业通过商业信用渠道和产品定价渠道影响上游民营企业的投资决策。首先，就商业信用渠道而言，下游僵尸企业拖欠上游民营企业的应收账款，降低企业的"内源融资"，从而强化其融资约束。僵尸企业中间投入占比和资产占比每提高1个百分点，上游民营企业的应收账款占销售收入的比例分别提升0.090个百分点和0.071个百分点。而应收账款占销售收入的比例每提高1个百分点，民营企业的投资下降1.4%，并且对于强外部融资约束的企业而言，应收账款占比的边际效应更强。其次，就产品定价渠道而言，僵尸企业降低上游民营企业的成本加成，从而挤压投资的边际收益和利润空间。僵尸企业中间投入占比和资产占比每提高 1 个百分点，成本加成率降低 0.014 个单位和 0.011 个单位。而成本加成率每降低 1 个单位，民营企业的投资降低 3.4%。本章的结果在不同控制变量、不同数据样本以及工具变量回归中均保持稳健。

本章的主要创新点和贡献有以下三个方面。第一，本章为理解民间投资下滑提供了新的理论视角。已有文献侧重于对信贷歧视（卢峰、姚洋，2004）、信贷挤出（谭语嫣等，2017）、货币政策（王义中、宋敏，2014）等影响投资的"外源融资"和税收减免（申广军，2016）、政策不确定性（张成思、刘贯春，2018）、劳动市场规制（潘红波、陈世来，2017）等政策环境的考察，而本章的结果表明，僵尸企业通过商业信用渠道降低了民营企业的"内源融资"，通过成本加成渠道降低了民营企业的投资收益进而造成民间投资的下滑，是对已有文献的补充。

第二，本章为认识僵尸企业的危害提供了新的观察视角。现有文献从挤占正常企业信贷（谭语嫣等，2017）、扭曲正常企业税负（李旭超等，2018）、减少正常企业创新（王永钦等，2018）、降低成本加成率（诸竹君等，2019）等多个角度探讨了僵尸企业的危害。这些研究都是基于地区层面或者行业层面的面板数据，研究本地区或者本行业的僵尸企业对正常企业的影响，而忽视了僵尸企业通过行业上下游关系对正常企业造成的影响，从而低估了僵尸企业的危害。本章则探讨了僵尸企业通过产业链效应对民营企业投资的挤出，是对僵尸企业相关文献的补充。

第三，本章为解决民间投资下滑提供了新的政策视角。当前利率下调空间有限、货币政策传导渠道不畅限制了货币政策的有效性，不断攀升的地方政府债务则限制了财政支出的空间，税收减免被重视并得到实施，但其刺激投资的有效性饱受争议（Cai and Harrison，2011；Zwick and Mahon，2017；刘啟仁等，2019；许伟、陈斌开，2016），持续针对性、成本降低性、长期持久性的减税政策在减轻企业负担的同时也会给各级财政带来巨大压力（郭庆旺，2019），因此激发民间投资活力需要新的政策思路和政策工具。本章的研究结果表明，解决僵尸企业对民营企业的债务支付拖欠和产品定价压低问题是刺激民间投资的有效方式。然而，解决僵尸企业的债务支付拖欠问题绝非清理僵尸企业那么简单。一方面，中国破产清算的回收率较低，清算损失往往较高，会产生56.4%的价值损失（Djankov et al.，2008）；另一方面，在僵尸企业的潜在偿还对象中，与劳工、税务部门以及银行等相比，民营企业的谈判地位较低，其债权更难得到充分保障。因此，既要在僵尸企业生成过程中防止拖欠民营企业的债务，也要在僵尸企业清理过程中切实保护民营企业的债权。

第一节　研究假设

应付账款和应收账款是商业信用的一体两面。下游企业在中间投入品购买中使用应付账款，计入企业（流动）负债；上游企业在产品销售中得到应收账款，计入企业（流动）资产。

商业信用可作为银行贷款的替代性融资方式，具有信息、监管及强制付款等优势（Petersen and Rajan，1997），客户可通过商业信用缓解融资约束，扩大其投资规模（江伟、姚文韬，2016；马述忠、张洪胜，2017；钱雪松、方胜，2017），而企业向客户提供商业信用可以锁定客户，避免客户转向同行业竞争对手（余明桂、潘红波，2010）。因此，企业的商业信用有其"自愿"提供并且符合效率的特征。然而，过度的商业信用也有可能损害经济效率。一旦出现下游大企业凭借其市场势力强制延长付款期限（Justin and Source，2015）或者资金雄厚的上游供应商以提供更多商业信用的竞争形式威胁资金匮乏供应商的生存和新企业的进入（Barrot，2016）等行为，便不利于市场朝着有效率的方向发展。

相比正常企业，僵尸企业应付账款规模更大，更倾向于在购买中间品时使用商业信用。然而，丧失盈利能力和偿还能力是僵尸企业的本质特征。低偿还能力、高应付账款的特征意味着僵尸企业可能难以按时按量支付上游企业的账款。不少文献表明，在一定条件下，银行有动机为企业提供"利息补贴"和"常青贷款"，但并没有文献证实供应商"自愿"为低盈利能力、低偿还能力的客户提供商业信用的动机。因此，与银行贷款相比，僵尸企业的应付账款更有债务支付拖欠的性质。支付拖欠在客观上具有强制性信用和"伪货币"的作用，可以在一定程度上"替代"货币媒介作用，但是它并不是合法行为和合法信用关系（金碚，2006）。僵尸企业的存在使得正常的商业信用演变为债务支付拖欠，将导致上游正常企业的"内源融资"不足，影响其投资规模。

除此之外，我国大多数僵尸企业规模较大，且往往受到政府的干预（申广军，2016；谭语嫣等，2017），具备一定的市场势力。以 Bain、Mason 和 Scherer 为代表的产业组织理论哈佛学派认为，企业在行业中所占市场份额越多，议价能力和市场势力越强，所获得的利润也越多（诸竹君等，2019）。因此，规模较大且受行政保护的僵尸企业在交易中谈判地位较高，在中间品购买时存在产品定价优势，而规模较小、市场势力较弱的上游民营企业在谈判中处于不利地位。下游僵尸企业的压价行为降低上游民营企业的成本加成率，从而挤压其投资的边际收益和利润空间，产生的一阶效应能够直接降低其投资意愿和投资额（Liu and Mao，2019）。

综上所述，下游僵尸企业可能通过商业信用渠道拖欠上游民营企业的应收账款，降低企业的"内源融资"，并且通过产品定价渠道降低上游民营企业的成本加成，从而挤压投资的边际收益和利润空间，最终降低上游正常民营企业的投资。据此本章提出如下假设。

H1：下游僵尸企业占比越大，上游民营企业投资规模越小。

H2：下游僵尸企业通过商业信用渠道，增加上游民营企业应收账款，降低其投资。

H3：下游僵尸企业通过产品定价渠道，降低上游民营企业成本加成，降低其投资。

融资优序理论认为，企业存在投资需求时，应优先使用内部资金（即"内源融资"），其次可通过债务融资或者向银行贷款的形式，获得低成本外部资金，最后考虑成本较高的股权融资（Myers，1984）。当大量僵尸企业处于民营企业下游时，其产生的债务支付拖欠行为将直接降低上游民营企业当期可用的内部现金流，进而降低民营企业的投资。由于交易成本、税收优势、代理问题、财务危机成本、信息不对称等问题的存在，面临强外部融资约束的企业难以通过外部融资获得资金，内外部资金难以替代（Fazzari et al.，1988），债务支付拖欠问题的出现会强化其融资约束，对其投资规模的边际影响更大。故本章提出如下假设。

H4：下游僵尸企业的债务支付拖欠对强外部融资约束的上游民营企业投资规模的影响更大。

第二节 实证模型和变量构建

一 计量模型设计

本章探讨下游僵尸企业通过产业链效应对上游民营企业投资造成的影响，因此构建如下计量模型：

$$Inv_{iupt} = \alpha_0 + \alpha_1 DSZB_{ut} + \alpha_2 X_{iupt} + \delta_t + \sigma_i + \varepsilon_{iupt} \tag{8.1}$$

式（8.1）中下标 i 表示上游民营企业，u 表示企业 i 所处的行业（Upstream Industry，u），p 表示企业 i 所处的省份，t 表示年份。被解释变量 Inv_{iupt} 表示上游行业 u 中民营企业 i 在 t 年的投资规模。主要解释变量为 t 年度企业 i 所在行业 u 的下游行业中僵尸企业的占比（Downstream Industry，$DSZB$），后文分别用僵尸企业中间投入占比（$DSZBInp_{ut}$）和资产占比（$DSZBAst_{ut}$）来衡量。X_{iupt} 控制了企业、行业和省份层面随时间变化的因素。δ_t 是时间固定效应，控制宏观经济波动的影响；σ_i 是企业固定效应，控制不随时间变化的企业特征。其中 α_1 是本章的核心系数，根据假设 H1，其预期符号为负。

为了研究下游僵尸企业对上游民营企业应收账款和成本加成率的影响，本章构建如下计量模型：

$$YS_{iupt} = \beta_0 + \beta_1 DSZB_{ut} + \beta_2 X_{iupt} + \delta_t + \sigma_i + \varepsilon_{iupt} \tag{8.2}$$

$$Markup_{iupt} = \gamma_0 + \gamma_1 DSZB_{ut} + \gamma_2 X_{iupt} + \delta_t + \sigma_i + \varepsilon_{iupt} \tag{8.3}$$

式（8.2）和式（8.3）的被解释变量分别是上游民营企业 i 的应收账款占销售额的比例（YS_{iupt}）以及成本加成率（$Markup_{iupt}$）。主要解释变量为上游民营企业 i 所在行业的下游行业中僵尸企业的占比，即中间投入占比（$DSZBInp_{ut}$）和资产占比（$DSZBAst_{ut}$）。X_{iupt} 控制了企业、行业和省份层面随时间变化的因素。δ_t 是时间固定效应，控制宏观经济波动的影响；σ_i 是企业固定效应，控制不随时间变化的企业特征。

在式（8.1）至式（8.3）的基础上，本章构建如下计量模型：

$$Inv_{iupt} = \theta_0 + \theta_1 DSZB_{ut} + \theta_2 YS_{iupt} + \theta_3 X_{iupt} + \delta_t + \sigma_i + \varepsilon_{iupt} \tag{8.4}$$

$$Inv_{iupt} = \mu_0 + \mu_1 DSZB_{ut} + \mu_2 Markup_{iupt} + \mu_3 X_{iupt} + \delta_t + \sigma_i + \varepsilon_{iupt} \tag{8.5}$$

式（8.4）和式（8.5）分别将 YS_{iupt} 和 $Markup_{iupt}$ 作为解释变量加入式（8.1），以检验僵尸企业是否通过商业信用渠道和产品定价渠道影响上游民营企业投资。

根据假设 H2 和 H3，β_1 的预期结果为正，γ_1 的预期结果为负，θ_2 的预期结果为负，μ_2 的预期结果为正，僵尸企业占比变量的回归系数 θ_1 和 μ_1 不显著或绝对值小于式（8.1）中对应的系数 α_1，即下游僵尸企业通过商业信用渠道和产品定价渠道影响上游正常民营企业的投资规模。

为了进一步探讨商业信用渠道对面临不同外部融资约束的民营企业投资的异质性影响，本章建立如下模型：

$$Inv_{iupt} = \pi_0 + \pi_1 DSZB_{ut} + \pi_2 YS_{iupt} + \pi_3 HSA_{iupt} + \pi_4 YS_{iupt} \times HSA_{iupt} + \qquad (8.6)$$

$$\pi_5 X_{iupt} + \delta_t + \sigma_i + \varepsilon_{iupt}$$

式（8.6）中，HSA 表示外部融资约束的二值变量，强外部融资约束的企业 $HSA = 1$，弱外部融资约束的企业 $HSA = 0$。交乘项 $YS_{iupt} \times HSA_{iupt}$ 的系数代表了应付账款对强外部融资约束企业投资的额外影响。根据假设 H4，π_4 的符号预期为负，即债务支付拖欠问题对强融资约束企业的投资规模影响更大。

二　数据说明和变量构建

（一）数据说明：工业企业数据库筛选标准

本章的实证研究基于 1998~2013 年中国工业企业数据库中的制造业数据。借鉴 Brandt 等（2012）的方法对工业企业数据进行了匹配，并剔除数据库中的异常和错误样本，包括以下三类：规模以下、从业人数少于10 人的企业；总资产、总负债、工业总产值、固定资产小于 0 的企业；流动资产大于总资产、利润总额大于总资产、流动负债大于总负债的企业。

需要特别指出的是，本章关注的主体是上游民营企业中的正常企业（即非僵尸企业）。民营企业中也有相当多的僵尸企业。根据前文对僵尸企业的识别，1999 年，僵尸企业中民营企业的数量、资产和中间投入占比分别为 46.14%、27.39% 和 33.64%；2013 年，僵尸企业中民营企业数量和资产占比分别为 78.73%、60.93%。由于民营僵尸企业的投融资决策本身是扭曲的，本章将其从研究样本中剔除。

（二）变量构建

1. 被解释变量

已有文献通常采用两种方法来衡量企业的投资，即投资规模和投资占比。投资规模用固定资产实际投资总额的对数表示，投资占比用固定资产实际投资总额与滞后期实际资本存量的比值表示。使用投资占比时需构造资本存量的数据，但是中国工业企业数据库的样本中绝大部分是非上市公司，它们不被要求公布细致的财务报表，缺乏构造资本存量的相关指标。衡量资本存量也涉及为企业构建一系列的实际股本，这具有挑战性且容易出现测量误差，具体来说，公司的原始会计报表只报告其固定资产按原始购买价计算的价值，我们得到的固定资产是按其各自的原始购买价格计算的，直接使用这些名义价值将会引入与公司年龄相关的系统性偏差（Brandt et al.，2012）。同时，滞后期的资本存量要求有连续多年的数据，而中国工业企业数据库中的企业进入率和退出率都很高，若满足连续多年样本的要求，样本规模也会大幅缩小。因此，本章在衡量企业投资时参照 Zwick 和 Mahon（2017）的方法，用投资规模（即以 1998 年为基期的实际投资总额的对数）来衡量，并以 lnINV 表示。

检验渠道效应时，用上游民营企业的应收账款占销售额的比例来度量商业信用，以 YS 表示。由于数据集中应收账款指标大量缺失，本章使用应收账款净额作为替代变量。应收账款净额剔除了应收账款中被公司认定为坏账的部分，低于应收账款，因此本章的结果低估了下游僵尸企业占比通过债务支付拖欠对上游民营企业的影响。

本章使用成本加成率（$Markup$）检验下游僵尸企业影响上游民营企业投资的产品定价渠道。成本加成率是企业的产品价格与边际成本的比值。一方面，它可以衡量企业在与同行业企业、上下游企业互动过程中形成的垄断势力和定价能力；另一方面，它实际上是边际收益与边际成本之比，可以衡量企业的利润空间。本章参照 De Loecker 和 Warzynski（2012）的方法对企业的 $Markup$ 进行估计。

2. 解释变量

构造解释变量时，首先要识别产业链的上下游关系，进而构造下游僵尸企业占比数据。本章根据 2002 年中国投入产出表的直接消耗系数矩阵构造产业关联指标 Ds_{udt}，度量下游 d 行业通过向上游 u 行业购买中间投入品时对 u 行业产生的一种前向关联：

$$Ds_{udt} = TII_{udt} / TII_{ut} \qquad (8.7)$$

其中，TII_{udt} 指 d 行业在 t 年向 u 行业购买的中间投入品数量，TII_{ut} 是 u 行业在 t 年的总产出中被作为中间产品的部分，所以 Ds_{udt} 表示行业 u 向行业 d 提供的中间产品数量占行业 u 向下游所有行业提供的中间产品的比例。由于行业 u 的产品可能被本行业的企业作为中间产品使用，为了避免行业内影响，更精确地区分产业链效应，计算下游僵尸企业占比时将本行业剔除。

接下来则按照以上计算的前向关联指数进行加权，得到下游行业僵尸企业的比重：

$$DSZB_{ut} = \sum_{d}^{d \neq u} Ds_{udt} \times Zombie_{dt} \qquad (8.8)$$

$Zombie_{dt}$ 是下游 d 行业中僵尸企业占比，本章使用两个指标来进行刻画：

$$ZombieInp_{dt} = \sum_{z=1} Inp_{udt} / \sum_{z=0,1} Inp_{udt} \qquad (8.9)$$

$$ZombieAst_{dt} = \sum_{z=1} Ast_{udt} / \sum_{z=0,1} Ast_{udt} \qquad (8.10)$$

其中，z 表示僵尸企业的虚拟变量，是僵尸企业则取 1，反之取 0。$ZombieInp_{dt}$ 表示 d 行业僵尸企业中间投入 Inp_{udt} 占 d 行业内所有企业中间投入总和的比例，刻画了下游僵尸企业在购买上游行业产品时的重要性；$ZombieAst_{dt}$ 表示 d 行业僵尸企业资产 Ast_{udt} 占 d 行业内所有企业总资产的比例，刻画了在 d 行业中所有僵尸企业的规模占比。

根据式（8.8），将 $ZombieInp_{dt}$ 和 $ZombieAst_{dt}$ 两个指标按照产业前向关联指数进行加权平均后，得到本章所需的核心解释变量 $DSZBInp_{ut}$ 和 $DSZBAst_{ut}$，即 u 行业下游行业僵尸企业的中间投入占比和资产占比。

3. 主要控制变量

企业层面的控制变量包括：企业资产（$\ln Size$），以总资产的对数来衡量；企业销售收入（$\ln Sales$），以总销售额的对数来衡量，一般企业规模越大，资产规模越大，销售收入越高，投资规模也越大；企业资产收益率（*ROA*），即净利润除以总资产，衡量企业的盈利能力，盈利能力越强，投资回报率越高，企业更倾向于扩大投资规模；企业年龄（ln*Age*），相对于成熟企业，年轻的企业拥有更多投资机会；出口虚拟变量（*Export*），如果当年企业出口交货值大于 0 则 *Export* = 1，反之则 *Export* = 0，相对于未出口企业，能够进入出口市场的企业的全要素生产率较高，经营状况较好（Liu and Lu，2015），投资规模相对较大；上游民营企业自身的市场份额（*MktShare*），企业自身的市场份额越大，市场势力越强，受到下游僵尸企业带来的债务支付拖欠问题的影响越小。

行业层面的控制变量包括：下游行业市场的集中度（*DS_HHI*），该指标通过产业前向关联指标进行加权，反映下游行业整体的议价能力和市场势力；上游民营企业所在行业的市场集中度（*HHI*），反映其所在行业整体的议价能力和市场势力；企业所在行业的僵尸企业的份额（*IndZb*），本行业僵尸企业份额越大，越多的信贷资源被占据，行业整体越易产生投资的无效率，而正常民营企业受到信贷扭曲、投资挤出的影响就会越大（诸竹君等，2019）。

省份层面的控制变量包括省内僵尸企业份额（*ProvZb*），以排除具有地域性的因素（金融、税收）对上游企业投资规模的影响。比如同一地区的僵尸企业越多，政府将动用更多财政力量去维系这些企业的生存，同时这些企业的低盈利能力导致其纳税规模缩小，进一步加剧了政府的财政危机；为了使收支平衡，当地政府可能会对正常企业提出更高的要求，如变相加重其税收负担，对正常民营企业而言会受到融资挤出和税收扭曲的负面影响（李旭超等，2018；谭语嫣等，2017）。

同时，为了研究下游僵尸企业占比对上游不同外部融资约束水平的民营企业投资规模的影响，本章根据 Hadlock 和 Pierce（2010）的方法，使用企业 SA 指数来构造融资约束指标，该指标越大，说明企业面临的外部融资约束越强，其投资和效率越依赖于内部现金流来实现。如果企业的 SA 指数高于样本中所有民营企业的中位数，则令 $HSA = 1$，表示外部融资约束较强；否则 $HSA = 0$，表示外部融资约束较弱。

4. 工具变量

虽然本章在基准回归中加入了许多企业、行业和省份层面的控制变量以尽量缓解由遗漏变量导致的内生性问题，但是下游行业内僵尸企业占比变量仍与其他因素有关，而这些因素同时也可能影响上游民营企业的应收账款净额、成本加成及投资规模。针对遗漏变量产生的内生性问题，本章选择兼具相关性和排他性的工具变量进行回归。

从我国的社会环境来看，每当国有企业遇到经营困难时，银行常常采用非市场化思路来解决问题，坚信国有企业可以"大而不倒"，为已经失去盈利能力的国有企业提供贷款，催生出许多僵尸企业（聂辉华等，2016）；从所有制结构来看，申广军（2016）指出，各行业僵尸企业比例与国有企业比例的相关系数在 0.22 和 0.35 之间，国有企业享有财政支持和金融优惠而更可能变成僵尸企业，且国有企业越多的行业僵尸企业占比也倾向于越多。因此，本章选择样本初期 1998 年对应行业的国有企业份额（$DsSoe$）（包括中间投入占比和资产占比）与前一年全国国有企业资产负债率（$SoeDAR$）的乘积作为行业僵尸企业占比的工具变量进行 2SLS 回归。样本初期 1998 年的行业国有企业份额是前定变量，与其他未考虑到的能够影响上游民营企业投资规模的因素无关，满足排他性；同时国有企业中僵尸企业比重更高（谭语嫣等，2017），满足相关性。为了增加时间维度的变化，参考 Nunn 和 Qian（2014）的方法，将其与前一年全国国有企业资产负债率相乘，这一变量也是前定的，与上游正常民营企业的应收账款净额、边际成本及投资规模并无明显关系。该工具变量亦根据式（8.8）按照产业前向关联指数进行加权平均。

在检验渠道效应时，需要用应收账款和成本加成对企业投资进行回归。为了解决投资与应收账款、成本加成可能存在的反向因果以及遗漏变量问题，本章使用行业均值来作为企业应收账款和成本加成的工具变量进行 2SLS 回归。

为了方便对回归结果进行解读，本章所有的比例变量均乘以 100。同时，为了防止样本存在极端值，使估计结果有偏，本章对企业层面的比例变量进行了 1%的缩尾处理。本章变量的描述性统计结果如表 8.1 所示。

表 8.1　变量的描述性统计结果

变量	样本量	最小值	中位数	均值	最大值	标准差
ln*INV*	1031164	0	6.072	5.714	13.365	2.634
DSZBInp	1031164	4.643	9.936	11.238	36.719	4.256
DSZBAst	1031164	7.188	14.607	17.253	53.472	6.799
YS	1031164	0	9.307	14.227	73.319	14.567
Markup	1031164	0.427	1.199	1.241	13.519	0.459
ln*Size*	1031164	6.547	9.319	9.542	15.744	1.210
ln*Sales*	1031164	6.642	9.845	10.017	15.655	1.108
ROA	1031164	−14.438	4.74	8.608	66.273	11.049
ln*Age*	1031164	0	1.927	1.935	5.804	0.896
Export	1031164	0	0	0.301	1	0.459
MktShare	1031164	0.004	0.198	0.287	8.215	0.292
DS_HHI	1031164	0.002	0.012	0.013	0.032	0.005
HHI	1031164	0.001	0.005	0.008	0.337	0.011
ProvZb	1031164	0	12.782	16.029	58.645	9.243
IndZb	1031164	1.334	13.859	16.726	81.605	9.112

第三节　实证结果

本书在第二章提出了僵尸企业的识别方法和特征，而本章第二节做出下游僵尸企业可通过商业信用渠道和产品定价渠道影响上游民营企业投资规模的假设，接下来的部分将通过实证分析来验证以上假设。

一 僵尸企业对上游企业投资规模的影响

假设 H1 提出，下游僵尸企业占比越大，上游民营企业投资规模越小。对假设 H1 的检验见表 8.2 和表 8.3。其中被解释变量是上游民营企业固定资产投资总额的对数 $lnINV$；核心解释变量是下游行业中僵尸企业占比，包括僵尸企业中间投入占比 $DSZBInp_{ut}$ 和资产占比 $DSZBAst_{ut}$。

表 8.2 中第（1）列和第（4）列控制了企业资产（$lnSize$）、企业销售收入（$lnSales$）、企业资产收益率（ROA）、企业年龄（$lnAge$）、出口虚拟变量（$Export$），同时也控制了企业固定效应（Firm FE）和年份固定效应（Year FE）以消除企业层面不随时间变化的遗漏变量的影响和不同年度宏观经济波动的影响。结果表明，$DSZBInp$ 的系数在 1% 的水平下显著为负，即下游僵尸企业中间投入占比每增加 1 个百分点，上游民营企业的投资规模下降 1.4%，但 $DSZBAst$ 的系数并不显著，可能存在遗漏变量问题使得回归结果有偏，后文我们会使用两阶段最小二乘法解决潜在的内生性问题，以确保结果的准确性和稳健性。同时从目前的回归结果可以看出，上游民营企业的规模越大，盈利能力越强，越年轻，越倾向于更大规模的投资。相对于其他企业，出口企业的投资规模更大，与理论和现实结果相符。

表 8.2 的第（2）列和第（5）列进一步控制了上游民营企业自身的市场份额指标（$MktShare$）、所在行业的市场集中度指标（HHI）以及下游行业市场集中度指标（DS_HHI），这些指标反映了影响民营企业所处行业及其下游行业的竞争状态，能够影响其议价能力以及债务支付合约的签订（Fabbri and Klapper，2016）。结果显示，控制市场竞争状态后，$DSZBInp$ 和 $DSZBAst$ 的系数并未发生明显改变。

虽然产业链具有跨行业的特征，产业链条不必然局限于某区域之内，不过企业出于运输成本、经济集聚等原因，往往就近采购（杨万东，2004）。因此，对特定企业来说，跨行业的产业链很可能位于企业所处区域之内，这样一来，位于同一区域内的僵尸企业对民营企业产生影响的其他渠道就可能和其通过产业链渠道对民营企业的影响杂糅在一起，使得我们估计的产业链渠道效应出现扭曲。比如，谭语嫣等（2017）发现，当一个省的僵尸企业比例较高，当地正常企业的投资规模就会缩小，且这一挤出效应对民营企业尤为明显，而对于国有企业并不显著，即僵尸企业占据同一地区较多的信贷资源，导致其他正常企业尤其是市场势力较弱的民营企业投资规模受限，产生金融挤出的恶性影响。同时，僵尸企业一方面不具有营利性，纳税能力低，会减少税源；另一方面其生存往往需要依赖财政补贴或外部融资支持（申广军，2016），这加剧了地方政府的财政紧张。在地方财政收入需要保持稳定、税源又减少的情况下，具有盈利能力和纳税能力的正常企业可能会面临更强的税收征管和更高的实际税负。李旭超等（2018）发现，省级层面的僵尸企业占比确实显著提高了正常企业的实际所得税税率，且僵尸企业占比越高，该地区税负扭曲情况越严重。

表 8.2　下游僵尸企业对上游民营企业投资的影响：固定效应模型

变量	(1) ln*INV*	(2) ln*INV*	(3) ln*INV*	(4) ln*INV*	(5) ln*INV*	(6) ln*INV*
DSZBInp	-0.014 *** (0.004)	-0.014 *** (0.004)	-0.012 *** (0.004)			
DSZBAst				-0.005 (0.004)	-0.005 (0.004)	-0.004 (0.004)
ln*Size*	0.163 *** (0.003)	0.163 *** (0.003)	0.163 *** (0.003)	0.163 *** (0.003)	0.163 *** (0.003)	0.163 *** (0.003)
ln*Sales*	0.103 *** (0.017)	0.102 *** (0.017)	0.100 *** (0.017)	0.104 *** (0.017)	0.103 *** (0.017)	0.100 *** (0.017)
ROA	0.002 *** (0.001)	0.002 *** (0.001)	0.002 *** (0.001)	0.002 *** (0.001)	0.002 *** (0.001)	0.002 *** (0.001)

续表

变量	(1) ln*INV*	(2) ln*INV*	(3) ln*INV*	(4) ln*INV*	(5) ln*INV*	(6) ln*INV*
ln*Age*	-0.061 ***	-0.061 ***	-0.061 ***	-0.061 ***	-0.061 ***	-0.061 ***
	(0.005)	(0.005)	(0.005)	(0.005)	(0.005)	(0.005)
Export	0.068 ***	0.068 ***	0.069 ***	0.068 ***	0.068 ***	0.069 ***
	(0.012)	(0.012)	(0.012)	(0.012)	(0.012)	(0.012)
MktShare		0.027 *	0.027		0.028 *	0.027
		(0.016)	(0.017)		(0.016)	(0.017)
DS_HHI		-0.100	-0.110		-0.108	-0.114
		(2.920)	(2.808)		(3.066)	(2.945)
HHI		-0.074	-0.048		-0.240	-0.202
		(0.632)	(0.634)		(0.618)	(0.622)
ProvZb			-0.004 ***			-0.004 ***
			(0.001)			(0.001)
IndZb			-0.002			-0.002 *
			(0.002)			(0.002)
Year FE	Yes	Yes	Yes	Yes	Yes	Yes
Firm FE	Yes	Yes	Yes	Yes	Yes	Yes
N	1031164	1031164	1031164	1031164	1031164	1031164
Adj. R^2	0.414	0.414	0.414	0.414	0.414	0.414

注：*** $p<0.01$，* $p<0.10$，括号里是聚类到行业层面的标准误。

鉴于中国依赖银行直接融资的金融体系以及金融市场区域分割的特征（张杰等，2013），同时税收也具有明显的区域分割和区域竞争的特点，表8.2中第（3）列和第（6）列进一步加入了民营企业所在省份的僵尸企业占比（*ProvZb*）和所在行业的僵尸企业占比（*IndZb*）以控制可能存在的区域内或行业内融资挤出和税收扭曲效应。结果显示，*DSZBInp* 和 *DSZBAst* 的系数仍然为负，但系数估计的绝对值分别降低到0.012和0.004，相比第（1）（2）（4）（5）列略微变小，这说明第（1）（2）（4）（5）列的系数估计杂糅了区域内或行业内的融资挤出和税收扭曲的影响，但这两种影响相对较小。同时，*ProvZb* 和 *IndZb* 的系数估计均为负，表明同一省内和同一行业内僵尸企业占比越高，对民营企业的生产经营活动和投资行为越不利，越易出现金融挤出和税收扭曲的情况，符合理论和实际。

随时间变化的遗漏变量可能会造成回归结果存在内生性问题，因此本章在表 8.2 的基础上进一步利用工具变量法进行回归。

表 8.3 中僵尸企业占比的工具变量是 1998 年下游行业中国有企业占比与前一年国有企业资产负债比率的乘积。在第一阶段回归中，工具变量的符号都显著为正，为了使表格简洁，本章未报告第一阶段回归结果，只报告了第二阶段回归结果，可以看出所有模型中 $DSZBInp$ 和 $DSZBAst$ 的系数均显著为负，但其绝对值明显大于表 8.2 中对应系数的绝对值，说明遗漏变量问题使表 8.2 中的回归结果低估了下游僵尸企业占比对上游民营企业投资规模的影响。同时工具变量的 Cragg-Donald Wald F 统计量大于 10，不存在弱工具变量问题。

其中，表 8.3 的第（3）列和第（6）列在控制一系列企业层面、地区层面和行业层面的变量以及企业固定效应和时间固定效应后，$DSZBInp$ 的系数在 5% 的水平下显著，$DSZBAst$ 的系数在 10% 的水平下显著，即下游僵尸企业中间投入占比每提升 1 个百分点，上游民营企业投资规模下降 2.1%；下游僵尸企业资产占比每提升 1 个百分点，上游民营企业投资规模下降 1.4%。换言之，对于一家处于样本中位数水平的上游正常民营企业（每年投资规模约为 433.55 万元），其下游僵尸企业中间投入占比和资产占比每增加 1 个百分点，其投资规模分别下降 91045.5 元和 60697.0 元。下游僵尸企业对上游民营企业投资规模的负面影响具有统计显著性和经济显著性。据此，本章把表 8.3 中第（3）列和第（6）列的回归结果作为基准结果。

表 8.2 和表 8.3 的结果表明，下游僵尸企业显著降低了上游民营企业的投资，假设 H1 得到验证。

175

表 8.3 下游僵尸企业对上游民营企业投资的影响：工具变量回归

变量	(1) ln*INV*	(2) ln*INV*	(3) ln*INV*	(4) ln*INV*	(5) ln*INV*	(6) ln*INV*
DSZBInp	-0.022 ** (0.009)	-0.023 ** (0.010)	-0.021 ** (0.009)			
DSZBAst				-0.014 * (0.007)	-0.015 * (0.008)	-0.014 * (0.008)
ln*Size*	0.163 *** (0.003)	0.163 *** (0.003)	0.163 *** (0.003)	0.163 *** (0.003)	0.163 *** (0.003)	0.163 *** (0.003)
ln*Sales*	0.103 *** (0.017)	0.102 *** (0.017)	0.099 *** (0.017)	0.103 *** (0.017)	0.102 *** (0.017)	0.099 *** (0.017)
ROA	0.002 *** (0.001)	0.002 *** (0.001)	0.002 *** (0.001)	0.002 *** (0.001)	0.002 *** (0.001)	0.002 *** (0.001)
ln*Age*	-0.061 *** (0.005)	-0.061 *** (0.005)	-0.061 *** (0.005)	-0.061 *** (0.005)	-0.061 *** (0.005)	-0.061 *** (0.005)
Export	0.068 *** (0.013)	0.068 *** (0.013)	0.068 *** (0.013)	0.068 *** (0.012)	0.068 *** (0.012)	0.069 *** (0.012)
MktShare		0.027 (0.017)	0.026 (0.017)		0.027 (0.016)	0.026 (0.017)
DS_HHI		-0.100 (2.920)	-0.110 (2.808)		-0.108 (3.066)	-0.114 (2.945)
HHI		0.130 (0.696)	0.147 (0.694)		0.032 (0.694)	0.055 (0.692)
ProvZb			-0.004 *** (0.001)			-0.004 *** (0.001)
IndZb			-0.002 (0.002)			-0.002 * (0.002)
Year FE	Yes	Yes	Yes	Yes	Yes	Yes
Firm FE	Yes	Yes	Yes	Yes	Yes	Yes
N	1031164	1031164	1031164	1031164	1031164	1031164
Adj. R^2	-0.246	-0.246	-0.245	-0.246	-0.246	-0.246
CD Wald F	56	55	54	52	48	47

注： *** $p<0.01$， ** $p<0.05$， * $p<0.10$，括号里是聚类到行业层面的标准误。CD Wald F 为工具变量的 Cragg-Donald Wald F 统计量。

二　渠道效应：商业信用渠道和产品定价渠道

前文的理论假设 H2、H3 和 H4 提出，下游僵尸企业可能通过商业信用渠道降低民营企业的"内源融资"，通过成本加成渠道降低民营企业的投资收益，进而造成民间投资的下滑，并且对外部融资约束更强的民营企业的投资规模影响更大。本章接下来从实证分析的角度来对这些理论假设进行检验。

（一）商业信用渠道

假设 H2 提出，下游僵尸企业通过商业信用渠道，增加上游民营企业的应收账款，降低其投资。对假设 H2 的实证检验结果如表 8.4 和表 8.5 所示。

表 8.4 中被解释变量为上游民营企业的应收账款占销售收入的比例（*YS*），核心解释变量为下游僵尸企业中间投入占比（*DSZBInp*）和资产占比（*DSZBAst*），控制变量包括总资产（ln*Size*）、销售收入（ln*Sales*）、资产回报率（*ROA*）、年龄（ln*Age*）、出口状态（*Export*）、企业自身的市场份额指标（*MktShare*）、下游行业市场集中度指标（*DS_HHI*）、企业所在行业的市场集中度指标（*HHI*）、企业所在行业的僵尸企业占比（*IndZb*）以及所在省的僵尸企业占比（*ProvZb*）。同时在所有回归中加入了企业固定效应（Firm FE）和年份固定效应（Year FE），以此来控制不随时间变化的企业特征以及宏观经济冲击的影响。

表 8.4 中第（1）列和第（3）列是固定效应模型，第（2）列和第（4）列使用工具变量进行 2SLS 回归，僵尸企业占比的回归系数在 1% 的水平下均显著为正，即下游僵尸企业显著提高了上游民营企业的应收账款。以第（2）（4）列的工具变量回归结果作为分析的重点，下游行业僵尸企业中间投入占比和资产占比每增加 1 个百分点，上游民营企业的应收账款占比分别增加 0.090 个百分点和 0.071 个百分点。下游僵尸企业对上游民营企业应收账款的影响具有统计显著性和经济显著性。结

合僵尸企业低盈利能力和低偿债能力的特征，表 8.4 的结果说明，下游僵尸企业占比提高显著增加了上游民营企业的应收账款，拖欠了上游民营企业的应收账款。

表 8.4　下游僵尸企业对上游民营企业应收账款的影响

变量	(1) YS	(2) YS	(3) YS	(4) YS
DSZBInp	0.071 *** (0.025)	0.090 *** (0.023)		
DSZBAst			0.043 *** (0.021)	0.071 *** (0.022)
Controls	Yes	Yes	Yes	Yes
Year FE	Yes	Yes	Yes	Yes
Firm FE	Yes	Yes	Yes	Yes
N	1031164	1031164	1031164	1031164
Adj. R^2	0.427	0.158	0.594	0.151
CD Wald F		192		103

注：　*** $p<0.01$，括号里是聚类到行业层面的标准误。控制变量包括资产（ln*Size*）、销售收入（ln*Sales*）、资产回报率（*ROA*）、年龄（ln*Age*）、出口状态（*Export*）、上游企业市场份额（*MktShare*）、所在行业的市场集中度（*HHI*）、下游行业市场集中度（*DS_HHI*）、本行业僵尸企业的份额（*IndZb*）、省内僵尸企业份额（*ProvZb*）。CD Wald F 为工具变量的 Cragg-Donald Wald F 统计量。

　　表 8.5 在表 8.2 和表 8.3 的基础上加入民营企业的应收账款占比 *YS* 作为投资的解释变量进行检验。第（1）（3）列是固定效应模型，第（2）（4）列是工具变量回归，仍以第（2）（4）列作为解读的重点。*YS* 的系数显著为负，即应收账款显著减少了民营企业的投资，且民营企业自身的应收账款规模每增加 1 个百分点，投资规模下降 1.4%，具有统计显著性和经济显著性。在控制了 *YS* 之后，表 8.5 第（2）列中 *DSZBInp* 的回归系数绝对值与表 8.3 中相应的系数绝对值对比，下降了超 50%，这说明下游僵尸企业对上游民营企业投资的影响有超一半可以被商业信用渠道吸收和解释，而表 8.5 第（4）列中 *DSZBAst* 的系数与

表 8.3 中相应的系数对比，则不再显著。

表 8.4 和表 8.5 的结果表明，下游僵尸企业通过债务支付拖欠降低了上游民营企业的投资，假设 H2 得到验证。

表 8.5　下游僵尸企业对上游民营企业投资的影响：商业信用渠道

变量	（1） ln*INV*	（2） ln*INV*	（3） ln*INV*	（4） ln*INV*
YS	-0.014^{***} （0.000）	-0.014^{***} （0.000）	-0.014^{***} （0.000）	-0.014^{***} （0.000）
DSZBInp	-0.006^{**} （0.002）	-0.010^{**} （0.005）		
DSZBAst			-0.002 （0.002）	-0.006 （0.004）
Controls	Yes	Yes	Yes	Yes
Year FE	Yes	Yes	Yes	Yes
Firm FE	Yes	Yes	Yes	Yes
N	1031164	1031164	1031164	1031164
Adj. R^2	0.415	-0.242	0.415	-0.242
CD Wald F		54		47

注：$***\ p<0.01$，$**\ p<0.05$，括号里是聚类到行业层面的标准误。控制变量包括资产（ln*Size*）、销售收入（ln*Sales*）、资产回报率（*ROA*）、年龄（ln*Age*）、出口状态（*Export*）、上游企业市场份额（*MktShare*）、所在行业的市场集中度（*HHI*）、下游行业市场集中度（*DS_HHI*）、本行业僵尸企业的份额（*IndZb*）、省内僵尸企业份额（*ProvZb*）。CD Wald F 为工具变量的 Cragg-Donald Wald F 统计量。

（二）产品定价渠道

前文考虑了商业信用渠道并将应收账款作为解释变量加入基准回归后，下游僵尸企业占比估计系数的绝对值虽然出现下降，但仍显著为负，说明下游僵尸企业还可能通过其他渠道来影响上游民营企业的投资行为。本部分集中分析僵尸企业通过产品定价渠道来影响上游民营企业的投资行为，对假设 H3 进行验证。

假设 H3 提出，下游僵尸企业通过产品定价渠道，降低上游民营企业的成本加成率，挤压上游民营企业的利润空间，进而降低其投资。假设 H3 的实证检验结果如表 8.6 和表 8.7 所示。

表 8.6 中，被解释变量是民营企业的成本加成率。在第（1）（3）列固定效应模型中 $DSZBInp$ 和 $DSZBAst$ 的系数不显著，但在第（2）（4）列的 2SLS 回归中，$DSZBInp$ 和 $DSZBAst$ 的系数在 1% 的水平下显著为负，即下游僵尸企业中间投入占比和资产占比每提高 1 个百分点，上游民营企业的成本加成率分别下降 0.014 个单位和 0.011 个单位，说明下游僵尸企业占比越高，压价能力越强，上游民营企业的成本加成率越低。下游僵尸企业对上游民营企业成本加成率的影响具有统计显著性和经济显著性。

表 8.6　下游僵尸企业对上游民营企业成本加成率的影响

变量	(1) Markup	(2) Markup	(3) Markup	(4) Markup
$DSZBInp$	-0.003 (0.002)	-0.014 *** (0.002)		
$DSZBAst$			-0.001 (0.003)	-0.011 *** (0.003)
Controls	Yes	Yes	Yes	Yes
Year FE	Yes	Yes	Yes	Yes
Firm FE	Yes	Yes	Yes	Yes
N	1031164	1031164	1031164	1031164
Adj. R^2	0.642	0.020	0.651	0.018
CD Wald F		107		112

注：*** p<0.01，括号里是聚类到行业层面的标准误。控制变量包括资产（ln$Size$）、销售收入（ln$Sales$）、资产回报率（ROA）、年龄（lnAge）、出口状态（$Export$）、上游企业市场份额（$MktShare$）、所在行业的市场集中度（HHI）、下游行业市场集中度（DS_HHI）、本行业僵尸企业的份额（$IndZb$）、省内僵尸企业份额（$ProvZb$）。CD Wald F 为工具变量的 Cragg-Donald Wald F 统计量。

表 8.7 在表 8.2 和表 8.3 的基础上将民营企业的成本加成率作为解释变量加入基准回归中进行检验。表 8.7 第（1）（2）列的结果表明，$Markup$ 的系数显著为正，即 $Markup$ 与民营企业投资正相关，成本加成

率每下降 1 个单位，民营企业投资规模下降 3.4%。在控制 *Markup* 后，*DSZBInp* 的系数绝对值比表 8.2 和表 8.3 中相对应的系数绝对值明显降低，说明下游僵尸企业资产占比对上游民营企业投资的影响可以部分被 *Markup* 吸收。第（3）（4）列的 *Markup* 系数则不再显著。表 8.6 和表 8.7 的结果共同说明，下游僵尸企业通过降低上游民营企业的成本加成率进而减少民营企业投资，假设 H3 得到了验证。

表 8.7 下游僵尸企业对上游民营企业投资的影响：产品定价渠道

变量	(1) ln*INV*	(2) ln*INV*	(3) ln*INV*	(4) ln*INV*
Markup	0.034*	0.034*	0.033	0.033
	(0.019)	(0.019)	(0.025)	(0.025)
DSZBInp	−0.005***	−0.008***		
	(0.001)	(0.003)		
DSZBAst			−0.002	−0.005**
			(0.003)	(0.002)
Controls	Yes	Yes	Yes	Yes
Year FE	Yes	Yes	Yes	Yes
Firm FE	Yes	Yes	Yes	Yes
N	1031164	1031164	1031164	1031164
Adj. R^2	0.472	−0.258	0.491	−0.264
CD Wald F		72		58

注：*** p<0.01，** p<0.05，* p<0.10，括号里是聚类到行业层面的标准误。控制变量包括资产（ln*Size*）、销售收入（ln*Sales*）、资产回报率（*ROA*）、年龄（ln*Age*）、出口状态（*Export*）、上游企业市场份额（*MktShare*）、所在行业的市场集中度（*HHI*）、下游行业市场集中度（*DS_HHI*）、本行业僵尸企业的份额（*IndZb*）、省内僵尸企业份额（*ProvZb*）。CD Wald F 为工具变量的 Cragg-Donald Wald F 统计量。

表 8.5 和表 8.7 在不同的回归中分别检验了下游僵尸企业影响上游民营企业投资的商业信用渠道和产品定价渠道，表 8.8 则在相同的回归中同时检验这两个渠道。表 8.8 第（1）~（4）列中同时加入应收账款占比和成本加成率作为解释变量后，*YS* 的系数在 1% 的水平下显著为负，并且与表 8.5 相比无明显变化；*Markup* 的系数在 5% 的水平下显著为正，

与表8.7相比略有提高；*DSZBInp* 的系数仍然显著为负，但其边际效应与表8.2和表8.3相比下降了约85%；*DSZBAst* 的系数仍然为负，但不再显著。表8.8的结果说明，下游僵尸企业对上游民营企业投资的边际效应绝大部分可以通过商业信用渠道和产品定价渠道解释。因此，我们可以得到结论：下游僵尸企业通过商业信用渠道和产品定价渠道显著降低了上游民营企业的投资。

表8.8 下游僵尸企业对上游民营企业投资的影响：双渠道效应

变量	(1) ln*INV*	(2) ln*INV*	(3) ln*INV*	(4) ln*INV*
YS	-0.014***	-0.014***	-0.014***	-0.014***
	(0.003)	(0.003)	(0.003)	(0.003)
Markup	0.036**	0.037**	0.036**	0.036**
	(0.017)	(0.017)	(0.017)	(0.017)
DSZBInp	-0.002**	-0.003**		
	(0.001)	(0.002)		
DSZBAst			-0.001	-0.002
			(0.002)	(0.002)
Controls	Yes	Yes	Yes	Yes
Year FE	Yes	Yes	Yes	Yes
Firm FE	Yes	Yes	Yes	Yes
N	1031164	1031164	1031164	1031164
Adj. R^2	0.425	-0.237	0.431	-0.239
CD Wald F		47		45

注：*** $p < 0.01$，** $p < 0.05$，括号里是聚类到行业层面的标准误。控制变量包括资产（ln*Size*）、销售收入（ln*Sales*）、资产回报率（*ROA*）、年龄（ln*Age*）、出口状态（*Export*）、上游企业市场份额（*MktShare*）、所在行业的市场集中度（*HHI*）、下游行业市场集中度（*DS_HHI*）、本行业僵尸企业的份额（*IndZb*）、省内僵尸企业份额（*ProvZb*）。CD Wald F 为工具变量的 Cragg-Donald Wald F 统计量。

（三）进一步分析

假设 H4 提出，下游僵尸企业的债务支付拖欠对强外部融资约束的上游民营企业投资规模的影响更大。为了检验 H4，在表8.5的基础上，

表8.9加入外部融资约束指标和应收账款的交乘项（*YS* × *HSA*）作为解释变量。本章根据 Hadlock 和 Pierce（2010）计算 SA 指数，SA 指数越大说明外部融资约束越强。SA 指数大于样本中位数则取 *HSA* = 1，代表（相对）强外部融资约束企业；SA 指数小于样本中位数则取 *HSA* = 0，代表（相对）弱外部融资约束企业。理论上，当企业面临强外部融资约束时，投资更依赖于内部现金流的实现，或者说更依赖于内源融资（Fazzari et al.，1988），而僵尸企业拖欠的账款使民营企业的现金流降低，因此僵尸企业对强外部融资约束企业的投资影响更大。

表8.9 下游僵尸企业对上游民营企业投资的影响：融资约束机制

变量	(1) lnINV	(2) lnINV	(3) lnINV	(4) lnINV
YS	−0.013*** (0.000)	−0.013*** (0.000)	−0.013*** (0.000)	−0.013*** (0.000)
YS×HSA	−0.007*** (0.001)	−0.007*** (0.001)	−0.007*** (0.001)	−0.007*** (0.001)
HSA	−0.218*** (0.018)	−0.219*** (0.018)	−0.218*** (0.018)	−0.219*** (0.018)
DSZBInp	−0.006** (0.002)	−0.011** (0.005)		
DSZBAst			−0.002 (0.002)	−0.007* (0.004)
Controls	Yes	Yes	Yes	Yes
Year FE	Yes	Yes	Yes	Yes
Firm FE	Yes	Yes	Yes	Yes
N	1031164	1031164	1031164	1031164
Adj. R²	0.416	−0.241	0.416	−0.241
CD Wald F		54		47

注： *** p<0.01，** p<0.05，* p<0.10，括号里是聚类到行业层面的标准误。控制变量包括公司资产（lnSize）、销售收入（lnSales）、资产回报率（ROA）、年龄（lnAge）、出口状态（Export）、上游企业市场份额（MktShare）、所在行业的市场集中度（HHI）、下游行业市场集中度（DS_HHI）、本行业僵尸企业的份额（IndZb），省内僵尸企业份额（ProvZb）。CD Wald F 为工具变量的 Cragg-Donald Wald F 统计量。

表 8.9 第 (2) 列和第 (4) 列工具变量回归结果表明, *HSA* 的系数在 1% 的水平下显著为负, 强外部融资约束企业的投资规模比弱外部融资约束企业低约 22%, 外部融资约束是制约民营企业投资的重要因素。应收账款和外部融资约束指标交乘项 (*YS × HSA*) 的系数在 1% 的水平下显著为负, 这表明对于强外部融资约束的企业, *YS* 的边际效应更强, 即债务支付拖欠对强外部融资约束企业投资的负面影响更大, 假设 H4 得到验证。

第四节 稳健性检验

本章在采用 FN-CHK 方法识别僵尸企业时, 是将未被清理出市场的息税前利润小于市场最优惠利息支出且前一期杠杆率大于 50% 的 "低资质企业" 判定为僵尸企业。但 50% 的数值界定只是 Fukuda 和 Nakamura (2011) 根据经验提出的一个阈值, 尚未得到严格的理论证明。同时, 不同行业企业的杠杆率本身就存在高低之分, 这是一个客观事实, 机械地使用 50% 似乎也并不严谨。出于对实证结果稳健性的考虑, 本节分别使用企业所在行业杠杆的中位数、75% 分位数替代 50% 的门槛值来进行僵尸企业的识别, 结果显示, 上述回归结果依旧保持稳健。同时, 我们也使用前后三年和前后五年的平均负债水平和平均 *EBIT* 代替当期的负债水平和 *EBIT* 进行僵尸企业识别, 结果依旧保持稳健。为防止僵尸企业的识别方法对结论的影响, 我们进一步使用 "官方标准" 法来识别僵尸企业, 结果依旧保持稳健。

由于本章研究的对象是狭义的民间投资, 因此删去了上游行业的国有企业和外资企业的样本, 只保留了上游行业民营正常企业的样本。当我们使用广义的民间投资概念, 同时保留民营企业和外资企业时, 本章的核心结论也成立。当同时保留上游行业国有企业、外资企业和民营企业的全样本时, 本章的核心结论仍然成立, 只是其适用范围扩大: 下游僵尸企业通过商业信用渠道和产品定价渠道降低了上游企业的投资。

结　论

　　作为国民经济发展的主要推动力量，民间投资蕴藏着巨大的社会资源。但近年来中国经济步入"新常态"，国内外经济形势日益严峻，民间投资面临占比减小、增速放缓的窘境。在货币政策和财政政策的实施空间与效果都有限的条件下，如何激发民间投资活力是当前经济形势下的重要政策议题。

　　本章以僵尸企业的产业链效应为切入点，探讨商业信用和产品定价如何影响民营企业的投资决策。研究发现，下游僵尸企业会显著降低上游民营企业的投资，并通过商业信用渠道和产品定价渠道发挥作用。就商业信用渠道而言，下游僵尸企业拖欠上游民营企业的应收账款，降低上游企业的"内源融资"，从而强化其融资约束，尤其是对于面临强融资约束的上游民营企业，债务支付拖欠对投资规模的边际效应更显著；就产品定价渠道而言，僵尸企业降低上游企业的成本加成，从而挤压了上游企业投资的边际收益和利润空间，降低其投资回报，一阶效应导致上游民营企业缩减投资规模。总之，下游僵尸企业的存在导致上游民营企业投资规模受限。

　　本章从产业链视角补充了民间投资不足的理论研究，指出商业信用和产品定价对上游民营企业的融资约束和投资行为的影响，并使用下游僵尸企业占比来识别债务支付拖欠行为，补充了商业信用的负面影响研究并扩展了僵尸企业危害的研究。同时，本章为稳定民间投资提供了新的政策视角，指出政府在刺激民间投资时可考虑从产业链角度出发，及时化解下游僵尸企业存在的债务支付拖欠和产品定价不合理的问题；同时在清理僵尸企业时要切实保护上游民营企业的债权，维护上游市场势力较弱的民营企业的正当权益。

第九章 僵尸借贷与企业退出的
供应链传导

Acemoglu 等（2012）认为，在部门间存在投入产出联系时，微观经济的特殊冲击可能会导致全局波动。例如，Boissay 和 Gropp（2013）研究发现，贸易债务人会将相当一部分流动性冲击传递给贸易债权人。Jacobson 和 von Schedvin（2015）表明，由于客户的破产，供应商的破产风险也会显著提高。这种跨部门的传导机制解释了总破产率的重要部分。2009 年，通用汽车公司（GM）高管在要求政府提供额外贷款时声称，其破产将导致供应链网络崩溃，进而拖累其他汽车企业。尽管如此，也有观点认为，如果允许通用汽车破产而不是被救助，供应商的处境会得到明显改善。

考虑到我国信贷分配的实际情况会显著影响工业企业的经营，本章基于中国工业企业的实际情况，试图探究企业救助是否可以使上游供应商免受破产风险的传导影响。

本章的实证内容基于 1998~2007 年的综合企业数据集。基准回归表明，下游僵尸企业占比越高会显著增加上游企业退出市场的概率，此外，生产率越高的企业越容易受到这种不利影响。因此，对客户企业的救助并不能使供应商免受业务失败影响的蔓延，更为糟糕的是，下游信贷错配严重扭曲了上游行业"优胜劣汰"的企业退出行为。根据 Schumpeter（1934）的创造性破坏理论，工业突变的促进增长过程包括旧的破坏和新的创造，"优胜劣汰"的企业退出行为对于经济结构的变革至关重要。因此，这种退出机制的扭曲对总体经济增长具有重要影响。

本章进一步研究了商业信用在供应链传导效应中对企业退出行为的影响。首先,下游僵尸企业会使得上游企业应收账款大幅增加,这表明资不抵债的下游企业破产延迟不仅会增加信贷注入的成本,还会给供应商带来流动性负担;其次,较大的应收账款会增加企业退出的概率,扭曲企业退出行为。总之,商业信用渠道在很大程度上解释了对下游企业的僵尸贷款的传导效应,构成了供应链传导的渠道效应。

Kiyotaki 和 Moore(2002)提出,财务受限的债权人更容易受到供应链传导的影响。因此,我们研究了基于两个外生确定的关于金融约束的行业分类,并进一步计算横截面差异:Rajan 和 Zingales(1998)的外部融资依赖分类、Raddatz(2006)的流动性依赖分类。结果表明,财务受限的企业更容易受到下游僵尸企业造成的退出扭曲的影响。

第一节　数据、变量和描述性统计

一　样本构建

本章的实证研究基于一个综合数据集,涵盖了 1998~2007 年销售额超过 500 万元的所有中国国有和非国有工业企业。该数据集被称为中国工业企业数据库,由中国国家统计局通过年度普查构建,提供了有关企业身份、行业、经营和财务信息,代表了中国的整体工业活动。根据 Brandt 等(2017)的说法,在 2004 年工业企业全面普查中,数据集覆盖的被调查企业占总产出的 91%、就业的 71%、出口的 97%、固定资产总额的 91%。

本章参照之前研究使用的方法构造样本(Brandt et al.,2012,2017)。首先,根据企业 ID 匹配不同年份的调查结果,并辅以其他链接信息,如公司名称、电话号码、邮政编码、地址和法定代表人,从而创建了一个不平衡的企业面板数据。其次,通过删除以下观察变量清理样本：（1）员工少于 10 人的企业；（2）关键变量存在明显误差的企业，如总资产、固定资产、总负债、工业总产值为负值的企业；（3）缺失关键变量的观测值；（4）只有一年数据的企业。考虑到识别僵尸企业的"常青贷款"标准使用了上一年的借款变化，因此实证检验从 1999 年开始（CIED 第一年之后的一年）。

二 对下游企业僵尸贷款的测度

通过识别僵尸企业并将它们与供应链联系起来，进而计算下游僵尸企业比例来衡量对陷入困境企业的信贷补贴。首先，使用 FN-CHK 标准将每个年份-企业观测值标记为僵尸或非僵尸企业（健康企业）。表 9.1 比较了中国工业企业数据库中 1999~2007 年健康企业和僵尸企业的财务特征，与之前的研究一致，较大的企业更有可能接受信贷注入并成为僵尸企业。与健康企业相比，僵尸企业的表现更差，利润率（$ProfitM$）和盈利率（$Profitb$）更低；在负债方面，僵尸企业具有更高的杠杆率（$Leverage$）、更高的应付账款价值（$AccPay1$，以千元计）以及更高的应付账款占中间投入的比例（$AccPay2$，以百分比表示）。这些财务特征与 Petersen 和 Rajan（1997）的观察结果一致，大企业和内部现金产生能力低的企业往往会获得更多的商业信用。

表 9.1　健康企业和僵尸企业的财务特征比较

类型	$Size$	$ProfitM$	$Profitb$	$Leverage$	$AccPay1$	$AccPay2$
健康企业	51501.507	4.300	8.900	53.373	8537.550	15.973
僵尸企业	67206.170	-2.200	-1.400	68.457	10857.553	27.943
僵尸-健康	15704.663	-6.500	-10.300	15.084	2320.003	11.970

图 9.1 描述了样本中僵尸企业的年度分布，并提出了基于不同加权方法的衡量标准。可以发现，僵尸企业的比例在样本期初最高，伴随 20 世纪 90 年代中期开始的国有企业私有化进程而下降。历年来，僵尸

企业的负债加权比例最高，销售额加权比例最低，换言之，僵尸企业消耗更多的信贷，而表现却比健康企业差。

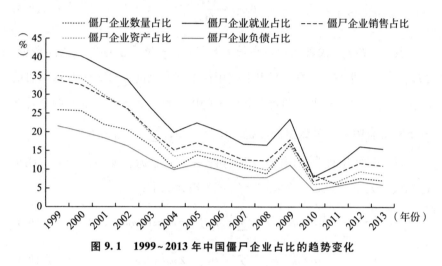

图 9.1　1999~2013 年中国僵尸企业占比的趋势变化

接下来，本章开始计算行业层面的僵尸企业比例，创建了僵尸企业的两个行业层面变量：

$$ZombieInterm_{dt} = \sum_{z=1} Interm_{izdt} / \sum_{z=0,1} Interm_{izdt} \tag{9.1}$$

$$ZombieAsset_{dt} = \sum_{z=1} Asset_{izdt} / \sum_{z=0,1} Asset_{izdt} \tag{9.2}$$

其中，$z=1$ 表示僵尸企业，$z=0$ 表示健康企业。在式（9.1）中，$Interm_{izdt}$ 表示在行业 d 中企业 i 在 t 年消耗的中间投入，因此 $ZombieInterm_{dt}$ 衡量了基于行业 d 在 t 年消耗的中间投入加权的僵尸企业比例，即 d 行业中僵尸企业消耗的中间投入占 d 行业所有企业消耗的中间投入的比例，刻画了下游僵尸企业在购买上游行业产品时的重要性。同理，式（9.2）中，$Asset_{izdt}$ 表示在行业 d 中企业 i 在 t 年总资产的价值，因此 $ZombieAsset_{dt}$ 衡量了基于行业 d 在 t 年资产价值加权的僵尸企业比例，刻画了下游僵尸企业基于资产规模的重要性。

随后使用 2002 年中国投入产出表的直接消耗系数矩阵计算下游行业（用 d 表示）和上游行业（用 u 表示）之间的行业层面的供应链相

关系数，其计算公式为：

$$Ds_{udt} = \frac{TII_{udt}}{TII_{ut}} \tag{9.3}$$

其中，TII_{udt} 代表 d 行业在第 t 年向 u 行业购买的中间投入品数量，TII_{ut} 是 u 行业在 t 年的总产出中被用作中间产品的部分，因此这两者的比值 Ds_{udt} 则表示行业 u 向行业 d 输出的中间产品数量占行业 u 向全行业输出的所有中间产品数量的比例。由此可知，$\sum_{d} Ds_{udt} = 1$。

最后，使用行业层面的供应链相关系数对下游行业僵尸企业占比进行加权。关于下游僵尸企业占比的两个指标如下：

$$DsZbInterm_{ut} = \sum_{d}^{d \neq u} Ds_{udt} \times ZombieInterm_{dt} \tag{9.4}$$

$$DsZbAsset_{ut} = \sum_{d}^{d \neq u} Ds_{udt} \times ZombieAsset_{dt} \tag{9.5}$$

需要注意的是，我们在式（9.4）和式（9.5）中排除了上游行业本身。有时候部分行业会将自身产品作为中间投入进行消耗。因此，$\sum_{d}^{d \neq u} Ds_{udt} \leqslant 1$。之所以这么做是为了将供应链效应与行业内竞争效应区分开，因为先前的种种研究已经表明僵尸企业会严重扭曲产品市场竞争并使其同行处于不利地位。

三　对企业退出的测度

包含在 CIED 中的企业退出市场，就不会再次出现在数据库中。但是，如果企业是由于规模在短期内低于纳入门槛（销售额 500 万元）而未被数据库统计，它将在之后被再次统计；否则的话，它将退出市场而不是通过规模扩张被再次纳入数据库中。在使用各种数据匹配方法解决名称或地址更改等问题后，如果该企业在第二年从数据库中消失并且在之后年份没有出现，则将其定义为退出市场。Brandt 等（2012）基于相同的数据库计算企业退出，并选取与本章相似的退出率指标。对于下文分析，将变量 *Exit* 以百分比度量：如果企业在接下来的几年中从数据集中消失，则取值为 100，否则取值为 0。进一步地，本章着重关注的是正常企业的退出，也就是说，在构建僵尸企业的行业或省级比例之后，我们从样本中排除了曾经被归类为僵尸企业的样本。本章实证中的最终样本包括 600955 个年度-企业观测值。

四　其他变量及描述性统计

本章变量的详细定义见表 9.2。表 9.3 反映了一组企业特定变量的描述性统计结果，刻画了本章实证样本企业的一些特征。具体来看，企业的平均退出率（*Exit*）为 10.217%；应收账款占销售额的平均比例（*AccRec*）为 14.230%（注意到应收账款价值为年末存量概念，销售价值是流量概念），该比例意味着很大一部分的企业产品通过商业信用的形式销售。*TFP* 是全要素生产率，按照 Olley 和 Pakes（1996）的方法进行估算（以下简称"OP 法"），企业平均 *TFP* 为 2.656；以中间投入衡量的下游僵尸企业平均比例（*DsZbInterm*）为 11.544%，以资产衡量的平均比例（*DsZbAsset*）为 17.732%。这一差异是直观的，一方面是大企业在陷入困境时更有可能获得信贷注入，另一方面则是僵尸企业的生产效率更低。

表 9.2　中国僵尸企业占比的趋势变化

变量	定义
AccRec	应收账款价值占销售价值的比例，以百分比衡量
Age	自公司成立以来的年数
CashH	现金及现金等价物的价值占总资产的比例，以百分比表示
CCC	现金转换周期（*CCC*），$CCC = DIO + DRO - DPO$
DIO	存货天数（*DIO*），$DIO = 365 \times 0.5 \times (INVT_t + INVT_{t-1}) / COGS_t$，其中 *INVT* 是指库存价值，*COGS* 是指销售商品的成本
DPO	应付账款天数（*DPO*），$DPO = 365 \times 0.5 \times (AP_t + AP_{t-1}) / COGS_t$，其中 *AP* 是指应付账款的价值，*COGS* 是指销售商品的成本

续表

变量	定义
DRO	应收账款余额（*DRO*），$DRO = 365 \times 0.5 \times (RECT_t + RECT_{t-1}) / REVT_t$，其中 *RECT* 是应收账款的价值，*REVT* 是销售额的价值
DsExitAsset	以企业资产价值加权的下游产业退出率，然后根据中国投入产出表的直接消耗系数矩阵与上游产业匹配，以百分比衡量
DsExitInterm	下游产业退出率以企业对中间投入的消耗为权重，然后根据中国投入产出表的直接消耗系数矩阵与上游产业匹配，以百分比衡量
DsNonPfAsset	根据中国投入产出表的直接消耗系数矩阵，按资产价值加权后与上游产业匹配的下游产业不良非僵尸企业比例，以百分比衡量
DsNonPfInterm	根据中国投入产出表直接消耗系数矩阵，按中间投入消耗加权，再与上游产业匹配的下游非僵尸企业比例，以百分比衡量
DsZbAsset	下游行业僵尸企业的资产价值加权，然后根据中国投入产出表的直接消耗系数矩阵与上游行业匹配的比例，以百分比衡量
DsZbInterm	根据中国投入产出表直接消耗系数矩阵，以中间投入消耗为权重，再与上游产业匹配的下游僵尸企业比例，以百分比衡量
Exit	指示变量，100 表示企业退出，否则为 0
Export	指示变量，如果公司在当年的出口交货值为正，则取值为 1，否则取值为 0
IndZbAsset	与供应商同行业僵尸企业的比例，按企业总资产加权，以百分比衡量
IndZbInterm	与供应商处于同一行业的僵尸企业的比例，按其中间投入的消耗量加权，以百分比衡量
Leverage	总负债占总资产的比例，以百分比衡量
Profitb	营业收入占总资产的比例，以百分比衡量
ProfitM	营业收入占销售额的比例，以百分比衡量
PrvZbAsset	与供应商同省僵尸企业的比例，按企业总资产加权，以百分比衡量
PrvZbInterm	与供应商在同一省份的僵尸企业的比例，以其中间投入的消耗量加权，以百分比衡量
ln*Size*	总资产的对数值
SOE	指示变量，如果是国有企业，则取值为 1，否则取值为 0
Tangb	有形资产价值占总资产的比例，以百分比表示
TFP	按照 Olley 和 Pakes（1996）的方法估计的企业级全要素生产率

企业规模（*Size*）取对数表示，均值为 9.665，盈利能力（*Profitb*）为 7.825%，有形资产占总资产比例（*Tangb*）为 35.069%，杠杆率

（ *Leverage* ）为 53. 717%，现金持有比例（ *CashH* ）为 39. 467%，企业
年龄（ *Age* ）为 9. 129 岁。在本章样本中，大约 4% 的健康企业是国有
企业（ *SOE* ），大约 32. 3% 的企业参与国际贸易（ *Export* ）。同行业
（省份）的僵尸企业比例，若以消耗的中间投入进行加权，表示为
IndZbInterm （ *PrvZbInterm* ），均值为 11. 357% （10. 639%），若以总资
产进行加权，表示为 *IndZbAsset* （ *PrvZbAsset* ），均值为 17. 832%
（16. 039%）；下游行业中不良企业（不包括僵尸企业）比例，若以消
耗的中间投入进行加权，表示为 *DsNonPfInterm* ，均值为 10. 508%，若
以总资产进行加权，表示为 *DsNonPfAsset* ，均值为 11. 055%；下游行业
企业退出概率，若以消耗的中间投入进行加权，表示为 *DsExitInterm* ，
均值为 7. 252%，若以总资产进行加权，表示为 *DsExitAsset* ，均值
为 6. 752%。

表 9.3 描述性统计结果

变量	样本量	最小值	中位数	平均值	最大值	标准差
Exit	600955	0. 000	0. 000	10. 217	100. 000	28. 877
AccRec	600955	0. 000	10. 789	14. 230	73. 202	12. 643
TFP	600955	−0. 172	2. 630	2. 656	6. 298	0. 815
DsZbInterm	600955	4. 643	10. 394	11. 544	36. 719	4. 284
DsZbAsset	600955	7. 188	15. 071	17. 732	53. 472	6. 845
ln*Size*	600955	6. 590	9. 543	9. 665	15. 763	1. 098
Profitb	600955	−11. 149	5. 122	7. 825	66. 580	8. 396
Tangb	600955	1. 325	33. 430	35. 069	88. 508	17. 090
Leverage	600955	4. 167	54. 906	53. 717	94. 421	20. 668
CashH	600955	5. 090	38. 201	39. 467	87. 027	16. 628
Age	600955	1. 000	7. 000	9. 219	45. 000	7. 224
SOE	600955	0. 000	0. 000	0. 040	1. 000	0. 197
Export	600955	0. 000	0. 000	0. 323	1. 000	0. 468
IndZbInterm	600955	0. 306	9. 647	11. 357	64. 262	6. 148
IndZbAsset	600955	1. 334	15. 160	17. 832	81. 605	8. 754

续表

变量	样本量	最小值	中位数	平均值	最大值	标准差
PrvZbInterm	600955	0.000	8.839	10.639	53.683	6.318
PrvZbAsset	600955	0.000	12.782	16.039	58.645	9.215
DsNonPfInterm	600955	4.182	9.005	10.508	25.064	4.778
DsNonPfAsset	600955	4.202	9.517	11.055	25.418	4.372
DsExitInterm	600955	1.723	6.391	7.252	19.091	3.508
DsExitAsset	600955	1.984	5.895	6.752	20.941	3.246

第二节 实证结果

一 基准回归

本章通过测度下游客户行业僵尸企业对上游供应商行业健康企业的影响来探究供应链的传导效应。首先，使用以下回归范式检验下游僵尸企业比例对上游健康企业退出行为的影响：

$$Exit_{i,u,t+1} = \varphi_0 + \varphi_1 TFP_{i,u,t} + \varphi_2 DsZb_{u,t} + \varphi_3 DsZb_{u,t} \times TFP_{i,u,t} + \varphi_4 X_{i,u,t} + \delta_t + \sigma_i + \varepsilon_{i,u,t} \tag{9.6}$$

其中，$Exit_{i,u,t+1}$ 表示行业 u 中企业 i 在 $t+1$ 年退出市场的概率，若退出则赋值 100，否则为 0；$DsZb_{u,t}$ 表示 t 年行业 u 对应的下游行业中僵尸企业份额，基于两种不同的加权方法分别取两个值，即 $DsZbInterm_{u,t}$ 和 $DsZbAsset_{u,t}$；$TFP_{i,u,t}$ 是用 OP 方法计算的企业层面的全要素生产率。$X_{i,u,t}$ 表示一系列控制变量。回归模型中控制了企业的规模（*Size*），是因为大企业不太可能退出市场；控制盈利能力（*Profitb*），以衡量企业业绩；控制资产有形性（*Tangb*），是考虑到企业可以抵押有形资产以在陷入困境的情况下筹集资金；控制杠杆率（*Leverage*），以衡量资本结构的风险；控制现金持有（*CashH*），以衡量流动性；控制企业年龄

（ *Age* ）及其平方项（ *Age*^{2} ），以纳入年龄对公司退出可能性的潜在非线性影响；控制所有权性质（ *SOE* ），是因为国有企业可能具有软预算约束；控制国际贸易出口（ *Export* ），是因为参与国际贸易的企业与国内僵尸客户之间的供应链联系较弱；加入同行业（ *IndZb* ）和同省份（ *ProvZb* ）僵尸企业比例以吸收僵尸企业的行业和区域挤出效应（Ahearne and Shinada，2005；Caballero et al.，2008）；进一步地，控制下游行业不良企业非僵尸企业的比例（ *DsNonPf* ）以研究任由僵尸企业自然发展的反事实情况。δ_t、σ_i 分别表示年份固定效应和企业固定效应，$\varepsilon_{i, u, t}$ 表示随机误差。另外，模型在行业层面对标准误差估计进行了聚类。

需重点关注回归系数 φ_1、φ_2 和 φ_3 的正负。理论上，"优胜劣汰"的企业退出机制意味着生产率更高的企业更不容易退出市场，即 $\varphi_1 < 0$；而如果对下游企业的救助减弱了企业破产的供应链效应，φ_2 应为负数，反之，正的 φ_2 意味着信贷补贴无助于防止供应链上的破产传导；φ_3 的符号则揭示了下游僵尸企业比例对上游正常企业"优胜劣汰"机制的影响：正（负）的 φ_3 说明下游企业的僵尸贷款扭曲（加强）上游正常企业"优胜劣汰"的退出机制。

表9.4 展示了式（9.6）的回归结果。第（1）~（4）列使用 *DsZbInterm* 作为下游僵尸企业比例的代理变量，第（5）~（8）列以 *DsZbAsset* 作为核心解释变量。

首先，企业生产率（ *TFP* ）与企业退出概率（ *Exit* ）之间存在显著负相关。具体来看，*TFP* 的系数在第（3）列为 -1.117，在第（7）列为 -1.022，且均在1%的水平下显著，也就是说 *TFP* 每增加1个标准差（0.815）就会使得企业退出概率下降约0.910个百分点 [据第（3）列计算] 或0.833个百分点 [据第（7）列计算]。鉴于样本中退出概率均值为10.217%，这一影响为均值的8.15%~8.91%，具有较强的经济意义。这也验证了"优胜劣汰"的企业退出机制。

其次，下游僵尸企业比例与上游正常企业退出概率呈显著正向关系。*DsZb* 系数均在 1% 的水平下显著为正。具体来看，*DsZbInterm* 每增加 1 个标准差，上游正常企业退出概率将增加 2.309 个百分点 [据第（3）列计算] 或 2.355 个百分点 [据第（7）列计算]。当以样本中退出概率均值衡量时，这一影响将带来上游正常企业退出概率增加 22.60% ~ 23.05%。

进一步地，*DsZb* 带来的退出传导效应的经济意义也体现在它与僵尸企业的行业或区域内的挤出效应比较上。可以发现，*DsZb* 的系数大于 *IndZb* 和 *ProvZb* 的系数。为了考虑影响供应链上游企业的潜在冲击，第（3）和第（7）列中加入了下游行业不良非僵尸企业的比例，同样，*DsNonPf* 的系数小于 *DsZb*，这意味着相较于不良企业自生自灭，向其提供僵尸贷款对上游正常企业退出概率的影响更大。

针对高生产率是否可以帮助企业抵御下游僵尸企业的退出传导效应，本章使用了三个范式来确保结论的稳健性。第一，纳入 *DsZb* × *TFP* 进行回归，显然其系数始终在 1% 的水平下显著为正，这也说明了下游僵尸企业导致的退出传导效应对于那些生产率较高的企业更大，即对下游企业的僵尸贷款损害了生产力在拯救企业免于破产等方面的缓冲作用，破坏了"优胜劣汰"的企业退出机制。第二，使用 *DsZb* 和 *TFP* 四分位数指标之间的交乘项进行回归，如第（4）（8）列所示，*TFP* 四分位数指标系数随 *TFP* 增加而减小，即当 *TFP* 水平从低四分位数增加至高四分位数时，上游正常企业的退出概率是降低的，验证了生产力在保护企业免于破产方面的作用，但 $DsZb \times TFP_i$（$i=1,2,3,4$）的系数随 *TFP* 增加而增加，即对下游企业的僵尸贷款对生产力更高的供应商危害更大。第三，基于 *TFP* 水平比较子样本结果。根据 *TFP* 四分位数划分样本，并估算 *DsZb* 系数大小，如表 9.5 面板 B 所示，当企业的 *TFP* 从低四分位数跃升至高四分位数时，*DsZb* 对上游企业退出概率的影响增加了 20% ~ 23%。总之，对下游企业的僵尸贷款扭曲了上游行业"优胜劣汰"的企业退出机制。

表 9.4 还提供了其他控制变量的估计值。具体来看，规模越大、盈利能力越强、有形资产越多、现金持有量越多并更多参与出口活动的企业退出概率越低，因为它们在产品市场上受到的财务约束较弱且更具竞争力。值得注意的是，高杠杆率往往与高失败风险相关联，会提高企业退出市场的概率。考虑到企业年龄对企业退出概率存在潜在非线性影响，将年龄和年龄平方项均加入回归中，可以直观地看到，Age 系数为正，是因为企业在其生命周期结束时退出市场，但 Age^2 系数为负，是因为随着企业不断积累资源以防范破产风险（Hadlock and Pierce，2010），企业退出概率边际递减；而国有企业与非国有企业在退出概率上的差异并不显著。与前人研究一致的是（Ahearne and Shinada，2005；Caballero et al.，2008），较高比例的区域和行业僵尸企业比例会损害健康企业绩效，导致较高的退出概率；下游行业不良非僵尸企业的比例增加了供应商退出概率，凸显了供应链健康对企业生存的重要性。

表 9.4　面板 A 基准回归结果

变量	Exit							
	[DsZb = DsZbInterm]				[DsZb = DsZbAsset]			
	(1)	(2)	(3)	(4)	(5)	(6)	(7)	(8)
TFP	-0.915 ***	-1.176 ***	-1.117 ***		-0.766 ***	-1.037 ***	-1.022 ***	
	(0.190)	(0.192)	(0.193)		(0.183)	(0.185)	(0.185)	
DsZb	0.477 ***	0.551 ***	0.539 ***		0.300 ***	0.344 ***	0.344 ***	
	(0.051)	(0.051)	(0.051)		(0.035)	(0.035)	(0.035)	
DsZb×TFP	0.153 ***	0.177 ***	0.172 ***		0.092 ***	0.108 ***	0.107 ***	
	(0.015)	(0.015)	(0.016)		(0.010)	(0.010)	(0.010)	
Size		-3.685 ***	-3.687 ***	-3.716 ***		-3.685 ***	-3.685 ***	-3.721 ***
		(0.133)	(0.133)	(0.133)		(0.133)	(0.133)	(0.133)
Profitb		-0.018 **	-0.018 **	-0.021 ***		-0.018 **	-0.018 **	-0.021 ***
		(0.007)	(0.007)	(0.007)		(0.007)	(0.007)	(0.007)
Tangb		-0.017 ***	-0.017 ***	-0.018 ***		-0.017 ***	-0.017 ***	-0.017 ***
		(0.005)	(0.005)	(0.005)		(0.005)	(0.005)	(0.005)

续表

变量	Exit							
	[DsZb = DsZbInterm]				[DsZb = DsZbAsset]			
	(1)	(2)	(3)	(4)	(5)	(6)	(7)	(8)
Leverage		0.021 ***	0.021 ***	0.021 ***		0.021 ***	0.021 ***	0.021 ***
		(0.003)	(0.003)	(0.003)		(0.003)	(0.003)	(0.003)
CashH		-0.008 *	-0.008 *	-0.007 *		-0.008 *	-0.008 *	-0.007 *
		(0.004)	(0.004)	(0.004)		(0.004)	(0.004)	(0.004)
Age		0.143 ***	0.138 ***	0.129 ***		0.129 ***	0.140 ***	0.131 ***
		(0.015)	(0.015)	(0.012)		(0.013)	(0.013)	(0.012)
Age^2		-0.011 *	-0010 *	-0010 *		-0.013 **	-0.012 *	-0.012 *
		(0.006)	(0.006)	(0.006)		(0.006)	(0.006)	(0.006)
SOE		0.476	0.471	0.51		0.479	0.478	0.515
		(0.363)	(0.363)	(0.363)		(0.363)	(0.363)	(0.363)
Export		-1.026 ***	-1.032 ***	-1.024 ***		-1.026 ***	-1.028 ***	-1.025 ***
		(0.160)	(0.160)	(0.160)		(0.160)	(0.160)	(0.160)
IndZb		0.103 ***	0.101 ***	0.106 ***		0.102 ***	0.101 ***	0.101 ***
		(0.014)	(0.014)	(0.015)		(0.014)	(0.014)	(0.017)
ProvZb		0.173 ***	0.173 ***	0.172 ***		0.173 ***	0.173 ***	0.171 ***
		(0.010)	(0.010)	(0.010)		(0.010)	(0.010)	(0.010)
DsNonPf			0.209 ***	0.211 ***			0.149 ***	0.149 ***
			(0.042)	(0.045)			(0.039)	(0.042)
TFP_2				-1.906 ***				-1.702 ***
				(0.336)				(0.323)
TFP_3				-2.200 ***				-2.059 ***
				(0.361)				(0.347)
TFP_4				-2.850 ***				-2.740 ***
				(0.394)				(0.380)
$DsZb×TFP_1$				0.095 ***				0.052 *
				(0.038)				(0.028)
$DsZb×TFP_2$				0.096 **				0.057 **
				(0.036)				(0.027)
$DsZb×TFP_3$				0.129 ***				0.085 ***
				(0.037)				(0.027)
$DsZb×TFP_4$				0.274 ***				0.182 ***
				(0.038)				(0.027)

续表

变量	Exit							
	[DsZb = DsZbInterm]				[DsZb = DsZbAsset]			
	(1)	(2)	(3)	(4)	(5)	(6)	(7)	(8)
Year FE	Yes	Yes	Yes	Yes	Yes	Yes	Yes	Yes
Firm FE	Yes	Yes	Yes	Yes	Yes	Yes	Yes	Yes
N	600955	600955	600955	600955	600955	600955	600955	600955
Adj. R^2	0.136	0.140	0.140	0.140	0.136	0.140	0.140	0.140

注：括号内是聚类到行业层面的标准误。* p< 0.10，** p <0.05，*** p< 0.01。

表 9.5　面板 B 基准回归结果

变量	Exit							
	[DsZb = DsZbInterm]				[DsZb = DsZbAsset]			
	TFP_1	TFP_2	TFP_3	TFP_4	TFP_1	TFP_2	TFP_3	TFP_4
DsZb	0.474 ***	0.511 ***	0.538 ***	0.568 ***	0.419 ***	0.456 ***	0.488 ***	0.514 ***
	(0.061)	(0.066)	(0.068)	(0.071)	(0.048)	(0.049)	(0.049)	(0.053)
Controls	Yes	Yes	Yes	Yes	Yes	Yes	Yes	Yes
Year FE	Yes	Yes	Yes	Yes	Yes	Yes	Yes	Yes
Firm FE	Yes	Yes	Yes	Yes	Yes	Yes	Yes	Yes
N	149599	155270	153932	142154	149599	155270	153932	142154
Adj. R^2	0.148	0.138	0.140	0.136	0.148	0.138	0.140	0.136

注：括号内是聚类到行业层面的标准误。*** p< 0.01。

接下来按企业规模划分不同子样本。正如 Kiyotaki 和 Moore（2002）指出的那样，当负面冲击波及那些不受信用约束的对象时，供应链的传导效应就会停止。因此，表 9.6 面板 A 的结果也证实了这一论断：当企业规模扩大时，*DsZb* 和 *DsZb* × *TFP* 的系数均在减小，也即大型企业受下游僵尸企业的影响较小。尤其应注意到，对于规模最大的一组样本，系数均失去了显著性，这一事实在一定程度上也减轻了对反向因果关系的担忧。考虑到较大的债权人提供了较大的贸易信用额度（Jacobson and von Schedvin，2015），如果供应链退出效应的传导是从上游向下游蔓延，可以预计大型企业样本的相关性会更加显著。表 9.7 面板 B 则进一步使用行业均值（*Ind TFP*）进行回归（被解释变量为行业退出概率

Ind Exit），以减轻结果显著性可能来源于观测值过多的担忧。显然，该结果与上述分析仍保持一致。

表 9.6　面板 A 稳健性检验结果

变量	Exit							
	[DsZb = DsZbInterm]				[DsZb = DsZbAsset]			
	$Size_1$	$Size_2$	$Size_3$	$Size_4$	$Size_1$	$Size_2$	$Size_3$	$Size_4$
TFP	-2.997***	-1.675***	-1.228***	0.208	-2.624***	-1.521***	-1.165***	0.085
	(0.581)	(0.421)	(0.345)	(0.285)	(0.562)	(0.405)	(0.330)	(0.273)
DsZb	1.495***	0.715***	0.453***	0.072	1.031***	0.448***	0.259***	0.047
	(0.162)	(0.113)	(0.093)	(0.073)	(0.109)	(0.076)	(0.062)	(0.049)
DsZb×TFP	0.430***	0.238***	0.157***	0.000	0.259***	0.146***	0.099***	0.007
	(0.048)	(0.034)	(0.028)	(0.022)	(0.030)	(0.021)	(0.017)	(0.014)
Controls	Yes	Yes	Yes	Yes	Yes	Yes	Yes	Yes
Year FE	Yes	Yes	Yes	Yes	Yes	Yes	Yes	Yes
Firm FE	Yes	Yes	Yes	Yes	Yes	Yes	Yes	Yes
N	136379	151772	156423	156381	136379	151772	156423	156381
Adj. R^2	0.135	0.128	0.137	0.145	0.135	0.128	0.137	0.145

注：括号内是聚类到行业层面的标准误。*** p< 0.01。

表 9.7　面板 B 稳健性检验结果

变量	Ind Exit	
	[DsZb = DsZbInterm]	[DsZb = DsZbAsset]
Ind TFP	-1.951**	-1.929**
	(0.811)	(0.825)
DsZb	0.388**	0.360***
	(0.169)	(0.131)
DsZb×Ind TFP	0.124**	0.068**
	(0.052)	(0.026)
Controls	Yes	Yes
Year FE	Yes	Yes
Ind FE	Yes	Yes
N	1406	1406
Adj. R^2	0.653	0.653

注：括号内是聚类到行业层面的标准误。** p< 0.05，*** p< 0.01。

　　为保证结果的稳健性，进一步进行两次稳健性检验：表 9.8 报告了僵尸企业的识别方法改为 CHK 标准时的结果；表 9.9 报告了用 2007 年中国投入产出表（IO 表）的直接消耗系数矩阵代替 2002 年表重新计算供应链相关系数的结果，结论基本保持不变。

表 9.8　使用 CHK 标准识别的僵尸企业

变量	[DsZb = DsZbInterm]			[DsZb = DsZbAsset]		
	AccRec	Exit	Exit	AccRec	Exit	Exit
	（1）	（2）	（3）	（4）	（5）	（6）
TFP	1.974***	−1.278***	−1.172***	1.788***	−1.173***	−1.102***
	(0.060)	(0.193)	(0.204)	(0.058)	(0.185)	(0.197)
DsZb×TFP	0.023***	0.273***	0.038**	0.019***	0.137***	0.041***
	(0.005)	(0.016)	(0.016)	(0.003)	(0.010)	(0.010)
DsZb	0.094***	0.371***	0.096*	0.088***	0.319***	0.088**
	(0.016)	(0.051)	(0.051)	(0.011)	(0.035)	(0.035)
AccRec×TFP			0.097***			0.131***
			(0.005)			(0.005)
AccRec			0.409***			0.386***
			(0.015)			(0.015)
Controls	Yes	Yes	Yes	Yes	Yes	Yes
Year FE	Yes	Yes	Yes	Yes	Yes	Yes
Firm FE	Yes	Yes	Yes	Yes	Yes	Yes
N	600955	600955	600955	600955	600955	600955
Adj. R²	0.770	0.140	0.141	0.770	0.140	0.141

注：括号内是聚类到行业层面的标准误。* p< 0.10，** p< 0.05，*** p< 0.01。

表 9.9　使用 2007 年的 IO 表供应链链接指数

变量	[DsZb = DsZbInterm]			[DsZb = DsZbAsset]		
	AccRec	Exit	Exit	AccRec	Exit	Exit
	（1）	（2）	（3）	（4）	（5）	（6）
TFP	1.721***	−0.976***	−0.849***	1.710***	−0.899***	−0.831***
	(0.060)	(0.193)	(0.204)	(0.058)	(0.185)	(0.197)

续表

变量	[DsZb = DsZbInterm]			[DsZb = DsZbAsset]		
	AccRec	Exit	Exit	AccRec	Exit	Exit
	(1)	(2)	(3)	(4)	(5)	(6)
$DsZb \times TFP$	0.018***	0.181***	0.045***	0.015***	0.101***	0.028***
	(0.005)	(0.016)	(0.016)	(0.003)	(0.010)	(0.010)
$DsZb$	0.088***	0.456***	0.142***	0.093***	0.279***	0.090***
	(0.016)	(0.051)	(0.051)	(0.011)	(0.035)	(0.035)
$AccRec \times TFP$			0.094***			0.091***
			(0.005)			(0.005)
$AccRec$			0.251***			0.205***
			(0.015)			(0.015)
Controls	Yes	Yes	Yes	Yes	Yes	Yes
Year FE	Yes	Yes	Yes	Yes	Yes	Yes
Firm FE	Yes	Yes	Yes	Yes	Yes	Yes
N	600955	600955	600955	600955	600955	600955
Adj. R^2	0.770	0.140	0.141	0.770	0.140	0.141

注：括号内是聚类到行业层面的标准误。 *** $p < 0.01$。

二　内生性检验

上述分析仍存在一些内生性问题。第一，可能存在共同作用于供应链沿线行业或位于同一地区的经营企业的冲击，虚假地放大了下游僵尸企业与上游企业退出之间的联系。例如，产业集聚使得上下游企业相互靠近，并受到相同区域内的冲击。为解决这一问题，本章在基准回归中使用了多种方法，如控制供应商的行业和省份僵尸企业比例、下游行业中不良非僵尸企业的比例以及在行业层面对标准差进行聚类。

此外，进一步在回归中加入行业×年份固定效应（Ind×Year FE）和省份×年份固定效应（Prov×Year FE），以吸收那些可观察的以及不可观察的对特定行业或省份内经营企业来说十分常见的且随时间变化的冲击，结果如表9.10所示。面板A中加入了行业×年份固定效应和省份×年份固定效应，结果均与基准回归保持一致。

第二，低质量供应商和低质量客户之间本身就存在内生匹配：低质量的客户倾向于从低质量的供应商处获取他们的投入，或者低质量的供应商因竞争而被迫瞄准低质量的客户，这种匹配的结果可能是静态的也可能是动态的。遵循 Jacobson 和 von Schedvin（2015）的方法，本章使用了固定效应来解决静态的内生匹配问题。然而，此时动态的内生匹配问题仍然存在，即当供应商更容易破产退出时，它们更有可能与僵尸企业建立联系。但应注意到，生产率较低的企业自身的破产风险较高，此时根据基准回归中的结论，生产率越低的企业，供应链的传导效应越弱，这与动态的内生匹配预期结果是矛盾的。

在本章的后续部分，使用客户集中度和创新强度来代理动态匹配的可能性，结果发现，动态匹配的可能性越大，则上游企业退出概率越小，这表明如果动态的内生匹配存在，会减弱供应链传导效应，而不是放大这一效应。

第三，可能存在反向因果关系。例如，上游产业受到不利冲击会增加其产品成本，进而增加下游投入成本，从而恶化下游产业的经营状况。受有关贸易文献（Bastos et al.，2018；Nunn and Qian，2014；Park et al.，2010）启发，将每个下游行业的国有企业（SOE）初始比例与滞后的全国国有企业杠杆率平均值相互交乘，构造滞后工具变量（IV）。一方面，国有企业的政治关联意味着它们有更多的信贷渠道，更有可能得到政府的救助。隐性的政府担保进一步鼓励中资银行向大型企业和国有企业放贷（姜付秀等，2016），因此国有企业的初始比例可以代表一个行业的企业在陷入困境时接受政府救助的倾向，而滞后的国有企业杠杆率是提供给国有企业信贷的时度变量。很显然，这一工具变量满足了排他性要求，同时避免了被企业和时间固定效应吸收。

表 9.11 的面板 B 报告了两阶段最小二乘估计的结果。工具变量与内生变量 $DsZb$ 和 $DsZb \times TFP$ 呈正相关，且第一阶段 F 统计量大到足以拒绝弱工具变量假设，第二阶段结果则与基准回归结果相一致。

表 9.10　面板 A 下游信贷补贴和上游企业退出

变量	Exit					
	[DsZb = DsZbInterm]			[DsZb = DsZbAsset]		
	(1)	(2)	(3)	(4)	(5)	(6)
TFP	−1.816 ***	−0.760 ***	−1.311 ***	−1.834 ***	−0.686 ***	−1.346 ***
	(0.220)	(0.194)	(0.221)	(0.213)	(0.186)	(0.213)
DsZb	0.572 ***	0.476 ***	0.524 ***	0.420 ***	0.309 ***	0.389 ***
	(0.072)	(0.051)	(0.072)	(0.049)	(0.035)	(0.049)
DsZb×TFP	0.226 ***	0.145 ***	0.190 ***	0.149 ***	0.091 ***	0.126 ***
	(0.018)	(0.016)	(0.018)	(0.011)	(0.010)	(0.011)
Controls	Yes	Yes	Yes	Yes	Yes	Yes
Ind× Year FE	Yes	No	Yes	Yes	No	Yes
Prov× Year FE	No	Yes	Yes	No	Yes	Yes
Firm FE	Yes	Yes	Yes	Yes	Yes	Yes
N	600955	600955	600955	600955	600955	600955
Adj. R^2	0.145	0.155	0.158	0.145	0.155	0.158

注：括号内是聚类到行业层面的标准误。*** p< 0.01。

表 9.11　面板 B 下游信贷补贴和上游企业退出

变量	[DsZb = DsZbInterm]			[DsZb = DsZbAsset]		
	DsZb	DsZb×TFP	Exit	DsZb	DsZb×TFP	Exit
	第一阶段	第一阶段	第二阶段	第一阶段	第一阶段	第二阶段
	(1)	(2)	(3)	(4)	(5)	(6)
IV	0.459 ***	0.697 ***		0.484 ***	1.111 ***	
	(0.076)	(0.060)		(0.016)	(0.015)	
IV×TFP	0.017 ***	0.674 ***		0.015 ***	0.863 ***	
	(0.004)	(0.069)		(0.005)	(0.025)	
TFP	−0.153 ***	6.710 ***	−0.978 ***	−0.208 ***	9.034 ***	−0.983 ***
	(0.010)	(0.036)	(0.252)	(0.013)	(0.049)	(0.232)
DsZb			0.635 ***			0.427 ***
			(0.084)			(0.059)
DsZb×TFP			0.160 ***			0.105 ***
			(0.021)			(0.013)

续表

变量	[DsZb = DsZbInterm]			[DsZb = DsZbAsset]		
	DsZb	DsZb×TFP	Exit	DsZb	DsZb×TFP	Exit
	第一阶段	第一阶段	第二阶段	第一阶段	第一阶段	第二阶段
	(1)	(2)	(3)	(4)	(5)	(6)
Controls	Yes	Yes	Yes	Yes	Yes	Yes
Year FE	Yes	Yes	Yes	Yes	Yes	Yes
Firm FE	Yes	Yes	Yes	Yes	Yes	Yes
N	600955	600955	600955	600955	600955	600955
Adj. R^2	0.438	0.474	0.005	0.453	0.426	0.005
F			820			521
chi2			23			25
p			0.011			0.009

注：括号内是聚类到行业层面的标准误。*** $p < 0.01$。

三　商业信用渠道

接下来需要进一步研究企业退出的供应链传导的渠道效应。商业信用链条是企业破产传导的重要渠道（Jacobson and von Schedvin，2015；Kiyotaki and Moore，2002）。与现金融资相比，商业信用作为实物融资更难转移，更直接受到监管，可以作为贷款的抵押品（Burkart and Ellingsen，2004）。此外，企业可以通过商业信用链条提供流动性保险（Cuñat，2007；Garcia-Appendini and Montoriol-Garriga，2013；Wilner，2000），并在金融市场不完备时使用商业信用渠道实现增长（Ferrando and Mulier，2013；Ge and Qiu，2007；Wu et al.，2014）。总之，商业信用是全球企业的重要融资来源。

然而随着商业信用链条带来行业间的密切联系，商业冲击的跨部门传导也随之而来。Boissay 和 Gropp（2013）发现，贸易债务人会将相当一部分流动性冲击传递给贸易债权人，并且 Jacobson 和 von Schedvin（2015）也表明，供应商因客户破产而遭受重大的贸易信用损失，并且供应商的破产风险随着产生的贸易信用损失规模的扩大而增加。以上研究均指明，特殊冲击可以通过商业信用的传导机制带来总体波动。中国私营部门企业严重依赖商业信用作为融资来源（Ge and Qiu，2007；Wu et al.，2014）。因此有理由推测，商业信用在企业退出的供应链传导中起着至关重要的作用。

为检验商业信用渠道，对式（9.6）进行修改，得到式（9.7）：

$$AccRec_{i,u,t} = \theta_0 + \theta_1 TFP_{i,u,t} + \theta_2 DsZb_{u,t} + \theta_3 DsZb_{u,t} \times TFP_{i,u,t} + \theta_4 X_{i,u,t} + \delta_t + \sigma_i + \varepsilon_{i,u,t} \quad (9.7)$$

进一步对式（9.7）进行修改，得式（9.8）：

$$Exit_{i,u,t+1} = \gamma_0 + \gamma_1 TFP_{i,u,t} + \gamma_2 AccRec_{i,u,t} + \gamma_3 AccRec_{i,u,t} \times TFP_{i,u,t} + \gamma_4 DsZb_{u,t} + \gamma_5 DsZb_{u,t} \times TFP_{i,u,t} + \gamma_6 X_{i,u,t} + \delta_t + \sigma_i + \varepsilon_{i,u,t}$$

$$(9.8)$$

表 9.12 报告了商业信用渠道的检验结果。面板 A 分别提供了 OLS 和 2SLS 的回归结果，反映了下游僵尸企业对上游供应商的应收账款的影响。具体来看，TFP 系数显著为正，商业信用在供应链管理上发挥着重要作用，即企业生产力与应收账款间存在正向关系；下游行业僵尸企业比例与上游行业企业应收账款呈显著正相关，反映了问题客户对商业信用的更高需求。由于僵尸企业通常是具有强大议价能力的大企业，它们在供应商—客户关系中的重要性使它们能够协商延迟偿还商业信用，从而推高上游企业的应收账款。DsZb × TFP 系数在 1% 的水平下显著为正。生产率较高的企业更有能力充当贸易债权人，信贷需求增长的很大一部分是由较高生产率的企业提供的，这也意味着下游僵尸企业对其上游供应商，尤其是生产率较高的供应商施加了较重的商业信用负担。

面板 B 汇报了式（9.8）的回归结果。可以发现 AccRec 及其交乘项 AccRec × TFP 的系数均显著为正。在 OLS 和 2SLS 模型下，结果对不同的 DsZb 均是稳健的。与之前的结果相比，DsZb 的系数及其交乘项

$DsZb \times TFP$ 的系数在数值上均变得更小，幅度下降了 $61\% \sim 78\%$。这也意味着，商业信用在企业退出的供应链传导中具有渠道效应，商业信用扭曲了上游企业的退出行为。

表 9.12　商业信用渠道

	面板 A：下游信贷补贴和上游商业信用			
	AccRec			
变量	[DsZb = DsZbInterm]		[DsZb = DsZbAsset]	
	OLS	2SLS	OLS	2SLS
	（1）	（2）	（3）	（4）
TFP	2.120***	1.773***	2.109***	1.810***
	(0.060)	(0.078)	(0.058)	(0.072)
DsZb	0.108***	0.118***	0.093***	0.109***
	(0.016)	(0.026)	(0.011)	(0.018)
DsZb×TFP	0.017***	0.018***	0.015***	0.016***
	(0.005)	(0.007)	(0.003)	(0.004)
Controls	Yes	Yes	Yes	Yes
Year FE	Yes	Yes	Yes	Yes
Firm FE	Yes	Yes	Yes	Yes
N	600955	600955	600955	600955
Adj. R^2	0.770	0.317	0.770	0.317
F		682		660
chi2		64		63
p		0.000		0.000

	面板 B：商业信用与企业退出			
	Exit			
变量	[DsZb = DsZbInterm]		[DsZb = DsZbAsset]	
	OLS	2SLS	OLS	2SLS
	（1）	（2）	（3）	（4）
TFP	−1.277***	−1.114***	−1.187***	−1.124***
	(0.204)	(0.258)	(0.197)	(0.239)
AccRec	0.472***	0.472***	0.427***	0.428***
	(0.015)	(0.015)	(0.015)	(0.015)

	面板 B：商业信用与企业退出			
变量	*Exit*			
	[*DsZb = DsZbInterm*]		[*DsZb = DsZbAsset*]	
	OLS	2SLS	OLS	2SLS
	（1）	（2）	（3）	（4）
AccRec×TFP	0.112 ***	0.116 ***	0.107 ***	0.108 ***
	（0.005）	（0.005）	（0.005）	（0.005）
DsZb	0.137 ***	0.144 *	0.133 ***	0.131 **
	（0.051）	（0.084）	（0.035）	（0.059）
DsZb×TFP	0.046 ***	0.035 *	0.041 ***	0.031 **
	（0.016）	（0.022）	（0.010）	（0.013）
Controls	Yes	Yes	Yes	Yes
Year FE	Yes	Yes	Yes	Yes
Firm FE	Yes	Yes	Yes	Yes
N	600955	600955	600955	600955
Adj. R^2	0.141	0.006	0.141	0.006
F		700		600
chi2		30		27
p		0.000		0.000

注：括号内是聚类到行业层面的标准误。 $*p< 0.10$， $**p< 0.05$， $***p< 0.01$。

四 异质性检验

不同企业对供应链传导效应的反应可能存在不同，这取决于企业以及供应链链接的异质性特征。

（一）基于财务约束的异质性影响

接下来使用了 Rajan 和 Zingales（1998）的外部融资依赖分类和 Raddatz（2006）的流动性依赖分类来研究基于企业财务约束的异质性影响。

具体来看，Rajan 和 Zingales（1998）认为，美国的金融市场是世界上最先进的金融市场之一，可以为美国上市企业提供不受限制的外部融资供应，因此，行业之间的任何差异都应该是由对外部融资和流动性需求的依赖造成的。美国的行业分类提供了一个真正的外生衡量其他国家不同行业融资和流动性依赖的差异。鉴于美国在生产技术和金融市场发展方面都比中国先进，使用 20 世纪 80 年代美国对外部融资和流动性依赖的行业分类。更具体地说，使用从 Compustat 数据库获得的美国上市企业数据来计算外部融资依赖（EFD）和流动性依赖（LD）指标。首先，计算企业层面的资本支出（$CAPX$）、经营现金流（CF）、销售额（S）和库存（$INVT$）；企业层面的 $EFD = (CAPX - CF)/CAPX$，企业层面的 $LD = INVT/S$；其次，使用索引（Dean and Lovely, 2010）将美国产业与中国 CIC 产业相匹配；最后，行业指标由三位数的 CSIC 行业中的企业 EFD 和 LD 中位数确定。

表 9.13 汇报了异质性回归结果。面板 A 根据行业层面对外部融资的依赖程度划分样本，在两个子样本中都发现了下游僵尸企业对上游企业退出的不利影响，然而对外部融资依赖度较高的行业，影响更大，$DsZb$ 和 $DsZb \times TFP$ 系数跨子样本的差异具有统计显著性；面板 B 根据行业层面的流动性依赖对样本进行划分，同样，下游行业僵尸企业会引发更严重的供应链传导，以及对流动性依赖程度更高的行业产生更大的退出扭曲，$DsZb$ 和 $DsZb \times TFP$ 系数跨子样本的差异同样具有统计显著性。

表 9.13　异质性检验结果

变量	面板 A：基于外部融资依赖（EFD）的异质效应					
	Exit					
	[$DsZb = DsZbInterm$]			[$DsZb = DsZbAsset$]		
	低 EFD	高 EFD	差异(1)-(2)	低 EFD	高 EFD	差异(4)-(5)
	（1）	（2）	（3）	（4）	（5）	（6）
TFP	-1.109***	-1.552***	-0.443*	-0.997***	-1.351***	-0.354
	(0.194)	(0.201)	[0.061]	(0.186)	(0.200)	[0.114]
$DsZb$	0.534***	0.792***	-0.258**	0.335***	0.547***	-0.212***
	(0.052)	(0.083)	[0.044]	(0.035)	(0.079)	[0.007]

面板 A：基于外部融资依赖（*EFD*）的异质效应

变量	Exit					
	[*DsZb = DsZbInterm*]			[*DsZb = DsZbAsset*]		
	低 *EFD*	高 *EFD*	差异(1)-(2)	低 *EFD*	高 *EFD*	差异(4)-(5)
	(1)	(2)	(3)	(4)	(5)	(6)
DsZb×TFP	0.173***	0.216**	-0.044**	0.106***	0.140**	-0.034**
	(0.016)	(0.091)	[0.032]	(0.010)	(0.062)	[0.024]
Controls	Yes	Yes		Yes	Yes	
Year FE	Yes	Yes		Yes	Yes	
Firm FE	Yes	Yes		Yes	Yes	
N	594691	6002		594691	6002	
Adj. R²	0.14	0.162		0.14	0.162	

面板 B：基于流动性依赖（*LD*）的异质效应

变量	Exit					
	[*DsZb = DsZbInterm*]			[*DsZb = DsZbAsset*]		
	低 *LD*	高 *LD*	差异(1)-(2)	低 *LD*	高 *LD*	差异(4)-(5)
	(1)	(2)	(3)	(4)	(5)	(6)
TFP	-0.154***	-1.538***	-0.004	-1.444**	-1.515***	0.071
	(0.280)	(0.277)	[0.223]	(0.269)	(0.267)	[0.147]
DsZb	0.400***	0.680***	-0.280**	0.196***	0.487***	-0.291***
	(0.073)	(0.077)	[0.035]	(0.049)	(0.053)	[0.008]
DsZb×TFP	0.145***	0.202***	-0.057**	0.088***	0.132***	-0.044**
	(0.022)	(0.023)	[0.046]	(0.014)	(0.014)	[0.033]
Controls	Yes	Yes		Yes	Yes	
Year FE	Yes	Yes		Yes	Yes	
Firm FE	Yes	Yes		Yes	Yes	
N	285863	308306		285863	308306	
Adj. R²	0.140	0.138		0.140	0.138	

注：小括号内是聚类到行业层面的标准误，中括号内是 p 值。* p< 0.10， ** p< 0.05，*** p< 0.01。

（二）基于供应链联系强度的异质性影响

贸易债权人和债务人之间的供应链联系强度取决于市场结构和资产

专用性。供应商的议价能力会影响商业信用供应，也更可能容忍重要客户的逾期付款（Chod et al.，2019；Fabbri and Klapper，2016；Wilner，2000）。贸易和合同订立受资产专用性的影响很大（Joskow，1987）。Hertzel 等（2008）以及 Jacobson 和 von Schedvin（2015）认为，生产专业产品的企业与贸易债权人联系更为密切。由此，更集中的客户结构和更高的资产专用性可以增强僵尸企业造成的供应链传导效应。

为验证这一异质性，本部分使用了两项指标：客户集中度（*CC*）和行业层面创新强度（*Patent*）。客户集中度由 HHI 指数根据中间投入品对下游行业的销售情况计算得出。由于 2005 年之前 CIED 的 R&D 经费数据缺失，我们用 CSIC 每个三位数行业的平均专利数量作为创新强度的代表，专利数据来自中国专利数据项目。

表 9.14 面板 C 根据客户集中度划分样本，与猜想一致，*DsZb* 和 *DsZb* × *TFP* 的系数在客户集中度较高的企业样本中数值更大，子样本之间系数估计的差值具有统计显著性；面板 D 根据行业层面的创新强度划分样本，与资产专用性降低供应商议价能力的猜想一致，创新强度越大的行业的供应链传导带来的退出扭曲效应越大，*DsZb* 和 *DsZb* × *TFP* 的系数在专利较多的子样本中数值较大，且系数差值具有统计显著性。

表 9.14　商业信用渠道

变量	Exit					
	[*DsZb* = *DsZbInterm*]			[*DsZb* = *DsZbAsset*]		
	低 *CC*	高 *CC*	差异(1)-(2)	低 *CC*	高 *CC*	差异(4)-(5)
	（1）	（2）	（3）	（4）	（5）	（6）
TFP	−1.107***	−1.394***	0.287*	−0.748***	−1.347***	0.599**
	(0.276)	(0.291)	[0.075]	(0.267)	(0.277)	[0.042]
DsZb	0.486***	0.651***	−0.165***	0.297***	0.308***	−0.011*
	(0.070)	(0.084)	[0.008]	(0.047)	(0.057)	[0.081]

面板 C：基于客户集中度（*CC*）的异质效应

续表

	面板 C：基于客户集中度（CC）的异质效应					
变量	Exit					
	[DsZb = DsZbInterm]			[DsZb = DsZbAsset]		
	低 CC	高 CC	差异(1)-(2)	低 CC	高 CC	差异(4)-(5)
	(1)	(2)	(3)	(4)	(5)	(6)
DsZb×TFP	0.139***	0.218***	-0.079**	0.072***	0.138***	-0.066***
	(0.021)	(0.024)	[0.019]	(0.014)	(0.015)	[0.005]
Controls	Yes	Yes		Yes	Yes	
Year FE	Yes	Yes		Yes	Yes	
Firm FE	Yes	Yes		Yes	Yes	
N	249661	317751		249661	317751	
Adj. R^2	0.138	0.140		0.138	0.140	

	面板 D：基于创新强度（Patent）的异质效应					
变量	Exit					
	[DsZb = DsZbInterm]			[DsZb = DsZbAsset]		
	低 Patent	高 Patent	差异(1)-(2)	低 Patent	高 Patent	差异(4)-(5)
	(1)	(2)	(3)	(4)	(5)	(6)
TFP	-0.651***	-1.877***	1.226***	-0.674***	-1.627***	0.953*
	(0.290)	(0.291)	[0.003]	(0.254)	(0.257)	[0.056]
DsZb	0.354***	0.374***	-0.020*	0.200***	0.217***	-0.017*
	(0.081)	(0.083)	[0.089]	(0.056)	(0.055)	[0.097]
DsZb×TFP	0.135***	0.241***	-0.106**	0.088***	0.135***	-0.047**
	(0.029)	(0.02)	[0.032]	(0.014)	(0.014)	[0.044]
Controls	Yes	Yes		Yes	Yes	
Year FE	Yes	Yes		Yes	Yes	
Firm FE	Yes	Yes		Yes	Yes	
N	289614	311341		289614	311341	
Adj. R^2	0.153	0.151		0.153	0.151	

注：小括号内是聚类到行业层面的标准误，中括号内是 p 值。* $p < 0.10$，** $p < 0.05$，*** $p < 0.01$。

第三节 进一步讨论

一 僵尸企业客户对供应商现金转换周期的影响

截至目前，本章已经证明了商业信用对供应链传导效应的重要渠道作用。接下来又出现了两个有趣的问题：僵尸企业的供应商能否将商业信用需求的低效增长进一步传导给其供应商的供应商？下游僵尸企业如何影响供应商自身的供应链管理绩效？为阐明这些问题，下文探讨了僵尸企业对供应商现金转换周期（CCC）的影响。

企业的 CCC 等于出售库存并收取应收账款所需时间减去支付应付账款的所需时间。CCC 常用于评估企业供应链管理的效率（Raddatz，2006），特别是它明确地捕捉了企业的四种基本业务活动（采购或生产、销售、收款和支付）在创造营运资金账户内的现金流方面的有效性。

表 9.15 报告了有关 CCC 的回归结果，其中包括 $DsZb$ 对 CCC 各个组成部分的影响，即未清应收账款余额（DRO）、未清应付账款天数（DPO）和未清库存天数（DIO）。具体来看，$DsZb$ 和 $DsZb \times TFP$ 的回归结果表明，下游僵尸企业降低了上游供应商应收账款的管理效率，这一影响对高生产率企业尤为明显。

DPO 回归中，$DsZb$ 和 $DsZb \times TFP$ 的正系数表明，供应商将其商业信用负担进一步沿供应链传递。随着下游僵尸企业比例的增加，其供应商延迟付款给自己的供应商，较高生产率的企业可以延迟交付更多账款。然而，DPO 回归中 $DsZb$ 和 $DsZb \times TFP$ 的估计值均小于 DRO 回归中的估计值，这表明商业信用需求的低效增长中只有一部分可以进一步沿供应链传递。而有趣的是，下游僵尸企业几乎不会影响供应商的库存管理。

表9.15 下游僵尸借贷对供应商现金周转周期的影响

变量	[DsZb = DsZbInterm]						[DsZb = DsZbAsset]					
	DRO	DPO	DIO	CCC	Exit	Exit	DRO	DPO	DIO	CCC	Exit	Exit
	(1)	(2)	(3)	(4)	(5)	(6)	(7)	(8)	(9)	(10)	(11)	(12)
TFP	5.383***	5.561***	3.201***	3.023***	-1.221***	-1.072***	4.592***	4.597***	2.556***	2.551***	-1.103***	-0.990***
	(0.414)	(0.689)	(0.819)	(0.917)	(0.251)	(0.204)	(0.459)	(0.828)	(0.971)	(1.089)	(0.191)	(0.197)
DsZb	1.490***	1.313***	0.206	0.283***	0.554***	0.196***	1.555***	1.040***	0.222	0.737***	0.443***	0.158***
	(0.152)	(0.255)	(0.285)	(0.030)	(0.061)	(0.065)	(0.112)	(0.197)	(0.215)	(0.253)	(0.031)	(0.035)
DsZb×TFP	0.501***	0.390***	0.044	0.155***	0.180***	0.044***	0.564***	0.337***	0.016	0.243***	0.118***	0.031***
	(0.045)	(0.086)	(0.087)	(0.046)	(0.016)	(0.016)	(0.034)	(0.068)	(0.069)	(0.084)	(0.010)	(0.010)
CCC						0.432***						0.326***
						(0.041)						(0.015)
CCC×TFP						0.167***						0.131***
						(0.025)						(0.005)
Controls	Yes	Yes	Yes	Yes	Yes	Yes	Yes	Yes	Yes	Yes	Yes	Yes
Year FE	Yes	Yes	Yes	Yes	Yes	Yes	Yes	Yes	Yes	Yes	Yes	Yes
Firm FE	Yes	Yes	Yes	Yes	Yes	Yes	Yes	Yes	Yes	Yes	Yes	Yes
N	213572	213572	213572	213572	213572	213572	213572	213572	213572	213572	213572	213572
Adj. R²	0.825	0.726	0.765	0.746	0.135	0.141	0.826	0.727	0.765	0.746	0.137	0.141

注：括号内是聚类到行业层面的标准误。*** p< 0.01。

可以发现，*TFP* 即全要素生产率与 *CCC* 的各个组成部分均显著正相关，这也直接印证了较高生产率的企业在提供和消费商业信用方面发挥着重要作用。

接下来，从整体上观察下游僵尸企业对上游供应商供应链管理的影响。同样，*TFP* 系数均为正，即较高生产率的企业在营运资本上投入更多，反映了它们在维持客户稳定关系方面的强能力以及高意愿。较高比例的下游僵尸企业会导致更长的现金转换周期，这一影响在高生产率企业更为明显。

最后，进一步探讨 *CCC* 是不是供应链传导效应的渠道。考虑到 CIED 中的应付账款数据在 2004 年之后可用，本节回归样本使用 2004 年之后的观测值。结果显示，对于较短的样本周期，我们发现 *TFP*、*DsZb* 和 *DsZb* × *TFP* 的估计值与完整样本中的估计值相似。接下来将 *CCC* 和 *CCC* × *TFP* 加入基准回归中，结果显示，*DsZb* 和 *DsZb* × *TFP* 的系数降低了 64%~76%，结合僵尸企业对供应商 *CCC* 各个组成部分的影响分析，这表明 *CCC* 的渠道效应主要来源于商业信用渠道。

二　下游挤出效应与上游退出传导

关于下游僵尸企业与上游供应商退出概率的正向联系，另一种可能的解释是僵尸客户排挤了他们的竞争对手，同时如果较高生产率（非僵尸企业）客户更有可能与较高生产率供应商匹配，这也会观察到较高生产率供应商的传导效应更为明显。

现实中占主导地位的机制不同，经济解释和政策建议也将不同，因此有必要排除这一种替代解释。为验证行业内的挤出效应是不是替代渠道，以下逐步进行了一系列分析。

首先，将企业退出概率与同行业的僵尸企业比例进行回归。与先前研究挤出效应的文献一致（Ahearne and Shinada，2005；Caballero et al.，2008），表 9.16 结果显示，对僵尸企业的信贷错配对僵尸企业竞争者的生产产生不利影响。*IndZb* 的系数在 1% 的水平下显著为正,但其值远低于基准回归中 *DsZb* 的估计系数,这意味着僵尸企业的行业内挤出效应弱于供应链传导效应。

其次,在回归中加入 *IndZb* × *TFP* 来探讨这种挤出效应对不同生产率水平企业的异质性影响。结果显示,挤出效应不具有显著的异质性。

再次,进一步检验下游挤出效应是否混淆了商业信用渠道。按照与 *DsZb* 相同的构建步骤构建下游退出率 *DsExit*,并将 *DsExit* 和 *DsExit* × *TFP* 都纳入 *AccRec* 的回归中,并将新的估计结果与表 9.10 结果进行比较,可以发现 *DsZb* 和 *DsZb* × *TFP* 的估计系数几乎没有改变。这表明下游客户的挤出效应并未驱动 *DsZb* 与供应商 *AccRec* 之间的正相关性。

最后,将 *DsExit* 和 *DsExit* × *TFP* 都包括在 *Exit* 的回归中,并将新的估计值与基准回归中的结果进行比较。仍旧可以发现,*DsZb* 和 *DsZb* × *TFP* 的估计系数几乎没有改变,这意味着 *DsZb* 的供应链传导效应并非源于其对竞争对手的挤出影响。与破产风险的供应链传播一致,下游企业退出率与供应商退出概率之间存在正向关系,但 *DsExit* 的系数值远小于 *DsZb*,这说明虽然对僵尸企业的救助可以阻止破产风险的即时传播,但企业救助的成本更高,因为从长远来看,它们会给供应商带来更大的破产风险。

表 9.16　下游企业退出作为影响供应商退出的替代渠道

变量	Exit			
	[*IndZb* = *IndZbInterm*]		[*IndZb* = *IndZbAsset*]	
	(1)	(2)	(3)	(4)
TFP	−1.119 ***	−1.257 ***	−1.092 ***	−1.211 ***
	(0.300)	(0.245)	(0.256)	(0.215)
IndZb	0.091 ***	0.084 ***	0.082 ***	0.071 ***
	(0.025)	(0.020)	(0.025)	(0.021)

面板 A:企业退出与同行业的僵尸企业比例

变量	面板 A：企业退出与同行业的僵尸企业比例			
	Exit			
	[*IndZb = IndZbInterm*]		[*IndZb = IndZbAsset*]	
	（1）	（2）	（3）	（4）
IndZb×TFP		0.015*		0.011
		（0.009）		（0.008）
Controls	Yes	Yes	Yes	Yes
Year FE	Yes	Yes	Yes	Yes
Firm FE	Yes	Yes	Yes	Yes
N	600955	600955	600955	600955
Adj. R^2	0.140	0.149	0.140	0.149

变量	面板 B：考虑下游挤出效应的下游僵尸借贷与上游企业退出			
	[*DsZb = DsZbInterm*]		[*DsZb = DsZbAsset*]	
	AccRec	*Exit*	*AccRec*	*Exit*
	（1）	（2）	（3）	（4）
TFP	2.111***	−1.203***	2.100***	−1.057***
	（0.073）	（0.200）	（0.067）	（0.213）
DsZb	0.103***	0.527***	0.087***	0.331***
	（0.018）	（0.055）	（0.015）	（0.028）
DsZb×TFP	0.014***	0.163***	0.012***	0.093***
	（0.007）	（0.018）	（0.003）	（0.010）
DsExit	0.029**	0.132**	0.025**	0.101***
	（0.015）	（0.065）	（0.012）	（0.038）
DsExit×TFP	0.006*	0.034	0.005	0.021*
	（0.004）	（0.026）	（0.004）	（0.012）
Controls	Yes	Yes	Yes	Yes
Year FE	Yes	Yes	Yes	Yes
Firm FE	Yes	Yes	Yes	Yes
N	600955	600955	600955	600955
Adj. R^2	0.781	0.148	0.781	0.148

注：括号内是聚类到行业层面的标准误。* $p < 0.10$，** $p < 0.05$，*** $p < 0.01$。

总而言之，僵尸企业的行业内挤出效应确实存在，但它并不能解释下游僵尸企业带来的供应链传导效应，并且从长远来看，对僵尸企业的救助行为造成的上游退出扭曲可能比防止供应链破产风险传播的收益更高。

结　论

金融危机证明了政府救助政策的合理性，因此希望能够阻止企业破产在供应链条上的蔓延。然而，事前最优的政府政策可能不是事后最优的（Kydland and Prescott，1977）。从长远来看，这种政府干预是否有效值得怀疑。本章利用中国持续向破产企业注入信贷这一现状，实证评估了这种政府干预的长期效率成本。研究发现，对资不抵债公司的持续救助并不能阻止企业破产的蔓延。通过扭曲"优胜劣汰"的企业退出机制，它承担了更高的效率成本。本章的研究结果对几个内生性问题的考虑是稳健的。此外，研究发现，当企业面临更严格的财务约束或供应链联系更紧密时，这种政府干预的不利影响更大。

本章内容为凯恩斯—哈耶克关于市场和政府角色的辩论提供了不少增量信息，通过政府干预以防止单部门破产的蔓延，将带来更显著的效率损失。这种干预不仅通过扭曲信贷分配，而且还通过扭曲企业退出导致效率受损。尽管 2008 年国际金融危机和新冠疫情等意外的市场冲击可能证明，救助是一种临时解决方案，但从长远来看，政府应终止干预，让市场发挥自然选择的作用。此外，通过提供资源错配加上政府干预的新微观证据，有助于理解中国经济增长，并表明中国经济可以通过消除低效信贷分配实现进一步发展。

参考文献

陈奉先，涂万春．外资银行进入对东道国银行业效率的影响——东欧国家的经验与中国的实践 [J]．世界经济研究，2008（1）：26-35+84-85．

陈胜蓝，马慧．贷款可获得性与公司商业信用——中国利率市场化改革的准自然实验证据 [J]．管理世界，2018，34（11）：108-120+149．

方芳，蔡卫星．银行业竞争与企业成长：来自工业企业的经验证据 [J]．管理世界，2016（7）：63-75．

高晓红．外资银行进入与中国国有商业银行改革困境的解除 [J]．金融研究，2000（6）：40-49．

郭凯明，余靖雯，吴泽雄．投资、结构转型与劳动生产率增长 [J]．金融研究，2018（8）：1-16．

郭庆旺．减税降费的潜在财政影响与风险防范 [J]．管理世界，2019，35（6）：1-10+194．

韩立岩，李燕平．中国上市银行特许权价值与风险行为 [J]．金融研究，2006（12）：82-91．

何帆，朱鹤．僵尸企业的识别与应对 [J]．中国金融，2016（5）：20-22．

黄隽，汤珂．商业银行竞争、效率及其关系研究——以韩国、中国台湾和中国大陆为例 [J]．中国社会科学，2008（1）：69-86+206．

黄少卿，陈彦．中国僵尸企业的分布特征与分类处置 [J]．中国工业经济，2017（3）：24-43．

贾春新，夏武勇，黄张凯．银行分支机构、国有银行竞争与经济增长 [J].管理世界，2008（2）：7-14+187.

江伟，姚文韬．《物权法》的实施与供应链金融——来自应收账款质押融资的经验证据 [J].经济研究，2016，51（1）：141-154.

姜付秀，石贝贝，马云飙．信息发布者的财务经历与企业融资约束 [J].经济研究，2016，51（6）：83-97.

蒋灵多，陆毅，陈勇兵．市场机制是否有利于僵尸企业处置：以外资管制放松为例 [J].世界经济，2018，41（9）：121-145.

蒋灵多，陆毅．市场竞争加剧是否助推国有企业加杠杆 [J].中国工业经济，2018（11）：155-173.

金碚．债务支付拖欠对当前经济及企业行为的影响 [J].经济研究，2006（5）：13-19+30.

金祥荣，李旭超，鲁建坤．僵尸企业的负外部性：税负竞争与正常企业逃税 [J].经济研究，2019，54（12）：70-85.

寇宗来，刘学悦．中国企业的专利行为：特征事实以及来自创新政策的影响 [J].经济研究，2020，55（3）：83-99.

雷薇，朱鸿鸣，陈宁，黄珊．对下半年银行业形势的判断和建议——基于 21 家上市银行 2015 年中报的分析 [J].发展研究，2015（11）：21-27.

李天宇，张屹山，张鹤．我国宏观审慎政策规则确立与传导路径研究——基于内生银行破产机制的 BGG-DSGE 模型 [J].管理世界，2017（10）：20-35+187.

李伟，韩立岩．外资银行进入对我国银行业市场竞争度的影响：基于 Panzar-Rosse 模型的实证研究 [J].金融研究，2008（5）：87-98.

李旭超，鲁建坤，金祥荣．僵尸企业与税负扭曲 [J].管理世界，2018，34（4）：127-139.

李旭超，申广军．僵尸企业与中国全要素生产率的动态演化 [J].经济研究工作论文，2017（5）.

李旭超，申广军，金祥荣. 僵尸企业与中国全要素生产率动态演进
[J].经济科学，2021（1）：44-56.

李旭超，宋敏. 僵尸企业债务支付拖欠与民营企业全要素生产率 [J].
世界经济，2021，44（11）：49-74.

李旭超，宋敏，熊恒. 竞争是把"双刃剑"：银行竞争与僵尸企业清理
[J].经济研究工作论文，2019（1）.

李扬. 新常态下应发挥好投资的关键作用 [J].金融研究，2015（2）：
1-8.

林毅夫，刘明兴，章奇. 政策性负担与企业的预算软约束：来自中国的
实证研究 [J].管理世界，2004（8）：81-89+127-156.

刘畅，刘冲，马光荣. 中小金融机构与中小企业贷款 [J].经济研究，
2017，52（8）：65-77.

刘莉亚，刘冲，陈垠帆，周峰，李明辉. 僵尸企业与货币政策降杠杆
[J].经济研究，2019，54（9）：73-89.

刘啟仁，赵灿，黄建忠. 税收优惠、供给侧改革与企业投资 [J].管理
世界，2019，35（1）：78-96+114.

刘树成. 民间投资增速严重下滑与宏观经济波动 [J].中国工业经济，
2016（11）：5-12.

卢峰，姚洋. 金融压抑下的法治、金融发展和经济增长 [J].中国社会
科学，2004（1）：42-55+206.

马国臣，李鑫，孙静. 中国制造业上市公司投资——现金流高敏感性实
证研究 [J].中国工业经济，2008（10）：109-118.

马述忠，张洪胜. 集群商业信用与企业出口——对中国出口扩张奇迹的
一种解释 [J].经济研究，2017，52（1）：13-27.

聂辉华，江艇，张雨潇，方明月. 如何清理僵尸企业 [J].中国经济报
告，2016（9）：69-71.

潘红波，陈世来.《劳动合同法》、企业投资与经济增长［J］.经济研究，2017，52（4）：92-105.

钱雪松，方胜.担保物权制度改革影响了民营企业负债融资吗？——来自中国《物权法》自然实验的经验证据［J］.经济研究，2017，52（5）：146-160.

申广军.比较优势与僵尸企业：基于新结构经济学视角的研究［J］.管理世界，2016（12）：13-24+187.

沈剑飞.发挥好财务信息在破解僵尸企业难题中的作用［J］.管理世界，2017，33（10）：184-185.

谭劲松，简宇寅，陈颖.政府干预与不良贷款——以某国有商业银行1988~2005年的数据为例［J］.管理世界，2012（7）：29-43+187.

谭语嫣，谭之博，黄益平，胡永泰.僵尸企业的投资挤出效应：基于中国工业企业的证据［J］.经济研究，2017，52（5）：175-188.

田素华，徐明东.外资银行进入对中国不同行业影响差异的经验证据［J］.金融研究，2011（10）：88-99.

王丹.信贷政策影响民营企业信贷决策的渠道分析［J］.管理世界，2018，34（12）：173-174.

王万珺，刘小玄.为什么僵尸企业能够长期生存［J］.中国工业经济，2018（10）：61-79.

王义中，宋敏.宏观经济不确定性、资金需求与公司投资［J］.经济研究，2014，49（2）：4-17.

王永钦，李蔚，戴芸.僵尸企业如何影响了企业创新？——来自中国工业企业的证据［J］.经济研究，2018，53（11）：99-114.

吴立欧.僵尸企业治理的温州经验［J］.法制博览，2019（34）：31-33+36.

肖兴志，张伟广，朝镛.僵尸企业与就业增长：保护还是排挤？［J］.管理世界，2019，35（8）：69-83.

谢千里，罗斯基，张轶凡．中国工业生产率的增长与收敛［J］．经济学（季刊），2008（3）：809-826.

许伟，陈斌开．税收激励和企业投资——基于2004~2009年增值税转型的自然实验［J］．管理世界，2016（5）：9-17.

杨汝岱．中国制造业企业全要素生产率研究［J］．经济研究，2015，50（2）：61-74.

杨万东．产业集群问题讨论综述［J］．经济理论与经济管理，2004（2）：76-80.

杨子晖，李东承．我国银行系统性金融风险研究——基于"去一法"的应用分析［J］．经济研究，2018，53（8）：36-51.

余靖雯，郑少武，龚六堂．政府生产性支出、国企改制与民间投资——来自省际面板数据的实证分析［J］．金融研究，2013（11）：96-110.

余明桂，潘红波．金融发展、商业信用与产品市场竞争［J］．管理世界，2010（8）：117-129.

张成思，刘贯春．中国实业部门投融资决策机制研究——基于经济政策不确定性和融资约束异质性视角［J］．经济研究，2018，53（12）：51-67.

张杰，刘元春，翟福昕，芦哲．银行歧视、商业信用与企业发展［J］．世界经济，2013，36（9）：94-126.

张杰，郑文平，新夫．中国的银行管制放松、结构性竞争和企业创新［J］．中国工业经济，2017（10）：118-136.

张一林，蒲明．债务展期与结构性去杠杆［J］．经济研究，2018，53（7）：32-46.

赵昌文．加大力度妥善处置"僵尸企业"［N］．人民日报，2019-01-30（4）．

赵昌文，朱鸿鸣．持久战新论：新常态下的中国增长战略［J］．中国品牌，2017（1）：90.

朱颖，任义涛．美国"不良资产救助计划"的实施与评析［J］．金融教学与研究，2011（3）：9-13.

诸竹君，黄先海，王煌．僵尸企业如何影响企业加成率——来自中国工业企业的证据［J］．财贸经济，2019，40（6）：131-146.

Acemoglu, D., Carvalho, V. M., Ozdaglar, A., et al. The network origins of aggregate fluctuations［J］. Econometrica, 2012, 80（5）：1977-2016.

Acemoglu, D., Ozdaglar, A., Tahbaz-Salehi, A. Systemic risk and stability in financial networks［J］. American Economic Review, 2015, 105（2）：564-608.

Ahearne, A. G., Shinada, N. Zombie firms and economic stagnation in Japan［J］. International Economics & Economic Policy, 2005, 2（d05-95）：363-381.

Andrews, D., McGowan, M. A., Millot, V. Confronting the zombies：Policies for productivity revival［R］. OECD Economic Policy Paper, 2017.

Andrews, D., Petroulakis, F. Breaking the shackles：Zombie firms, weak banks and depressed restructuring in Europe［R］. OECD Economics Department Working Papers, 2017.

Baba, N. Optimal timing in banks' write-off decisions under the possible implementation of a subsidy scheme：A real options approach［J］. Monetary & Economic Studies, 2001, 19（3）：113-141.

Bai, C., Li, D. D., Tao, Z., Wang, Y. A multitask theory of state enterprise reform［J］. Journal of Comparative Economics, 2000, 28（4）：716-738.

Barrot, J. N. Trade credit and industry dynamics：Evidence from trucking firms［J］. Journal of Finance, 2016, 71（5）：1975-2016.

Bastos, P. , Silva, J. , Verhoogen, E. Export destinations and input prices [J]. American Economic Review, 2018, 108 (2): 353-392.

Beck, T. , Demirgüç-Kunt, A. , Levine, R. Bank concentration, competition, and crises: First results [J]. Journal of banking & finance, 2006, 30 (5): 1581-1603.

Beck, T. , Levine, R. , Levkov, A. Big bad banks? The winners and losers from bank deregulation in the United States [J]. The Journal of Finance, 2010, 65 (5): 1637-1667.

Berger, A. N. , DeYoung, R. The effects of geographic expansion on bank efficiency [J]. Journal of Financial Services Research, 2001, 19 (2): 163-184.

Berger, P. G. , Ofek, E. , Swary, I. Investor valuation of the abandonment option [J]. Journal of Financial Economics, 1996, 42 (2): 259-287.

Berglöf, E. , Roland, G. Soft budget constraints and credit crunches in financial transition [J]. European Economic Review, 1997, 41 (3-5): 807-817.

Boissay, F. , Gropp, R. Payment defaults and interfirm liquidity provision [J]. Review of Finance, 2013, 17 (6): 1853-1894.

Boyd, J. H. , De Nicoló, G. The theory of bank risk taking and competition revisited [J]. The Journal of Finance, 2005, 60 (3): 1329-1343.

Brandt, L. , Van Biesebroeck, J. , Zhang, Y. Creative accounting or creative destruction? Firm-level productivity growth in Chinese manufacturing [J]. Journal of Development Economics, 2012, 97 (2): 339-351.

Brandt, L. , Van Biesebroeck, J. , Wang, L. , Zhang, Y. WTO accession and performance of Chinese manufacturing firms [J]. American Economic Review, 2017, 107 (9): 2784-2820.

Bruche, M. , Llobet, G. Preventing zombie lending [J]. The Review of Financial Studies, 2014, 27 (3): 923-956.

Burkart, M. , Ellingsen, T. In-kind finance: A theory of trade credit [J]. American Economic Review, 2004, 94 (3): 569-590.

Caballero, R. J. , Hoshi, T. , Kashyap, A. K. Zombie lending and depressed restructuring in Japan [J]. American Economic Review, 2008, 98 (5): 1943-1977.

Cai, H. , Liu, Q. Competition and corporate tax avoidance: Evidence from Chinese industrial firms [J]. The Economic Journal, 2009, 119 (537): 764-795.

Cai, J. , Harrison, A. E. The value-added tax reform puzzle [R]. Policy Research Working Paper, 2011.

Calderon, C. , Schaeck, K. The effects of government interventions in the financial sector on banking competition and the evolution of zombie banks [J]. Journal of Financial and Quantitative Analysis, 2016, 51 (4): 1391-1436.

Chod, J. , Lyandres, E. , Yang, S. A. Trade credit and supplier competition [J]. Journal of Financial Economics, 2019, 131 (2): 484-505.

Chong, T. T. L. , Lu, L. , Ongena, S. Does banking competition alleviate or worsen credit constraints faced by small-and medium-sized enterprises? Evidence from China [J]. Journal of Banking & Finance, 2013, 37 (9): 3412-3424.

Claessens, S. , Demirguc-Kunt, A. , Huizinga, H. How does foreign entry affect domestic banking markets? [J]. Journal of Banking & Finance, 2001, 25 (5): 891-911.

Claro, S. Supporting inefficient firms with capital subsidies: China and Germany in the 1990s [J]. Journal of Comparative Economics, 2006,

34 (2): 377-401.

Cong, L. W. , Gao, H. , Ponticelli, J. , Yang, X. Credit allocation under economic stimulus: Evidence from China [J]. The Review of Financial Studies, 2019, 32 (9): 3412-3460.

Corbae, D. , Levine, R. Competition, stability and efficiency in financial markets [R]. The National Bureau of Economic Research Working Paper, 2018.

Cuñat, V. Trade credit: Suppliers as debt collectors and insurance providers [J]. The Review of Financial Studies, 2007, 20 (2): 491-527.

De Loecker, J. , Warzynski, F. Markups and firm-level export status [J]. American Economic Review, 2012, 102 (6): 2437-2471.

Dean, J. M. , Lovely, M. E. Trade growth, production fragmentation, and China's environment [M] //China's growing role in world trade. University of Chicago Press, 2010: 429-469.

Dell'Ariccia, G. , Marquez, R. Information and bank credit allocation [J]. Journal of Financial Economics, 2004, 72 (1): 185-214.

Demsetz, R. S. , Saidenberg, M. R. , Strahan, P. E. Banks with something to lose: The disciplinary role of franchise value [J]. Economic Policy Review, 1996, 2 (2): 1-54.

Diamond, P. A. National debt in a neoclassical growth model [J]. The American Economic Review, 1965, 55 (2): 1126-1150.

Djankov, S. , Hart, O. D. , McLiesh, C. , Shleifer, A. Debt enforcement around the world [J]. Journal of Political Economy, 2008, 116 (6): 1105-1149.

Fabbri, D. , Klapper, L. F. Bargaining power and trade credit [J]. Journal of Corporate Finance, 2016, 41: 66-80.

Fabbri, D. , Menichini, A. M. C. Trade credit, collateral liquidation, and borrowing constraints [J]. Journal of Financial Economics, 2010, 96 (3): 413-432.

Fazzari, S. M. , Hubbard, R. G. , Petersen, B. C. Financing constraints and corporate investment [J]. Brookings Papers on Economic Activity, 1988, 1988 (1): 141-206.

Ferrando, A. , Mulier, K. Do firms use the trade credit channel to manage growth? [J]. Journal of Banking & Finance, 2013, 37 (8): 3035-3046.

Fukuda, S. I. , Nakamura, J. I. Why did 'zombie' firms recover in Japan? [J]. The World Economy, 2011, 34 (7): 1124-1137.

Gan, J. Banking market structure and financial stability: Evidence from the Texas real estate crisis in the 1980s [J]. Journal of Financial Economics, 2004, 73 (3): 567-601.

Garcia-Appendini, E. , Montoriol-Garriga, J. Firms as liquidity providers: Evidence from the 2007-2008 financial crisis [J]. Journal of Financial Economics, 2013, 109 (1): 272-291.

Ge, Y. , Qiu, J. Financial development, bank discrimination and trade credit [J]. Journal of Banking & Finance, 2007, 31 (2): 513-530.

Giannetti, M. , Burkart, M. , Ellingsen, T. What you sell is what you lend? Explaining trade credit contracts [J]. The Review of Financial Studies, 2011, 24 (4): 1261-1298.

Goetz, M. R. , Laeven, L. , Levine, R. Identifying the valuation effects and agency costs of corporate diversification: Evidence from the geographic diversification of US banks [J]. The Review of Financial Studies, 2013, 26 (7): 1787-1823.

Gormley, T. A. The impact of foreign bank entry in emerging markets: Evidence from India [J]. Journal of Financial Intermediation, 2010, 19 (1): 26-51.

Guzman, M. G. Bank structure, capital accumulation and growth: A simple macroeconomic model [J]. Economic Theory, 2000, 16 (2): 421–455.

Hadlock, C. J., Pierce, J. R. New evidence on measuring financial constraints: Moving beyond the KZ index [J]. Review of Financial Studies, 2010, 23 (5): 1909–1940.

Hayashi, F., Prescott, E. C. The 1990s in Japan: A lost decade [J]. Review of Economic Dynamics, 2002, 5 (1): 206–235.

Hertzel, M. G., Li, Z., Officer, M. S., Rodgers, K. J. Inter-firm linkages and the wealth effects of financial distress along the supply chain [J]. Journal of Financial Economics, 2008, 87 (2): 374–387.

Imai, K. A panel study of zombie SMEs in Japan: Identification, borrowing and investment behavior [J]. Journal of the Japanese & International Economies, 2016, 39: 91–107.

Jacobson, T., von Schedvin, E. Trade credit and the propagation of corporate failure: An empirical analysis [J]. Econometrica, 2015, 83 (4): 1315–1371.

Jayaratne, J., Strahan, P. E. The finance-growth nexus: Evidence from bank branch deregulation [J]. Quarterly Journal of Economics, 1996, 111 (3): 639–670.

Jeon, B. N., Olivero, M. P., Ji, W. Multinational banking and the international transmission of financial shocks: Evidence from foreign bank subsidiaries [J]. Journal of Banking & Finance, 2013, 37 (3): 952–972.

Jorion, P., Zhang, G. Credit contagion from counterparty risk [J]. The Journal of Finance, 2009, 64 (5): 2053–2087.

Joskow, P. L. Contract duration and relationship-specific investments:

Empirical evidence from coal markets [J]. The American Economic Review, 1987, 77 (1): 168-185.

Justin, M. , Source, K. N. The implicit costs of trade credit borrowing by large firms [J]. The Review of Financial Studies, 2015, 28 (1): 112-145.

Kane, E. J. Dangers of capital forbearance: The case of the FSLIC and "zombie" S&Ls [J]. Contemporary Economic Policy, 1987, 5 (1): 77-83.

Keeley, M. C. Deposit insurance, risk, and market power in banking [J]. The American economic review, 1990, 80 (5): 1183-1200.

King, R. G. , Levine, R. Finance and growth: Schumpeter might be right [J]. The Quarterly Journal of Economics, 1993, 108 (3): 717-737.

Kiyotaki, N. , Moore, J. Balance-sheet contagion [J]. American Economic Review, 2002, 92 (2): 46-50.

Kwon, H. U. , Narita, F. , Narita, M. Resource reallocation and zombie lending in Japan in the 1990s [J]. Review of Economic Dynamics, 2015, 18 (4): 709-732.

Kydland, F. E. , Prescott, E. C. Rules rather than discretion: The inconsistency of optimal plans [J]. Journal of Political Economy, 1977, 85 (3): 473-491.

Levine, R. Finance and growth: Theory and evidence [J]. Handbook of Economic Growth, 2005, 1: 865-934.

Lin, J. Y. , Li, Z. Policy burden, privatization and soft budget constraint [J]. Journal of Comparative Economics, 2008, 36 (1): 90-102.

Liu, Q. , Lu, Y. Firm investment and exporting: Evidence from China's value-added tax reform [J]. Journal of International Economics, 2015, 97 (2): 392-403.

Liu, Y. , Mao, J. How do tax incentives affect investment and productivity? Firm-level evidence from China [J]. American Economic Journal: Economic Policy, 2019, 11 (3): 261-291.

McGowan, M. A. , Andrews, D. , Millot, V. The walking dead?: Zombie firms and productivity performance in OECD countries [R]. OECD Economics Department Working Papers, 2017.

McMillan, J. , Naughton, B. How to reform a planned economy: Lessons from China [J]. Oxford Review of Economic Policy, 1992, 8 (1): 130-143.

Mishkin, F. S. How big a problem is too big to fail? A review of Gary Stern and Ron Feldman's too big to fail: the hazards of bank bailouts [J]. Journal of Economic Literature, 2006, 44 (4): 988-1004.

Murfin, J. , Njoroge, K. The implicit costs of trade credit borrowing by large firms [J]. The Review of Financial Studies, 2015, 28 (1): 112-145.

Myers, S. C. Determinants of corporate borrowing [J]. Journal of Financial Economics, 1977, 5 (2): 147-175.

Myers, S. C. The capital structure puzzle [J]. The Journal of Finance, 1984, 39 (3): 574-592.

Myers, S. C. , Majluf, N. S. Corporate financing and investment decisions when firms have information that investors do not have [J]. Journal of Financial Economics, 1984, 13 (2): 187-221.

Nunn, N. , Qian, N. US food aid and civil conflict [J]. American Economic Review, 2014, 104 (6): 1630-1666.

Olley, G. S. , Pakes, A. The dynamics of productivity in the telecommunications equipment industry [J]. Econometrica, 1996, 64 (6): 1263-1297.

Park, A. , Yang, D. , Shi, X. , Jiang, Y. Exporting and firm performance:

Chinese exporters and the Asian financial crisis [J]. The Review of Economics and Statistics, 2010, 92 (4): 822-842.

Peek, J., Rosengren, E. S., Tootell, G. M. Some unpleasant stabi-lization arithmetic [R]. Federal Reserve Bank of Boston, 2018.

Peek, J., Rosengren, E. S. Unnatural selection: Perverse incentives and the misallocation of credit in Japan [J]. American Economic Review, 2005, 95 (4): 1144-1166.

Peter, D. National debt in a neoclassical growth model [J]. American economic review, 1965, 55 (5): 1126-1150.

Petersen, M. A., Rajan, R. G. Trade credit: Theories and evidence [J]. The Review of Financial Studies, 1997, 10 (3): 661-691.

Petersen, M. A. Estimating standard errors in finance panel data sets: Comparing approaches [J]. The Review of Financial Studies, 2009, 22 (1): 435-480.

Raddatz, C. Liquidity needs and vulnerability to financial underdevelopment [J]. Journal of Financial Economics, 2006, 80 (3): 677-722.

Rajan, R. G., Zingales, L. Financial dependence and growth [J]. American Economic Review, 1998, 88 (3): 559-586.

Rice, T., Strahan, P. E. Does credit competition affect small-firm finance? [J]. The Journal of Finance, 2010, 65 (3): 861-889.

Sakuragawa, M. Kin'yu Kiki no Keizai Bunseki (Economic Analysis of Financial Crisis) [Z]. Tokyo: University of Tokyo Press, 2002.

Salas, V., Saurina, J. Deregulation, market power and risk behaviour in Spanish banks [J]. European Economic Review, 2003, 47 (6): 1061-1075.

Schumpeter, J. A. The Theory of Economic Development: An Inquiry into Profits, Capital, Credit, Interest, and the Business Cycle [M]. 1934.

Sengupta, R. Foreign entry and bank competition [J]. Journal of Financial Economics, 2007, 84 (2): 502-528.

Song, F. M. , Li, L. Bank governance: Concepts and measurements [A]. J. R. Barth, C. Lin, C. Wihlborg. Research Handbook on International Banking and Governance [M] . Edward Elgar Publishing, 2012, pp. 17-41.

Stern, G. H. , Feldman, R. J. Too big to fail: The hazards of bank bailouts [M]. Brookings Institution Press, 2004.

Wilner, B. S. The exploitation of relationships in financial distress: The case of trade credit [J]. The Journal of Finance, 2000, 55 (1): 153-178.

Wu, W. , Firth, M. , Rui, O. M. Trust and the provision of trade credit [J]. Journal of Banking & Finance, 2014, 39: 146-159.

Yamada, K. What causes zombie lending? Impact of the supply-chain network and firm's liquidity shocks on bank's lending contracts [R]. International Finance and Banking Society, 2015.

Yeyati, E. L. , Micco, A. Concentration and foreign penetration in Latin American banking sectors: Impact on competition and risk [J]. Journal of Banking & Finance, 2007, 31 (6): 1633-1647.

Zwick, E. , Mahon, J. Tax policy and heterogeneous investment behavior [J]. The American Economic Review, 2017, 107 (1): 217-248.

图书在版编目（CIP）数据

中国僵尸企业问题研究 / 李旭超，宋敏，金祥荣著
. -- 北京：社会科学文献出版社，2024.4
（武汉大学经济发展研究中心学术丛书）
ISBN 978-7-5228-3483-2

Ⅰ.①中… Ⅱ.①李… ②宋… ③金… Ⅲ.①企业管
理-研究-中国 Ⅳ.①F279.23

中国国家版本馆 CIP 数据核字（2024）第 072482 号

武汉大学经济发展研究中心学术丛书
中国僵尸企业问题研究

著　　者／李旭超　宋　敏　金祥荣

出 版 人／冀祥德
责任编辑／路　红　石银凤
文稿编辑／陈丽丽
责任印制／王京美

出　　版／社会科学文献出版社·皮书分社（010）59367127
　　　　　　地址：北京市北三环中路甲 29 号院华龙大厦　邮编：100029
　　　　　　网址：www.ssap.com.cn
发　　行／社会科学文献出版社（010）59367028
印　　装／三河市尚艺印装有限公司

规　　格／开本：787mm×1092mm　1/16
　　　　　　印张：15.25　字数：209 千字
版　　次／2024 年 4 月第 1 版　2024 年 4 月第 1 次印刷
书　　号／ISBN 978-7-5228-3483-2
定　　价／108.00 元

读者服务电话：4008918866